Jahrbuch der Akademie CPH
Anregungen und Antworten

Entweltlichung oder Einmischung –
wie viel Kirche braucht Gesellschaft?

Jörg Alt (Hg.)

Entweltlichung oder Einmischung – wie viel Kirche braucht Gesellschaft?

Band 9 der Reihe
Veröffentlichungen der Akademie Caritas-Pirckheimer-Haus
www.cph-nuernberg.de

echter

Bibliografische Information der Deutschen Nationalbibliothek

Die Deutsche Nationalbibliothek verzeichnet diese Publikation in der Deutschen Nationalbibliografie; detaillierte bibliografische Daten sind im Internet über ‹http://dnb.d-nb.de› abrufbar.

www.echter-verlag.de
Umschlagbild: Ave Crux spes unica!, Kolumba Köln 2007 © www.foto-lounge.de
Gestaltung: Hain-Team, Bad Zwischenahn (www.hain-team.de)
Druck und Bindung: Druckerei Friedrich Pustet, Regensburg
ISBN
978-3-429-03579-2 (Print)
978-3-429-04702-3 (PDF)
978-3-429-06101-2 (ePub)

Inhalt

Der Blick gläubiger und nicht-gläubiger „Menschen guten Willens“

Der Blick von außen

Ausblick

Klaus Väthröder / Jörg Alt

Sind wir noch katholisch?

Klaus Väthröder ist Leiter, Jörg Alt stellvertretender Leiter der Jesuitenmission Deutschland

Nein, wir waren nicht im Freiburger Konzerthaus, als Papst Benedikt dort am 25. September 2011 seine „Freiburger Rede" vor „engagierten Katholiken" hielt und von der deutschen Kirche „Entweltlichung" forderte. Wir gehören zu denjenigen, die erst durch das gewaltige mediale Rauschen im Anschluss darauf aufmerksam wurden, dass dort vom Papst offenbar Wichtigeres gesagt wurde als bei allen anderen Reden zuvor. Einige Beispiele:

– Fokus, 25. September: „Benedikt XVI.: Kirche soll staatliche Privilegien aufgeben"
– Spiegel, 25. September: „Benedikt XVI. fordert stärkere Trennung von Kirche und Staat"
– Westdeutsche Zeitung, 26. September: „Papstbesuch lässt viele Fragen offen"
– Badische Zeitung, 27. September: „Papstrede löst Debatte über Kirchenfinanzierung aus"

Aber was bedeutet die Forderung nach „Entweltlichung"? Hieße das etwa, dass wir nicht mehr machen dürfen, was wir seit Jahrzehnten machen, nämlich aktiv in Gesellschaft und Politik mitzumischen? Wären wir dann nicht mehr katholisch?

Wer uns als Personen, aber auch die Jesuitenmission oder den Jesuiten-Flüchtlingsdienst als Organisationen kennt, wo wir seit Jahren arbeite(te)n, der weiß, dass wir nicht gerne – um ein Bild zu verwenden – von der Seitenlinie Forderungen und gute Ratschläge auf das gesellschaftspolitische Spielfeld brüllen in der Hoffnung, dass andere diese aufgreifen und vorantreiben. Vielmehr reihen wir uns lieber in ein Team

Gleichgesinnter ein und rennen so lange auf das gegnerische Tor zu, bis der Ball im Kasten ist. Deshalb unser Engagement gegen die Versorgung von Flüchtlingen mit Lebensmittelpaketen, bei der Entschuldungskampagne, beim Verbot von Landminen, für die sozialen Rechte ‚illegaler' Migranten oder für eine Finanztransaktionssteuer.

Natürlich überlegen wir uns oft, welches Engagement noch legitim ist und sich lohnt und was man besser sein lässt: Welches Engagement macht Sinn in einer Welt, wo die Gegensätze zwischen Reich und Arm immer weiter auseinanderklaffen? Ist in diesem Kontext ein Erlass von Schulden armer Länder oder die Einführung einer Finanztransaktionssteuer mehr als Kosmetik und Symptomkurierung? Gar eine Legitimierung des grundsätzlichen Übels durch dieses kleine Entgegenkommen? Wäre es nicht sinnvoller, sich diesem System komplett zu verweigern, seine Ungerechtigkeiten ‚prophetisch' anzuklagen und an funktionierenden Gegenmodellen zu den herrschenden ‚Unrechtsstrukturen' zu arbeiten?

Erst nach einer Weile machten wir das, was wir eigentlich sofort hätten tun müssen: Wir haben die Rede Papst Benedikts Wort für Wort gelesen. Und waren anschließend noch ratloser als zuvor: Denn auch wenn nach der Lektüre klar war, dass Papst Benedikt keine Abschaffung der Kirchensteuer fordert, blieb uns ein Rätsel, was seine Aussagen konkret für unsere Art gesellschaftspolitischer „Advocacy" bedeuten.

Da uns aus unserem Kollegen- und Freundeskreis bekannt war, dass auch dort vielen „engagierten Katholiken" unklar war, was Papst Benedikts Rede denn nun konkret für sie und ihr Tun bedeutet, kam uns die Idee, genau dies auf einem Forum des 98. Katholikentags (16.–20. Mai 2012) in Mannheim diskutieren zu lassen. Sobald diese Idee bekannt wurde, überraschten uns der Zuspruch und das Interesse an der Veranstaltung. Ebenso überraschte uns die schnelle Bereitschaft angefragter Personen, bei dieser Veranstaltung mitzumachen. Weitere hätten gerne teilgenommen und mitdiskutiert, konnten dies aber aufgrund von bereits bestehenden Verpflichtungen nicht tun, wieder andere boten uns von selbst ihre Sicht der Dinge an, nachdem sie von unserer Absicht erfuhren. Die Veranstaltung auf dem Katholikentag selbst mit dem Titel „Kirchliche Einflussnahme oder Entweltlichung – Was hat Kirche in der

Politik zu suchen?“ war sehr gut besucht; lange vor Beginn musste der Saal wegen Überfüllung geschlossen werden.

Aus alledem entstand die Folgeidee, zur Frage „Entweltlichung oder Einmischung?“ ein Buch herauszugeben, um noch mehr Personen ihre Sicht der Dinge darlegen zu lassen und die verschiedenen Standpunkte einem noch größeren Personenkreis zugänglich zu machen.

Wir danken allen Beitragenden zu diesem Buch, die dies unentgeltlich gemacht haben. Ebenso danken wir dem Echter Verlag und seinen MitarbeiterInnen für die professionelle Begleitung der Publikation.

Allen Leserinnen und Lesern wünschen wir viel Freude bei der Lektüre und nachfolgend etwas mehr Klarheit darüber, was Papst Benedikts Forderung nach „Entweltlichung“ heute für Kirche und Politik in Deutschland, aber auch weltweit, bedeuten könnte.

Jörg Alt

Leserhinweise

Zunächst ein Wort zur Auswahl der AutorInnen: Die Leser mögen sich fragen, warum ich eher diese statt jene AutorInnen gebeten habe, einen Beitrag zum Buch beizusteuern. Dies liegt vor allem daran, dass ich diesen Personen oder ihrer Arbeit und den damit verbundenen Positionen im Laufe meines Lebens begegnet bin und den Eindruck hatte, dass diese einen interessanten Aspekt, eine interessante Perspektive zu diesem Thema beisteuern können. Die Auswahl ist also sehr subjektiv und beansprucht keine darüber hinausgehende objektive Bedeutung.

Sodann eine Erklärung zur Anordnung der Beiträge: Ich habe viele Varianten überlegt, wie ich die Beiträge anordnen soll: Hierarchisch-protokollarisch? Alphabetisch nach AutorInnen? Thematisch? Im inhaltlichen Bezug? In der Reihenfolge des Eingangs? Bei jedem Kriterium gab es komplizierte Ausnahmen oder Elemente von Willkür. Deshalb habe ich mich lediglich für die vier Hauptkategorien entschieden, in die die Beiträge einsortiert sind. Innerhalb der Kategorien versuchte ich am ehesten, vom Allgemein-Grundsätzlicheren zum Konkreteren vorzugehen bzw. Beiträge, bei denen es inhaltlich-thematische Schnittmengen oder Berührungspunkte gab, „clustermäßig“ zusammenzustellen. Aber auch dies ist, scheint mir, nur mit mäßigem Erfolg gelungen. Deshalb sollte man in die Anordnung und Reihenfolge nicht zu viel hineininterpretieren. Es hätte auch anders sein können.

Drittens ein Hinweis an jene LeserInnen, denen diese oder jene Beiträge zu grundsätzlich und unkonkret, andere zu detailliert, zu einseitig, zu pointiert, zu (un)ausgewogen, politisch unkorrekt (= nicht ‚gegendert‘) usw. sind. Zunächst hatten alle Beitragende eine strenge Vorgabe hinsichtlich des Umfangs, den der Beitrag haben durfte. Wurde dieser Umfang überschritten, wurde gnadenlos gekürzt. Dies engt Gestaltungsspielräume sehr ein. Bei der herausgeberischen Bearbeitung war es sodann mein Ziel, individuelle Schreibstile möglichst wenig zu verändern, um dadurch zugleich das Individuelle der Sichtweisen verstärkt deutlich werden zu lassen. Deshalb die Bandbreite zwischen poetischem und polemischem, lehrhaftem und tagebuchartigem usw. Stil. Und: Ich versuchte, aus Beiträgen das zu entfernen, was an anderer Stelle des Buchs bereits besser / ausführlicher / thematisch passender behandelt wurde. Insgesamt versuchte ich also, charakteristische Sicht- und Argumentationsweisen ebenso herauszuarbeiten wie spezifisch-profilierende Themen, um dabei zugleich ermüdende Doppelungen und Wiederholungen zu vermeiden.

Die kritischen LeserInnen können also davon ausgehen, dass die Beiträge in aller Regel differenzierter und ausgewogener waren, als sie es nach meiner herausgeberischen Arbeit geblieben sind. Daraus folgt die Bitte, keinen Beitrag isoliert zu sehen, sondern gemeinsam mit allen anderen als je einen Repräsentanten eines breiten Spektrums von Sichtweisen, die eines vereint: der kritisch-nachdenkliche Blick auf das Thema des Buches.

Noch zwei Hinweise für alle, die bestimmte Zitate oder deren Kontext nachlesen wollen:

- Für die Beschlüsse des Zweiten Vatikanischen Konzils, päpstliche Enzykliken und Reden (auch die „Freiburger Rede" Papst Benedikts XVI.!) empfehle ich die Website des Vatikans und dort die Verzeichnisse http://www.vatican.va/archive/hist_councils/ii_vatican_council/index_ge.htm sowie http://www.vatican.va/holy_father/index_ge.htm
- Bibelzitate erfolgen nach den Abkürzungen der Einheitsübersetzung, Texte können (im Kontext) nachgelesen werden auf http://www.bibleserver.com/index.php

Jörg Alt

Die „Freiburger Rede" Papst Benedikts und ihr Kontext

Kaum eine Rede während des Aufenthalts Papst Benedikts in Deutschland provozierte so großen und nachhaltigen Aufruhr in Medien und Gesellschaft wie seine so genannte „Freiburger Rede", die er am 25. September 2011 vor „engagierten Katholiken" im Freiburger Konzerthaus gehalten hat und die aufgrund seiner Forderung nach „Entweltlichung" bekannt wurde. Recht schnell fokussierte sich die Diskussion auf die Frage, ob der Papst eine Abschaffung der Kirchensteuer befürworte. Dabei kommt dieses Wort in der ganzen Rede kein einziges Mal vor. Nur: Was sagt der Papst eigentlich?

Die Rede

Abschnitte 1–10 der Rede sind recht unkontrovers, denn dass die Kirche immer wieder in der Gefahr war und ist, sich mehr um ihre Organisation, Institutionalisierung und Privilegien zu kümmern als um ihre Sendung ist unstreitig. Insofern werden auch viele der Aussage zustimmen, dass „Entweltlichung" nötig ist, um „sich von … Verweltlichung zu lösen" (Absatz 10).

Verständnis- und Deutungsprobleme beginnen mit dem Hinweis auf die Perioden der Säkularisierung in den Absätzen 11 und 12. Was will der Papst den anwesenden engagierten Katholiken damit für ihr Handeln in der heutigen Zeit sagen? Welche ‚Anregungen' soll der Katholik sich aus den Perioden der Säkularisierung für die Art und Weise seines heutigen Engagements nehmen?

Absatz 13 legt zwar nahe, sich von heute vorhandenen „materiellen und politischen Lasten und Privilegien" zu befreien, um die „Berufung zum Dienst der Anbetung Gottes und zum Dienst des Nächsten wieder unbefangener leben“ zu können. Dabei nennt der Papst aber kein konkretes Beispiel.

In Absatz 17 betont er, dass er keinesfalls einen Rückzug aus der Welt befürwortet. Vielmehr soll die Kirche auch heute durch ihr Tun den „Skandal“ des Lebens Jesu fortführen und bezeugen, dass sich „der ewige Gott um uns Menschen“ kümmert und fassbar ist (Absatz 16). Benedikt fährt fort und zitiert sich selbst aus seiner Enzyklika „Deus Caritas est“ (DCE): „Der Liebesdienst ist für die Kirche nicht eine Art Wohlfahrtsaktivität, die man auch anderen überlassen könnte, sondern er gehört zu ihrem Wesen, ist unverzichtbarer Wesensausdruck ihrer selbst“ (DCE, Abs. 25).

Dem entspricht sein Schlusspunkt in Absatz 18: „Offensein für die Anliegen der Welt heißt demnach für die entweltlichte Kirche, die Herrschaft der Liebe Gottes nach dem Evangelium durch Wort und Tat hier und heute zu bezeugen.“

Die kurze Freiburger Rede provoziert viele Fragen, etwa: Wie soll dieses Bezeugen der Herrschaft und Liebe Gottes in Wort und Tat konkret aussehen?

Dabei ist auffällig, dass Benedikt das Wort „politisch“ nur ein einziges Mal verwendet, und zwar im negativen Kontext von Absatz 13, wo er von „materiellen und politischen Privilegien“ spricht. In Absatz 17, wo er vom notwendigen Engagement in der Welt spricht, nennt er nur das „sozial-karitative“ Handeln, womit primär der direkte Liebesdienst assoziiert wird: Kranke pflegen, Hungrige speisen, Gefangene besuchen, Nackte bekleiden …

Was ist dann aber mit dem advokatorischen Eintreten für die Rechte und Bedürfnisse dieser Menschen? Das Anprangern jener ungerechten Strukturen, die die Menschen zuerst und zunächst in ihre benachteiligte Situation zwingt und ihnen Dinge zu einem Leben in Würde vorenthält? Bedeuten das Betonen des sozial-karitativen Liebesdienstes und die Kritik „politischer Privilegien“ automatisch, dass Papst Benedikt politische Advocacy in heute geeigneter Form ablehnt? Konkret: Darf der Deutsche Caritasverband ab sofort nur noch Kranken- und Armenhäuser unterhalten, aber keine Kampagnen gegen Armut in Deutschland mehr starten oder unterstützen?

Mit Fragen wie diesen lässt Papst Benedikt seine Zuhörer zurück, wobei seine Rede durchaus einen Hinweis enthält, wo Antworten zu suchen sind: nämlich den Verweis auf seine frühere Enzyklika und damit den gesamten Korpus der relevanten kirchlichen Lehre. Benedikt schreibt in seiner zweiten Enzyklika „Caritas in Veritate" (CIV): „Es ist richtig, die Besonderheiten der einen oder der anderen Enzyklika, der Lehren des einen oder des anderen Papstes hervorzuheben, man darf dabei aber niemals die Kohärenz des gesamten Corpus der Lehre aus den Augen verlieren" (CIV, Abs. 12).

Folgen wir diesem Hinweis, finden wir sehr schnell eine Fülle von Belegen dafür, dass Papst Benedikt gesellschaftspolitisches Engagement in seiner ganzen Bandbreite befürwortet: Liebe muss konkret werden und darf nicht bloß im privaten Bereich verbleiben. Liebe, die von Wahrheit erfüllt und geleitet ist, holt den Menschen „aus den subjektiven Meinungen und Empfindungen heraus". Das ist nötig, denn „ein Christentum der Liebe ohne Wahrheit kann leicht mit einem Vorrat an guten, für das gesellschaftliche Zusammenleben nützlichen, aber nebensächlichen Gefühlen verwechselt werden. Auf diese Weise gäbe es keinen eigentlichen Platz mehr für Gott in der Welt" (CIV, Abs. 4).

„Ohne Wahrheit, ohne Vertrauen und Liebe gegenüber dem Wahren gibt es kein Gewissen und keine soziale Verantwortung: Das soziale Handeln wird ein Spiel privater Interessen und Logiken der Macht, mit zersetzenden Folgen für die Gesellschaft, umso mehr in einer Gesellschaft auf dem Weg zur Globalisierung und in schwierigen Situationen wie der augenblicklichen" (CIV, Abs. 5).

„Sich für das Gemeinwohl einzusetzen bedeutet, die Gesamtheit der Institutionen, die das soziale Leben rechtlich, zivil, politisch und kulturell strukturieren, einerseits zu schützen und andererseits sich ihrer zu bedienen, so dass auf diese Weise die ‚Polis', die Stadt, Gestalt gewinnt. Man liebt den Nächsten umso wirkungsvoller, je mehr man sich für ein gemeinsames Gut einsetzt, das auch seinen realen Bedürfnissen entspricht. Jeder Christ ist zu dieser Nächstenliebe aufgerufen, in der Weise seiner Berufung und entsprechend seinen Einflussmöglichkeiten in der

‚Polis'. Das ist der institutionelle – wir können auch sagen politische – Weg der Nächstenliebe, der nicht weniger tauglich und wirksam ist als die Liebe, die dem Nächsten unmittelbar, außerhalb der institutionellen Vermittlungen der ‚Polis' entgegenkommt" (CIV, Abs. 7).

Kurz und gut: Papst Benedikt befürwortet in der heutigen globalisierenden Welt sehr wohl auch ein advokatorisch-gesellschaftspolitisches Engagement.

Dabei will die Kirche keinesfalls die Aufgabe des Staates übernehmen oder sich anmaßen, sie besser erledigen zu können. Hierauf geht Papst Benedikt vor allem in Absatz 28a der Enzyklika „Deus Caritas Est" (DCE) ein. „Zentraler Auftrag der Politik (ist) die gerechte Ordnung der Gesellschaft und des Staates". Die Frage, die aber gerade der freiheitlich-säkulare Staat nicht beantworten kann, ist: „Wie ist Gerechtigkeit hier und jetzt zu verwirklichen?", und dieser Frage nochmals grundsätzlicher vorausgesetzt: „Was ist Gerechtigkeit"?

Dieser Gedankengang erinnert an das berühmte Wort von Ernst-Wolfgang Böckenförde: „Der freiheitliche, säkularisierte Staat lebt von Voraussetzungen, die er selbst nicht garantieren kann."[1]

Folgt man dieser Trennung, in der staatliche und kirchliche „Sphären … unterschiedlich, aber doch aufeinander bezogen" sind, so ist es eine Aufgabe der Kirche, die „praktische Vernunft", mit deren Hilfe bestimmt wird, was „gerecht" ist, vor einer „ethischen Erblindung durch das Obsiegen von Interessen und der Macht" zu bewahren. Dabei will die Kirche „auch nicht Einsichten und Verhaltensweisen, die dem Glauben zugehören, denen aufdrängen, die diesen Glauben nicht teilen. Sie will schlicht … dazu helfen, dass das, was recht ist, jetzt und hier erkannt und dann auch durchgeführt werden kann" (DCE, Abs. 28a).

Dies geschieht, indem vor allem die Katholische Soziallehre auf ihrem Hintergrund von Vernunft und Naturrecht eine interdisziplinäre Synthese von Wissen und Wahrheit versucht, die in der heutigen Zeit einer „übertriebenen Aufteilung des Wissens in Fachbereiche" (CIV, Abs. 31) immer schwerer fällt. Eine „ganzheitliche Entwicklung" von

1 Böckenförde, E. (1976) Staat, Gesellschaft, Freiheit. Studien zur Staatstheorie und zum Verfassungsrecht. Frankfurt am Main: Suhrkamp. S. 60

Mensch und Menschheit verlangt, dass die „verschiedenen Ebenen des menschlichen Wissens im Hinblick auf die Förderung einer wahren Entwicklung … interagieren". Ein derartiges Handeln „muss aber orientiert werden, denn ‚alles soziales Handeln setzt eine Lehre voraus'" (CIV, Abs. 30). Und hier, folgt man dem Papst in der Abwägung von (Teil-)Wahrheiten und Handlungsstrategien, kann die Kirche der Menschheit nach wie vor einen großen Dienst leisten, auch und gerade im Zeitalter der Globalisierung und der sich immer deutlicher ins Bewusstsein drängenden Krisensituation der Welt: „Die Aspekte der Krise und ihrer Lösungen wie auch die einer zukünftigen neuen möglichen Entwicklung sind immer mehr miteinander verbunden, sie bedingen sich gegenseitig, erfordern neue Bemühungen um ein Gesamtverständnis und eine neue humanistische Synthese. … Die Krise verpflichtet uns, unseren Weg zu planen, uns neue Regeln zu geben und neue Einsatzformen zu finden, auf positive Erfahrungen zuzusteuern und die negativen zu verwerfen. So wird die Krise Anlass zu Unterscheidung und neuer Planung" (CIV, Abs. 21).

Aber wie sieht dies konkret aus?

In einem Punkt ist Papst Benedikt klar: „Die unmittelbare Aufgabe, für eine gerechte Ordnung in der Gesellschaft zu wirken, kommt … den gläubigen Laien zu" (DCE, Abs. 29). Konkret: Priester und Bischöfe können kein direkt politisches Amt bekleiden.

Anderes bleibt offen. Zum Beispiel:

– Kann die Kirche / die Katholische Soziallehre Forderungen an die Politik richten, die primär „von der Vernunft und dem Naturrecht her, das heißt von dem aus, was allen Menschen wesensmäßig ist" (DCE, Abs. 28a) appelliert, eine fachliche Auseinandersetzung mit Argumenten aber vernachlässigt?
– Ist es nicht doch eine „Einmischung in die Politik", wenn beispielsweise Bischöfe oder Theologen konkrete „technische" Politikmaßnahmen einfordern oder Stellung in konkreten politischen Auseinandersetzungen von konkurrierenden Konzepten beziehen?
– Ist seine Aussage: Die Kirche „muss die seelischen Kräfte wecken, ohne die Gerechtigkeit … sich nicht durchsetzen und nicht gedeihen kann" geeignet, um eine Initiierung von bzw. ein Engagement in gesell-

schaftspolitischen Kampagnen zu rechtfertigen, die Bürger in bestimmten Fragen mobilisiert und ‚politisiert'? (DCE, Abs. 28a).
- Die Kirche wird gerade in Europa zunehmend eine gesellschaftliche Minderheit, d. h. kann nicht mehr damit rechnen, für ihre Positionen und Forderungen Mehrheiten zu gewinnen. Mit wem kann, soll, darf sie sich zur Verfolgung und Durchsetzung ihrer Forderungen verbünden?

Da Papst Benedikt in Freiburg dazu keine klaren Aussagen getroffen hat, sollte man seine Rede durchaus als Aufforderung an die konkrete Ortskirche verstehen, diese Fragen selbst zu diskutieren und zu klären und dabei die Kriterien anzulegen, die sowohl in der Freiburger Rede enthalten sind als auch im übrigen „Corpus" der kirchlichen Lehre, die hier zu berücksichtigen und zu gewichten sind.

Dabei ist zu beachten, dass Papst Benedikts Enzyklika „Caritas in Veritate" sich, wie die Sozialenzykliken seiner Vorgänger bis zu Johannes XXIII., nicht nur an Katholiken, sondern an alle „Menschen guten Willens" richtet, d. h. auch Christen anderer Konfession sowie Nicht-Christen oder gar Glaubenslose oder Atheisten, die aber aufgrund ihres persönlichen Überzeugungs- und Wertesystems bereit sind, auf dem Weg zu mehr sozialer und globaler Gerechtigkeit mit der Kirche und den Christen zusammenzuarbeiten.

Aus diesem Grund sind zur Klärung der hier angerissenen Fragen nicht nur Katholiken, sondern auch jene Personengruppen aufgerufen.

Und genau hierzu soll dieses Buch beitragen: Menschen mit einer großen Bandbreite an glaubens- und weltanschaulichen Hintergründen werden eingeladen, acht Fragen zum Thema zu beantworten. Dabei wird auf die persönliche Motivation für die dargelegte Sichtweise Wert gelegt. Dabei sind persönliche Erlebnisse und Begegnungen oft entscheidender als das akribische Studium von Dokumenten und lehramtlichen Schreiben – wenngleich es durchaus sein kann, dass sich bei einer Lektüre Sätze „festsetzen", die einem nicht mehr aus dem Kopf gehen und die dann auch handlungsleitende Kraft entwickeln.

Und dies sind die Leitfragen, die jedem Beitragenden vorgegeben wurden:

1. Was von Ihrem persönlichen Hintergrund muss man wissen, um Ihre hier und heute vertretenen Ansichten einordnen und verstehen zu können?
2. Papst Benedikt ruft jeden Christ auf, sich gesellschaftspolitisch zu engagieren. Ist dies nur an den Einzelnen in je seinem Bereich gerichtet oder auch an die Kirche als Ganzes? Kann man, mit einer gewissen Zuspitzung, sagen: Das sozial-karitative Engagement ist die Aufgabe von Caritas und einigen Orden, das politisch-advokatorische Engagement ist Aufgabe der Laien, während der Klerus sich seiner Kernkompetenz, nämlich der pastoral-sakramentalen Arbeit, widmet? Falls Sie der Meinung sind, dass nur bestimmte christliche / kirchliche Gruppen sich gesellschaftspolitisch engagieren sollen und nicht die Kirche als Ganzes, bitte in den folgenden Fragen das Wort „Kirche“ durch „Christen“ ersetzen.
3. Für welche Themen sollte die Kirche sich gesellschaftspolitisch engagieren? Und für welche nicht?
4. Soll die Kirche sich gesellschaftspolitisch allein engagieren oder Koalitionen mit anderen eingehen? Mit wem soll / kann sie sich verbünden? Mit wem nicht?
5. Welche Mittel soll die Kirche heute für ihr gesellschaftspolitisches Engagement wählen? Hirtenworte? Kampagnen? Diskrete Interventionen hinter den Kulissen? …
6. Soll dieses Engagement innerhalb des „Systems“ stattfinden (Reform?) oder sich eher als „prophetischer Protest“ gegen das „System“ artikulieren? Oder sollte man sich konzeptionell und lebenspraktisch auf das Entwickeln und Umsetzen einer „Kontrastgesellschaft“ konzentrieren, wie einst die Urchristen gegenüber dem Römischen Reich?
7. Wie finden Sie die Unterscheidung Papst Benedikts von „Entweltlichung“ und „Verweltlichung“? Welche „materiellen und politischen Privilegien“ soll die Kirche in der aktuellen Säkularisierungsphase auf den Prüfstand stellen?
8. Persönliche Schlussbemerkung?

Der Blick von „Berufschristen“

Ludwig Schick

Augen auf, Ohren auf, Mund auf! Entweltlichung und Einmischung für eine bessere Welt

Professor Dr. Ludwig Schick ist Erzbischof von Bamberg und Vorsitzender der Kommission „Weltkirche“ der Deutschen Bischofskonferenz[1]

Ich erinnere mich noch gut, wie in meiner Kindheit mein weltkirchliches Interesse und Engagement begann. Ich war damals sieben Jahre alt. Zur Vorbereitung auf die Erstkommunion verteilte der Pfarrer Hefte vom Kindermissionswerk und andere Kleinschriften. Ich las mit Spannung, wie Menschen, besonders Kinder, in Afrika und Asien leben müssen: Sie haben Hunger, keine Kleidung, können nicht zur Schule gehen und müssen schon schwer arbeiten, sind krank und viele sterben früh. Aber in den Heften wurde auch erzählt, dass ihnen geholfen wird, zum Beispiel durch Damian de Veuster, der sich der Leprakranken annahm, und seinem „Lepra-Hilfe-Werk“ oder durch die Combonischwestern und -brüder, die die Arbeit von Daniele Comboni, der im Sudan gewirkt hatte, unter den Ärmsten der Armen in Afrika fortsetzen, durch Albert Schweitzer, den Urwalddoktor, durch Mutter Teresa und ihre Ordensschwestern. Die Hefte schilderten die „böse Realität“ in Afrika, Asien und Lateinamerika, aber nicht hoffnungslos: Denn sie zeigten immer auch Menschen, die etwas unternahmen, die halfen, die alles einsetzten bis zu ihrem eigenen Leben, um Besserung zu schaffen. Es waren Christen, die das Hauptgebot der Gottes- und der Nächstenliebe und die Gerichtsrede Mt 25 ernst nehmen: „Was ihr einem meiner geringsten Brüder getan habt, das habt ihr mir getan.“ Das hat mich sehr angesprochen

1 Weitere Informationen siehe http://de.wikipedia.org/wiki/Ludwig_Schick sowie http://erzbischof.kirche-bamberg.de/seiten/index.html

und mein Interesse für die Weltkirche geweckt. Ich wollte immer mehr darüber wissen, wie die Menschen dort leben und wie man für sie eine bessere Welt schaffen kann.

Das Tischgebet nach dem Essen „Lieber Gott, wir danken dir, dass du uns gabst zu essen hier. Mach auch die armen Kinder satt und wer vielleicht noch Hunger hat" hat mich in jungen Jahren stets neu innerlich bewegt. Und das Fasten- und das Weihnachtsopfer für die „armen Kinder" waren mir und vielen meiner Schulkameraden eine Selbstverständlichkeit. Wir haben uns dafür ein Eis oder Schokolade in der Fastenzeit und im Advent versagt, um ein paar Groschen oder Mark zusammenzubringen. Das kann man als „Entweltlichung" bezeichnen. Verzicht auf „Weltliches", um sich für die Menschen in der Welt einsetzen zu können.

In meiner Jugendzeit bin ich dann auf Adolph Kolping gestoßen. Er hat mich sehr angesprochen und geprägt. Er hat mir die Weltverantwortung des Christen in Deutschland nahegebracht. Als ich dann vor dem Abitur stand, wollte ich auch in die Mission gehen, zunächst als Arzt. Ich bin nicht Arzt geworden, und trotz einiger Vorstöße habe ich auch als Priester nie in einem Missionsland gearbeitet. Von Deutschland aus habe ich mich aber zeitlebens für Mission und Entwicklung eingesetzt. Dass die Christen und die Kirche in der Welt mitmischen müssen, hatte ich in der Kindheit und Jugend gelernt. Eine Schlussfolgerung daraus: möglichst früh Kinder mit der „Einen Welt" realistisch und optimistisch zugleich zu befassen. Viele Gegebenheiten in unserer Welt sind „böse" und die Aufgabe, eine bessere Welt zu gestalten, ist riesig. Aber es ist viel Gutes zu machen, wenn man es mit allem Engagement und Elan anpackt. Das sollten bereits die Kinder lernen.

Übrigens zeigen das Wort „Weltkirche" und noch mehr der Begriff „weltkirchliche Arbeit", wie eng Kirche und Welt verbunden sind; sie sprechen aus, dass die Kirche für die Welt da ist. Die Kirche muss sich in ihr und für die Menschen einsetzen. Das meint auch das Dictum von Papst Johannes Paul II.: „Der Weg der Kirche ist der Mensch". Der Mensch, der in der Welt sein ewiges Heil finden soll, bei dem muss die Kirche sein.

Die Theologie zu Entweltlichung und Einmischung

In meinem Theologiestudium in Würzburg habe ich von Anfang an gelernt, dass die Christen und die Kirche für die Welt da sind. Besonders Rudolf Schnackenburg, Professor für Neues Testament, Josef Schreiner, Professor für Altes Testament, und Eugen Biser, Professor für Fundamentaltheologie, haben uns Studenten diese Grundorientierung des Christentums beigebracht. In den Vorlesungen kamen sie immer wieder auf „die Reich-Gottes-Botschaft" Jesu zu sprechen, die Gerechtigkeit, Friede und Freude für alle Menschen einfordert (vgl. Röm 14,17). Damals wurde das Wort Jesu im Johannesevangelium mein Lieblingswort: „Ich bin gekommen, damit sie das Leben haben und es in Fülle haben" (Joh 10,10). Für die Fülle des Lebens aller Menschen ist die Kirche da!

Zur biblischen Forderung an die Christen, in der Welt mitzumischen, damit das Reich Gottes für die Menschen seinen Lauf nimmt, gehört die Entweltlichung als „conditio sine qua non" – als unabdingbare Voraussetzung – dazu. Auch das haben uns unsere Lehrer der Theologie beigebracht. Entweltlichung bedeutet: Nicht in der Welt aufgehen, nicht die Welt mit ihren Reizen und Genüssen zum „non plus ultra" machen oder zum Motor und Ziel des Lebens und Handelns werden lassen. Besonders das Johannesevangelium und die Paulusbriefe warnen vor der „Welt". Dabei meinen sie aber nicht die Menschen und ihre Lebenswelt, sondern die Welt, in der Gott und die Menschen keine Rolle spielen, die für einige Wenige alle Reiche und Reichtümer dieser Erdenzeit verspricht und in der die anderen eben „Loser", Verlierer, sind. Es ist „die Welt des Teufels", den Jesus bei den Versuchungen in der Wüste enttarnte und dem er exemplarisch für alle zukünftigen Christen absagte. Um sich in der Nachfolge Christi für das Reich Gottes, das in dieser Welt beginnt und im Himmel vollendet wird, authentisch als Christ einmischen zu können, ist „Entweltlichung", das heißt Befreiung aus der „gottlosen Welt des Egoismus", notwendig. Wer dem Reich Gottes dienen will, soll, ja muss diese Welt mit allen ihren Möglichkeiten nutzen, darf ihr aber nicht verfallen. In diesem Sinn ist die Entweltlichung Voraussetzung für die Einmischung in die Welt.

Weltkirchliche Arbeit und Zweites Vatikanisches Konzil

In meinem zweiten Studium in Rom habe ich mich besonders mit dem Zweiten Vatikanischen Konzil beschäftigt, das alles, was ich bis dahin über Entweltlichung und Einmischung der Kirche in die Welt gelernt hatte, bestätigt. Darüber hinaus weitet es den Horizont des weltkirchlichen Engagements. Die Texte des Zweiten Vatikanischen Konzils waren und sind ein wichtiger Impulsgeber für Entweltlichung und Einmischung. Ich möchte nur einen Text aus der Pastoralkonstitution des Konzils „Gaudium et spes" dazu zitieren: „Immer und überall aber nimmt sie (die Kirche) das Recht in Anspruch, in wahrer Freiheit den Glauben zu verkünden, ihre Soziallehre kundzumachen, ihren Auftrag unter den Menschen unbehindert zu erfüllen und auch politische Angelegenheiten einer sittlichen Beurteilung zu unterstellen, wenn die Grundrechte der menschlichen Person oder das Heil der Seelen es verlangen. Sie wendet dabei alle, aber auch nur jene Mittel an, welche dem Evangelium und dem Wohl aller je nach den verschiedenen Zeiten und Verhältnissen entsprechen, in der Treue zum Evangelium, gebunden an ihre Sendung in der Welt und entsprechend ihrem Auftrag, alles Wahre, Gute und Schöne in der menschlichen Gemeinschaft zu fördern." Und das Verhältnis zwischen Kirche und Politik wird wie folgt definiert: „Die politische Gemeinschaft und die Kirche sind auf je ihrem Gebiet voneinander unabhängig und autonom."[2] Sie sollen aber zusammenarbeiten, um den Menschen zu nutzen, denen beide zu dienen haben. In diesem Zusammenhang weisen die Texte auch darauf hin, dass die sogenannten westlichen Kirchen in Europa und Nordamerika, in denen das Christentum seit Jahrhunderten verwurzelt ist, die gut strukturiert und aufgebaut sind und die auch über viele personelle und materielle Ressourcen verfügen, sich noch mehr als früher und zugleich auch anders als früher in den Entwicklungsländern engagieren müssen. Sie sollen zum Aufbau der Kirchen und der Gesellschaft beitragen, d. h. die Menschen dort „ermächtigen", ihre Entwicklung selbst in die Hand zu nehmen.

2 Gaudium et spes Nr. 76

Entweltlichung und Einmischen heute

Das weltkirchliche Interesse und Engagement ist bei vielen Christen in Deutschland groß und ihre Spendenbereitschaft ebenso. Die Anerkennung, die die Kirche in unserer Gesellschaft heute hat, rührt nicht zuletzt daher, dass sie im weltkirchlichen Bereich herausragend tätig ist. Das weltkirchliche Engagement ist vielfältig. Es ist heute mehr Vernetzungsarbeit als Hilfeleistung. Die Weltkirchenarbeit ist keine Einbahnstraße, sondern Brücke, die die Kontinente, die Länder und die Ortskirchen miteinander verbindet zum Wohl aller. Je mehr weltkirchliche Arbeit Brückenarbeit ist, desto mehr trägt sie zu einer besseren Welt bei!

Der Vorwurf, dass die Deutschen gern spenden, aber nicht für strukturelle Veränderungen sorgen, ist nicht wahr. In der weltkirchlichen Arbeit kursiert seit Jahr und Tag das chinesische Sprichwort: „Wer einem Manne einen Fisch schenkt, gibt ihm für einen Tag zu essen. Wer ihn das Fischen lehrt, gibt ihm ein Leben lang zu essen." Misereor, Adveniat, Renovabis, Missio und Caritas International sowie andere Hilfsorganisationen der katholischen Kirche und ebenso die kirchlichen Ordensgemeinschaften, Bistümer und Vereine helfen in konkreten Notsituationen, zum Beispiel bei Erdbeben und anderen Naturkatastrophen, Hungersnöten und Epidemien. Vor allem aber sind sie im Bereich von Erziehung und Bildung tätig und wirken dadurch bei Strukturveränderungen mit. Schule und Ausbildung sind Primärbereiche der kirchlichen Entwicklungsarbeit. Sie „ermächtigen" die Menschen in den Entwicklungsländern, sich selbst voranzubringen. Dabei werden sowohl schulisches, handwerkliches und IT-Know-how als auch soziologische, politische und psychologische Kenntnisse vermittelt, damit die Menschen ihr Leben in die eigenen Hände nehmen können. „Hilfe zur Selbsthilfe" ist das Handlungsprinzip kirchlicher Entwicklungshilfe. Dabei geht es vor allem um die großen Themen: Ernährung und Gesundheit, Gerechtigkeit, Friede und Bewahrung der Schöpfung, Menschenwürde und Menschenrechte, Religion und Werte.

Weltkirchliche Arbeit hat sich von Patenschaft zu Partnerschaft verändert und wird heute so gelebt. Durch die Partnerschaft lernen alle Beteiligten und bauen miteinander eine menschengerechte Weltgemeinschaft auf. Die so genannten alten Kirchen in Europa können von den jungen in Afrika und Asien ebenso viel lernen wie umgekehrt. Um als Kirche mit dem Evangelium Jesu Christi unseren spezifischen Beitrag für die Welt auf dem Weg des Reiches Gottes einbringen zu können, bedarf es immer wieder der „Entweltlichung", um authentisch zu bleiben, denn nur wer authentisch und spezifisch ist, kann auch wirksam sein. In „Gaudium et spes" Nr. 76 heißt es: „Wer sich dem Dienst am Wort Gottes weiht, muss sich der dem Evangelium eigenen Wege und Hilfsmittel bedienen, die weitgehend verschieden sind von den Hilfsmitteln der irdischen Gesellschaft." Entweltlicht, das heißt ganz dem Evangelium Jesu Christi verpflichtet, mischt sich die Kirche in die Welt ein und trägt so zum Heil der Menschen und zum Wohl der Welt bei.

Was uns die drei Affen lehren können

Die berühmten drei Affen, die sich die Augen zuhalten, um nichts zu sehen, die Ohren, um nichts zu hören, und den Mund, um nichts zu sagen, sind „Antipoden" zum christlichen Menschenverständnis und Weltauftrag des Christen; das ist mir, seit ich über Christsein und Kirche nachdenke, immer mehr bewusst geworden. In der chinesischen Kultur, aus der die drei Affen stammen, werden sie zwar anders verstanden; dort sind sie Bestandteil der Lehre des buddhistischen Gottes Wakira, der den Rat gab: „Was nicht dem Gesetz der Schönheit (gleich angemessenes Verhalten) entspricht, darauf schaue nicht; was nicht dem Gesetz der Schönheit entspricht, darauf höre nicht; was nicht dem Schönheitsideal entspricht, davon rede nicht, was nicht dem Schönheitsideal entspricht, das tue nicht" – will sagen: Mann und Frau sollen vor dem Bösen die Augen, die Ohren und den Mund verschließen, damit sie nicht infiziert werden und schließlich böse handeln.[3] Den Ratschlag, Böses nicht anzusehen, anzuhören und zu besprechen, um davon nicht angesteckt zu werden, kann man auch in der Bibel und in der christlichen Tradition finden. In der westlichen Kultur jedoch werden die drei Affen meistens als Auffor-

3 Zum Hintergrund siehe http://de.wikipedia.org/wiki/Drei_Affen

derung missverstanden und missbraucht, das Böse und Schlechte, die Lüge und das Zerstörerische unserer Welt nicht zu sehen, zu hören und anzusprechen, um nicht gestört zu werden und um keine Position (dagegen) beziehen und entsprechend handeln zu müssen. Die drei Affen stehen bei uns für mangelnde Zivilcourage und die Verweigerung, sich für das Gute einzusetzen. Das geht aber für Christen nicht! Sie müssen genau das Gegenteil von den drei Affen sein: Menschen mit offenen Augen, offenen Ohren und offenem Mund, die das Böse sehen, hören und ansprechen. Christen stehen mitten in der Welt und mischen sich ein. So hat es Jesus vorgemacht, so müssen es seine Nachfolger ihm nachmachen!

Für Christen gilt: Augen auf, Ohren auf, Mund auf!

Heinrich Bedford-Strohm

Position beziehen!

Professor Dr. Heinrich Bedford-Strohm ist Landesbischof der Evangelisch-Lutherischen Kirche in Bayern[1]

Ein Indianer besucht einen weißen Mann. In einer Stadt zu sein mit dem Lärm, den Autos und den vielen Menschen – all dies ist ungewohnt und verwirrend für ihn.

Die beiden Männer gehen die Straße entlang, als der Indianer plötzlich stehen bleibt: „Hörst du auch, was ich höre?" Der andere horcht: „Alles, was ich höre, ist das Hupen der Autos und das Rattern der Omnibusse." „Ich höre ganz in der Nähe eine Grille zirpen." „Du musst dich täuschen. Hier gibt es keine Grillen. Und selbst wenn es eine gäbe, man könnte sie bei dem Lärm nicht hören." Der Indianer geht ein paar Schritte weiter und bleibt vor einer Hauswand stehen. Wilder Wein rankt an der Mauer. Er schiebt die Blätter auseinander – und da sitzt tatsächlich eine Grille.

Der andere sagt: „Indianer können eben besser hören als Weiße." „Ich bin nicht sicher", erwidert der Indianer, lässt sich ein 50-Cent-Stück geben und wirft es auf das Pflaster. Es klimpert auf dem Asphalt, Leute bleiben stehen und sehen sich suchend um. „Siehst du", sagt der Indianer, „das Geräusch, das das Geldstück gemacht hat, war nicht lauter als das der Grille. Und doch hörten es viele. Wir alle hören eben auf das, worauf wir zu achten gewohnt sind."[2]

1 Weiteres siehe http://de.wikipedia.org/wiki/Heinrich_Bedford-Strohm sowie http://www.bayern-evangelisch.de/www/ueber_uns/landesbischof.php

2 Aus: Jacobs, G. / Niemeyer, S. (2005), Typisch! Kleine Geschichten für andere Zeiten. Hamburg: Andere Zeiten

Sensibilisieren und Orientieren

„Wie viel Kirche braucht bzw. verträgt die Politik?“ Die vorausgehende kleine Geschichte trägt die Antwort auf die Frage dieses Buches schon in sich. Natürlich braucht die Politik die Kirche als einen Ort, an dem über Grundorientierungen des persönlichen wie des öffentlichen Lebens reflektiert wird. Die Kirche hat den Auftrag, zum einen Wahrnehmungen zu schärfen und zum anderen Ausrichtung und Orientierung zu geben. Die menschliche Geschichte macht deutlich, dass Menschen Sensibilität in verschiedenen Bereichen zeigen und sie durch die in der Gesellschaft mitgegebenen Grundorientierungen schulen und weiterentwickeln. Die des Indianers ist eine ganz andere als die des Städters. Der Indianer kann seinem Freund aus der Stadt verdeutlichen, wie empfindlich bzw. unempfindlich das menschliche Gespür für bestimmte Geräusche sein kann, je nach Tradition, Umfeld und Gewöhnung. Diese Beobachtung lässt sich auch auf gesellschaftliche Entwicklungen, Strömungen und politische Schwerpunktsetzungen übertragen. Sie sind zumeist in den persönlichen Kontext der Menschen eingebettet und aus diesen heraus zu verstehen. Wie Menschen reagieren, entscheiden und handeln, ist elementar von ihrer Bildung, von ihrer Weltanschauung und von ihrem persönlichen Umfeld geprägt. Deswegen sind die biblischen Geschichten, die Wertorientierungen, die aus ihnen erwachsen, und die Kirchen als der Ort, an denen sie weitergegeben werden, so wichtig.

In pluralistischen Gesellschaften sind die Orientierungsmöglichkeiten vielfältig. Es muss darum gehen, Menschen feinfühlig, sensibel und urteilsfähig zu machen und sie in Wahrnehmung und Ausrichtung für die Bedürfnisse der anderen zu sensibilisieren. Der christliche Glaube erfüllt diese Aufgabe. Er vermittelt Lebensgrundlagen, die das Zusammenleben der Menschen so regeln, dass gerechte Teilhabe aller möglich wird, und er befähigt die Menschen dazu, selbstverantwortlich entscheiden und handeln zu können. Diese Zielperspektive ist nicht nur für Gläubige, sondern für alle Menschen guten Willens plausibel. Christliche Gesellschafts- und Wirtschaftsethik hat also hohe Relevanz auch für Menschen, die sich nicht als christlich empfinden oder einer anderen Religion angehören. Gemeinsam mit allen Menschen guten Willens muss

Kirche sich besonders in den Bereichen engagieren, in denen diese Grundlagen von Beginn an gelegt werden: in der frühkindlichen Erziehung, in der Bildung, angefangen von der Grundschule bis hin in den universitären Bereich und auch im gesellschaftlichen Diskurs.

Fragen und Fordern

Die Herausforderungen, vor denen Politik und Gesellschaft stehen, liegen auf der Hand. Die Frage der sozialen Gerechtigkeit – um nur ein Beispiel zu nennen – stellt sich nach der Wirtschafts- und Finanzmarktkrise mehr denn je: Wie konnte es passieren, dass sich die Finanzmärkte in den letzten Jahrzehnten immer mehr von der Realwirtschaft ablösten und durch die immer größeren spekulationsgetriebenen Marktdynamiken das Schicksal ganzer Staaten, ja der Weltwirtschaft entschieden werden konnte? Ist es hinzunehmen, dass das Handeln der Staaten zur Beherrschung der Krise immer mehr von den psychologischen Entwicklungen der Märkte und immer weniger von den Entscheidungen demokratisch legitimierter politischer Instanzen gesteuert wird? Und wie kann es sein, dass nicht diejenigen, die von den Mechanismen der Finanzwirtschaft profitiert haben, nun auch haften, sondern zur Beherrschung der systemischen Risiken Steuer zahlende Krankenschwestern und Handwerksmeister zur Verantwortung gezogen werden? Und wie ist auf eine Situation zu reagieren, in dem die soziale Ungleichheit steigt und prekäre Arbeitsverhältnisse so zunehmen, dass immer mehr Menschen keine ausreichende Rente mehr erwarten können und sich schon jetzt auf Altersarmut einrichten müssen?

Die Kirche kann in diesen Fragen nicht neutral sein. Sie hat nicht die besseren Politikrezepte anzubieten. Aber sie bietet klare Maßstäbe, an denen sich politische Lösungen orientieren müssen. Die biblische Option für die Armen verbindet Glaube an Gott und Einsatz für die Armen untrennbar miteinander. „Hat dein Vater nicht auch gegessen und getrunken und hielt dennoch auf Recht und Gerechtigkeit, und es ging ihm gut?", hält der Prophet Jeremia den Leuten seiner Zeit entgegen, die sich ohne Rücksicht auf die Armen bereichern. „Er half dem Elenden und Armen zum Recht, und es ging ihm gut. Heißt dies nicht, mich recht erkennen?, spricht der HERR“ (Jer 22,15–16). Engagement für soziale Gerechtigkeit ist nichts, was einer „geistlichen Kernkompetenz“ nachzuordnen wäre. Beides gehört untrennbar zusammen.

Deswegen muss sich Kirche in den gesellschaftlichen Diskurs aktiv einbringen. Es geht nicht darum, sich zu jeder Kleinigkeit und zu jedem x-beliebigen Thema zu äußern. Es geht auch nicht darum, sich als Kirche oder auch als einzelner Christ in alles einzumischen, unabhängig davon, ob man Ahnung von dem jeweiligen Sachverhalt hat oder nicht. Wenn sich Kirche innerhalb öffentlicher Themen engagiert, geht es primär darum, die Verantwortlichen in Politik und Gesellschaft auf Fehlentwicklungen hinzuweisen und ihnen aus christlicher Perspektive Alternativen aufzuzeigen oder aber sie in ihrem Tun und Handeln zu bestärken und zu unterstützen.

Kriterien und Kampagnen

Deswegen ist es wichtig, an bestimmten, für das christliche Selbstverständnis entscheidenden Stellen klar Position zu beziehen und sich einzubringen. Die Evangelische Kirche in Deutschland (EKD) tut das seit langem mit ihren Denkschriften.[3] Diese Denkschriften werden von den Kammern der EKD verfasst, in die vom Rat der EKD kompetente Menschen aus Kirche, Politik und Gesellschaft berufen werden. So manche Denkschrift hat nachweislich den politischen Prozess zu beeinflussen vermocht, auch wenn die genauen Wirkungen freilich kaum messbar sind.

Dass die Teilnahme am öffentlichen Diskurs aber in Form einer Kampagne wie beispielsweise der Kampagne „Steuer gegen Armut“ geschieht, ist innerhalb der Evangelisch-Lutherischen Kirche in Bayern und der EKD als Ganzer die Ausnahme. Das Mittel einer Unterschriftenkampagne nutzt sich ab, wenn es von der Kirche regelmäßig eingesetzt wird. Und konkrete politische Vorschläge, die kontrovers sind, dürfen nicht mit einem Heiligenschein versehen werden. Bei dieser Kampagne waren

3 Übersicht zu den Denkschriften http://www.ekd.de/EKD-Texte/2013.html

sich indessen viele Verantwortliche unserer Kirche darüber einig, dass diese Form des Engagements die richtige Art und Weise ist, beim Thema „Finanztransaktionen" Position zu beziehen. Seit langer Zeit haben die Kirchen weltweit diese Steuer gefordert. In einer politischen Situation, in der die Chance besteht, sie endlich durchzusetzen, kann es auch gerechtfertigt sein, das Instrument der Unterschriftensammlung in den Gemeinden einzusetzen. Und so haben sich zahlreiche Institutionen und Kirchengemeinden, aber auch einige Verantwortungsträger in unserer Kirche, allen voran der Abteilungsleiter für Finanzen der Evangelisch-Lutherischen Kirche in Bayern, Oberkirchenrat Dr. Claus Meier, intensiv für die Kampagne „Steuer gegen Armut" stark gemacht und engagiert, so dass rund 65 000 Unterschriften allein in der Evangelisch-Lutherischen Kirche in Bayern gesammelt wurden.

Natürlich gab es auch Kritik. Die Kampagne und der dazugehörige Organisationsaufwand mit Plakaten und Unterschriftenlisten – so der Vorwurf – halte die Gemeinden von kirchengemeindlichen Kernaufgaben ab. Außerdem solle die Kirche sich nicht konkrete politische Optionen auf ihre Fahnen schreiben. Bei gesellschaftspolitischen Themen gibt es wohl selten absolute Einigkeit darüber, ob und, wenn ja, wie sich Kirche äußern und engagieren muss. Dass sie an der Seite der Schwachen und als Anwältin der gefährdeten Natur stehen muss, darüber wächst aber der Konsens.

Eine „Entweltlichung" im Sinne des Rückzugs aus der Welt will in der Evangelischen Kirche nach meiner Beobachtung fast niemand. Wie könnte man auch eine solche Option anstreben, wenn in zentralen biblischen Texten eine dezidiert andere Sprache gesprochen wird? Im fünften Kapitel des zweiten Korintherbriefes entwickelt Paulus seine Theologie der Versöhnung. Gott hat in Christus die Welt mit sich versöhnt. An der entscheidenden Stelle steht das griechische Wort „*ton kosmon*". Der ganze Kosmos ist in Christus versöhnt, auch wenn das erst am Ende der Tage seinen sichtbaren Ausdruck finden wird. Wir können die Welt also nicht mehr so behandeln, als sei sie nicht versöhnt. Rückzug aus der Welt, der die Welt sich selbst überlässt, ist deswegen keine Option.

Wenn „Entweltlichung" aber meint, sich frei zu machen von Zwängen und Erwartungen, die gesellschaftlich propagiert werden, sich von dem befreien zu können, was der Zeitgeist diktiert, dann trifft sie etwas für den Glauben Zentrales. Wir sind nicht von dieser Welt, wie Jesus sagt (Joh 15,19). Aber wir sind in diese Welt gestellt und leben mit und in ihr. Die bloße Anpassung an die Welt und ihren Zeitgeist ist ebenso wenig eine christliche Option wie die Flucht aus der Welt.

Kirche muss deswegen öffentliche Kirche sein, die ausstrahlt, wovon sie spricht, und sich als lebendige und kraftvolle Akteurin in die demokratische Zivilgesellschaft einbringt. Zu den größten Aufgaben gehört die Umorientierung der Wirtschaft hin zu einer wirklich ökologischen und sozialen Marktwirtschaft. Davon sind wir noch weit entfernt. Die Kirchen haben von ihrem Auftrag her die Aufgabe, für eine Gesellschaft zu werben, in der die außermenschliche Natur geachtet wird und in der alle Menschen in Würde leben und an den wirtschaftlichen und gesellschaftlichen Prozessen teilhaben können.

Ein Leben, in dem wir nicht nur den Klang des Geldstücks, sondern auch das Zirpen der Grille hören, ist das glücklichere Leben!

Aurelia Spendel

Eine gott- und weltinfizierte Gemeinschaft: Wie viel Caritas verträgt/braucht die Gesellschaft?

Sr. Dr. Aurelia Spendel ist Dominikanerin und tätig in Ordensentwicklung, Geistlicher Begleitung und Rundfunkarbeit

Hier sind noch Schwestern" höre ich manchmal, wenn ich Menschen frage, warum sie wegen einer Operation oder einer anderen medizinischen Behandlung in ein – ehemaliges – Ordenskrankenhaus gehen, anstatt das städtische oder das Kreiskrankenhaus aufzusuchen. Eine leise Wehmut kann ich bei diesem Satz nicht verbergen und will es auch nicht. Denn die Antwort, die ich sehr häufig auf meine Frage höre: „Hier sind noch Schwestern", trifft so nicht mehr zu. Denn das betreffende Krankenhaus gehört dem Orden schon lange nicht mehr. Die Ordensfrauen, die es einst aufbauten, es groß machten und in ihm ihre Lebensaufgabe sahen, sind seit Jahren, oft seit Jahrzehnten außer Dienst. Die meisten der Schwestern, die in diesem Haus ihr Zuhause hatten, werden im ordenseigenen Altenheim versorgt, gut 20 Kilometer von ihrem einstigen Wirkungsort entfernt. Zwar ist auf der obersten Etage der Pflegevorschule noch ein kleiner Konvent untergebracht, dessen Bewohnerinnen sich bemühen, die für manche recht mühsam gewordenen Dinge des Alltags so gut wie möglich in Eigenregie zu versehen und dabei auch immer wieder einmal den Weg in das „alte", ehemals eigene Haus zu finden, aber die meisten von ihnen sind weit in den Achtzigern und brauchen selber Betreuung und Fürsorge. Es ist abzusehen, dass diese Schwestern ihren Orden, seine Geschichte und Gegenwart in diesem Krankenhaus bald nicht mehr sichtbar machen werden.

„Hier sind noch Schwestern" stimmt also und stimmt doch nicht. Das gemeinschaftliche, alle Schwestern in irgendeiner Weise einbeziehende

Engagement des Ordens ist in dieser Einrichtung Vergangenheit. Zwar ist der gute „Geist“, das Charisma von Barmherzigkeit und Nächstenliebe, die dienende Aufgabe der Gemeinschaft im Titel des Hauses und im Leitbild der dort arbeitenden Menschen noch feststellbar, aber: Das alles ist zerbrechlich, gefährdet und vergänglich. Wird das Erbe des Ordens nicht aufmerksam gepflegt und immer wieder neu an die sich ändernden Bedingungen und Umstände der Zeit angepasst, wird es vergehen, wird fast unmerklich, jedoch unumkehrbar verschwinden und auch nur Vergangenheit sein. Im besten Fall so etwas wie *die gute alte Zeit*, als „noch Schwestern da waren“.

Mit meinem Beispiel und Beitrag möchte ich den Blick lenken auf einen Bereich, der zwar von tagespolitischen Ereignissen und Entscheidungen beeinflusst wird, der aber anders als sie weniger Aufmerksamkeit erheischt. Der konkrete Dienst an den Menschen in Bildung, Pflege und Begleitung vielfältiger Art durch Ordensgemeinschaften ist in unserer Gesellschaft lange Zeit selbstverständlich gewesen. Das ist er heute auf Grund der Entwicklung der Orden nicht mehr. Es gilt zu betonen, dass dieser Dienst in und an der Welt weder privates Hobby noch rein individuelle Erfüllung frommer Pflichten einzelner ChristInnen zu deren Heil ist, die in der Nachfolge Jesu den Armen, Hilfsbedürftigen und Vergessenen zur Seite zu stehen haben. Der apostolisch-karitative Dienst der Orden ist als „Weltdienst“ ein im ursprünglichen Sinn politisches Engagement, das auf die Verpflichtung jedes humanen Gemeinwesens hinweist, die Schwachen, Bedürftigen oder Fremden nicht unsichtbar zu machen, sie nicht an den Rand zu drängen oder sie zu Menschen „zweiter Klasse“ zu machen.

Eine bedrohte Präsenz

Wie wird es gehen und weitergehen mit der Sichtbarkeit und Wirksamkeit nicht nur dieses Frauenordens in diesem einen Krankenhaus, in dieser einen Stadt, sondern grundsätzlich mit der Sichtbarkeit und Wirksamkeit von Kirche und Orden allgemein in ihren sozial-karitativen und bildungsorientierten Einrichtungen, die von ihnen über Jahrzehnte, manchmal Jahrhunderte aufgebaut und unterhalten worden sind: mit Kindergärten, Schulen, Jugendhilfeeinrichtungen, mit Krankenhäusern, Altenheimen, Hospizen und Sozialstationen?

Diese Frage ist für viele Orden in schmerzlicher Unsicherheit zurzeit offen. Sicher werden immer wieder einzelne Frauen und Männer den Wunsch und die Verpflichtung spüren, sich in den Nöten unserer Welt und Zeit dort zu engagieren, wo – bislang – niemand hilft, wo es (noch) keine staatliche Unterstützung oder finanzielle Absicherung gibt, wo niemand da ist an der Seite von Menschen, die, biblisch gesprochen, keinen Helfer, keine Helferin haben. Sie werden sich in Gruppen zusammenfinden, um ihre Aufgaben kompetent und in gegenseitiger Unterstützung tun zu können. Aber sie werden es wahrscheinlich nicht mit der Absicht tun, sich dieser Aufgabe ein Leben lang als *Ordensleute* zu widmen und *darin* den Sinn ihres Lebens zu sehen. Auch dann, wenn sie es aus ihrem christlichen Glauben und ihren christlichen Wurzeln heraus tun, ist der Aspekt, dadurch die Kirche als Ganzes ins Spiel zu bringen, nicht unbedingt eines ihrer zentralen Motive.

Ist das schlimm? Kann es dem / der Hilfsbedürftigen nicht gleich sein, wer hilft? Hauptsache, es wird ihm oder ihr geholfen? Ist der apostolische Auftrag, den Ordensfrauen und -männer als individuelle Berufung durch Gott und als gemeinschaftlichen Auftrag verstanden haben und verstehen, eine zwar respektable, aber nicht (mehr) notwendige Zugabe für den Dienst an den Menschen? Genügt es, nach dem Beispiel Jesu in persönlichem Engagement heilend und mit-leidend da zu sein, ohne dass darin und dahinter die Berufung zum Weltdienst aller Christinnen und Christen als Glieder ihrer Kirche(n) deutlich wird?

Oder noch zugespitzter gefragt: Ist es nicht vielleicht sogar gut, dass die „weltlichen" Dinge, die heute nicht mehr von Ordensfrauen und -männern in eigenen Einrichtungen besorgt werden können, von anderen getan werden, weil es den Orden und der Kirche insgesamt besser ansteht, sich um das Heil der Seelen zu mühen? Um geistliche Dinge, spirituelles Leben, um Gotteserfahrung, Gottesdienst und fürbittendes Gebet statt um Operationsbesteck und Holzspielzeug, Freizeitbetreuung oder Unterrichtspläne? Die Anfragen an ordenseigene Bildungshäuser und die Nachfrage nach diözesanen Exerzitienangeboten und nicht zuletzt der Wunsch vieler Menschen, sich privat und ohne Kursteilnahme in die Stille und Geborgenheit von Klöstern zurückzuziehen, sprechen doch eine deutliche Sprache! Banal gesagt: Wurde es nicht Zeit, dass dem Satz „Schuster, bleib bei deinen Leisten!“ auch in den Orden und damit in der Kirche als Ganzes wieder mehr Geltung verschafft wird? Hat Papst Benedikt in seiner „Freiburger Rede“ nicht genau dazu aufgerufen?

Wie kann das „Spezifikum“ bewahrt werden?

Wie auch immer die Interpretationen der Rede Papst Benedikts ausfallen mögen, eine Entweltlichung der Kirche im Sinne ihrer Rückführung in eine ursprüngliche „Reinheit“ und Abgeschiedenheit von der Welt kann es nicht geben. Diesen Zustand gab es für die Kirche nie. Von Anfang an bis heute und in allen ihren Entwicklungsstadien war und ist sie als Nachfolgegemeinschaft Jesu eine gleichermaßen gott- und weltinfizierte Gemeinschaft. Hier kann nicht getrennt werden zwischen dem Dienst an und in der Welt und dem Dienst an Gott bzw. an dem Gott zugewandten Teil des menschlichen Innenlebens, dem Dienst an der Seele und ihren Belangen. Es kann nicht getrennt werden zwischen der Berufung und dem Heils-Engagement Einzelner und der Berufung und dem Heils-Auftrag von Kirche allgemein. Es wäre eine irrige Auffassung, es könnte kirchliche Außenposten mit Spezialbegabung für den Dienst in/an der Welt geben, weil dieser Dienst nun einmal getan werden muss und es der Kirche gut ansteht, ihre Glieder daran nicht zu hindern. Und dass es daneben so etwas gäbe wie eine kirchliche „Kernkompetenz“, die mit all dem nichts zu tun hätte – weder zu tun haben müsste noch zu tun haben dürfte, sondern die sich ausschließlich dem zuzuwenden habe, was das „Heil der Seele“ angeht. Es kann in dieser Weise nicht getrennt werden zwischen Weltdienst und Gottesdienst, weil ihr Aufeinanderbezogensein und ihre Unterschiedlichkeit in der GottMenschNatur Jesu selber begründet und verankert ist. Ungetrennt und unvermischt ist als christologisches Dogma der normative Horizont für die Art und Weise, wie Kirche in der Welt von heute da zu sein hat.

Wird die Fleischwerdung Gottes in dieser Welt, wie und in welchem Grad auch immer, als bedeutungslos oder konsequenzenfrei angesehen, steht die betreffende Formulierung des Kirche-Welt-Verhältnisses in der Gefahr, häretisch zu werden. Falls sie davon absehen möchte, dass Gottes Sohn „wie ein Sklave (wurde) und den Menschen gleich" (Phil 2,7) folgt sie einer fehlgeleiteten Interpretation von „Entweltlichung". Der Hymnus des Philipperbriefes sagt unmissverständlich: Will die Kirche ihrem Bekenntnis treu bleiben und damit ihrer Berufung, muss sie sich als Ganzes dem Dienst in und an dieser Welt stellen und darf diese Aufgabe weder vernachlässigen noch an einzelne ChristInnen delegieren oder ausgliedern.

„Hier sind noch Schwestern (Frauen, Männer, Laien, Kleriker)" muss von den Menschen so gehört werden können, dass darin als „Hintergrundrauschen" der Satz zu entdecken ist: „Hier ist (die ganze) Kirche da".

Bei dieser Arbeit ergeben sich sinnvolle und sinnvollerweise unterschiedliche Verbindungen zwischen Menschen guten Willens, zwischen der Kirche und anderen Organisationen, die das gleiche Ziel verfolgten, frei von Berührungsängsten, übertriebenem Selbstbehauptungswillen, Unter- oder Überlegenheitsgefühlen und Machtstreben. Entscheidend ist eine dem anderen Menschen, der anderen Organisation annäherungsfähige Grundüberzeugung, die davon ausgeht, dass jede/r Wege kennt und begleiten kann, auf denen Heil für Menschen wird, die in unheilen Umständen leben.

Von der Kirche verlangt ein solches Miteinander-Gehen und Darin-Sein, zu sehen und anzunehmen, dass ihre diakonische Kraft, Vielfalt, Erfahrung und Fantasie eine bestimmte, respektable Gestalt gewonnen hat, die immer wieder neu werden kann und muss. Dabei bedarf es neben den kleinen, vorsichtigen und pragmatischen Schritten auch der großen, prophetischen, riskanten und nicht nach allen Seiten abgesicherten. Es braucht Frauen und Männer als Diakoninnen und Diakone, die ihre Bereitschaft zum kirchlich akzeptierten und legitimierten Dienst an/in der Welt als ihre Lebensaufgabe verstehen. Es sind daneben Formate des „weltlichen" Dienstes von ChristInnen notwendig und sinnvoll, die zeitlich, lebensphasenorientiert, projektbezogen oder räumlich begrenzt definiert werden. Auch wenn das diakonische Engagement stärker die Arbeit von Laien und Diakonen ist, wäre es doch ein wichtiges Zeichen, wenn auch Priester und Bischöfe einen Teil ihrer Zeit und Kapazität dem Weltdienst widmeten, um dort zu sein, wo Menschen sind, die sie nicht mehr erreichen durch ihre Verkündigung, durch Sakramentenpastoral oder christliche Rituale.

Der Weg der Kirche, der Weg der Orden kann weder generell noch mit Blick auf ihr sozial-karitatives Engagement „Entweltlichung“ heißen, um der „Verweltlichung“ zu entgehen. Mit unverbrüchlichem Vertrauen auf den Geist Gottes ist der Nachfolgeweg Jesu in der Welt zu gehen: unter den Menschen wohnen, lieben, hoffen und glauben und dabei nicht davon ausgehen, dass das jemals komplikations- oder konfliktfrei sein könnte. Es ist immer Zeit für den diakonischen Dienst der Kirche und das heute besonders, da die Formen, in denen er von den Orden getan werden konnte, so nicht mehr möglich sind. Die Gefahr, dabei ängstlich zu sein, sich und das Gewohnte bewahren zu wollen, ist auch immer da. Was das Zweite Vatikanische Konzil vor 50 Jahren in seiner pastoralen Konstitution über die Kirche in der Welt von heute („Gaudium et spes“) prophetisch angekündigt hat, ist in Zeiten kirchlicher Transformation aktueller denn je: „Freude und Hoffnung, Trauer und Angst der Menschen von heute, besonders der Armen und Bedrängten aller Art sind auch Freude und Hoffnung, Trauer und Angst der Jünger (und Jüngerinnen) Christi und es gibt nichts wahrhaft Menschliches, das nicht in ihren Herzen seinen Widerhall fände.“

Christian Herwartz

Die Gleichheit spüren

Christian Herwartz ist Jesuit und Rentner und leitet in Berlin eine etwas ungewöhnliche Wohngemeinschaft[1]

Seit vielen Jahren wohne ich mit noch zwei Jesuiten und etwa 14 Personen in einer Wohngemeinschaft im Berliner Bezirk Kreuzberg. Vor einigen Jahren klingelte ein 45-jähriger Mann. An der Hand hielt er ein dreieinhalbjähriges Mädchen und stellte sich vor: „Dies Kind habe ich entführt. Wir sind schon vier Monate unterwegs. Ich möchte hier wohnen." Ich denke spontan an den Schmerz der Mutter und bin unsicher, wie ich mich verhalten soll. Auf der Treppe können wir nicht bleiben. Sollte ich die beiden empört wegschicken oder einlassen? – In der Wohngemeinschaft üben wir uns mit einer offenen Tür zu leben. Die beiden kamen rein. Für eine schwangere Frau war gerade der Geburtstagstisch gedeckt. Sie konnte ihrem Exfreund noch nicht sagen, dass sie bei der Geburt Distanz brauche. Auch der Vater des entführten Mädchens, der kein Sorgerecht hat, wollte an diesem Tag seinen Geburtstag feiern. So begingen wir einen doppelten.

Wie fand der Unbekannte zu unserer Wohnung? Er traf zwei Sozialarbeiterinnen, die ihm seine Geschichte glaubten: Die Mutter des Kindes ist schwere Alkoholikerin und lebt mit einem Mann zusammen, der mehrfach wegen Kindesmissbrauchs inhaftiert war. Der Ex-Mann will das Kind aus der Gefahrenzone holen. Die beiden Frauen suchen einen Weg aus dieser schwierigen Situation. Sie brauchen Zeit, wenn sie nicht einfach zur Polizei gehen und das Vertrauen der Flüchtenden missachten wollen. Die beiden Obdachlosen suchen Ruhe. Die Helfenden können sie auf keinen Fall aufnehmen. Es ist ihnen sogar verboten. Dann würden sie arbeitslos. Ein Unbekannter, der uns wohl einiges zutraute,

1 Weiteres siehe http://www.con-spiration.de/wg-naunynstrasse.

gab unsere Adresse weiter. Die beiden blieben zwei Monate. Nach anfänglicher Unsicherheit, ob mir diese Aktion eine Bestrafung wegen Beihilfe zur Kindesentführung wert sei, sah ich, wie das Kind zu malen und immer besser zu sprechen begann. Ich beruhigte mich innerlich und freute mich über die Entwicklung des Kindes. Der Vater suchte nach einer Lösung, um aus der Fahndung herauszukommen, und gab sein Kind in eine Gastfamilie. Dort wurde es schnell vom Jugendamt entdeckt und wieder zur Mutter gebracht. Daraufhin strengte der Vater eine Gerichtsverhandlung an, um das Sorgerecht für die Tochter zu bekommen. Die Richterin entschied, dass die beiden älteren Söhne in ein Heim kommen sollten und das Mädchen in der schwierigen Situation bei der Mutter bleiben könne. Ein Jahr später in der Adventszeit kippte eine Kerze auf ihrem Küchentisch um und alle drei – Mutter, Freund, Kind – verbrannten. Der Alkohol fand seine Opfer. An ihrem fünften Geburtstag beerdigten wir Yvonne.

Das ist keine alltägliche Geschichte. Doch in ihr wird etwas Alltägliches sichtbar: Wenn wir die auf Gewalt fußenden Alltagslösungen, die Welt der Sicherheitsschlösser und des steigenden Konsums ein wenig verlassen, dann sehen wir durch die Angst in Gesichter voller Hoffnung und entdecken unsere eigene Sehnsucht.

Eine weitere Geschichte: Im vergangenen Sommer wurden zwei indische Bürger bei ihrer Ankunft in Berlin festgenommen. Vor den Mauern der Abschiebehaftanstalt, die uns an die Todesgrenze um Europa erinnern, stehen wir seit 1995 regelmäßig mit der Gruppe „Ordensleute gegen Ausgrenzung". Schreiendes Unrecht ist es, Menschen der Freiheit bis zu 18 Monaten zu berauben, die keiner kriminellen Tat angeklagt werden. Wir hoffen auf den Einsturz dieser Mauern. Die Verhaftung erfolgte ohne erkennbare sachlich-rechtliche Rechtfertigung, sondern aus „Abschreckungsgründen" und dauerte sechs Monate. Das klingt für Außenstehende unglaublich – es kommt aber immer wieder vor, kaum aber jemand erfährt davon: Wie auch? In der Regel kennen die Inhaftierten keinen Anwalt, der ihre Interessen vertreten könnte, oder sie haben kein Geld, einen solchen zu bezahlen. Für eine „Abschreckungspolitik" braucht es auch oft keine Gründe – der Zweck liegt in der Verhaftung selbst sowie der Angst und dem Schrecken, die ein solches Behördenhandeln hervorrufen. Bei der Festnahme trugen sie Turnhosen. Neue Kleidung bekamen sie nicht. So konnten sie im Winter das Gebäude nicht einmal zur Freistunde verlassen. An einem Abend im Januar wurden sie um 22 Uhr entlassen und standen vor dem Gefängnis am Rande von Berlin, nicht nur unangemessen bekleidet, sondern auch ohne Geld für ein Verkehrsmittel. Wohin sollten sie auch fahren? Die Behörden verhielten sich sicherlich gesetzeskonform. Sie folgen einer zerstörerischen Ordnung, die auch bei den großen Fragen der Reichtumsanhäufung und des würdelosen Umgangs mit der Mehrheit der Bevölkerung sichtbar wird. Eine Frau sah die frierenden Männer und kam mit ihnen zu uns. Bis sich eine Perspektive zeigte, blieben sie.

Diese Geschichten könnte jemand als Beispiele des Helfens lesen. Das ist für mich eine äußerliche Lesart. Stimmiger scheint mir, dass wir uns hier alle als Gäste wahrnehmen, die in der einen oder anderen Situation dem anderen gegenüber zu Gastgebern werden. Dazu gehört, dass wir auch mal das eigene Bett hergeben, wenn es gebraucht wird. Jeder kann darauf vertrauen, anderswo in der Wohnung oder in der Nachbarschaft Unterkunft zu finden. Manchmal tut es mir gut, für eine längere Zeit ohne Wohnungsschlüssel darauf zu vertrauen, dass mir geöffnet wird.

Orte der Begegnung und Ent-deckung

Regelmäßig wohnen Menschen aus sechs bis zehn Nationen in unserer Wohngemeinschaft. Unser Vergleichspunkt, was normal und nicht normal ist, ist kein idealtypisch deutscher. Aber den gibt es ja in Wirklichkeit auch nicht. Doch fallen wir durch die Rückfragen anderer und unsere Wünsche, Allgemeingültiges zu sagen, in überholte Vorstellungen zurück. Wie finden wir dann wieder zu einer befreienden Sicht auf die Welt?

Helfen kann uns, auf die Straße zu gehen, auf der wir Menschen begegnen, die wir uns nicht ausgesucht haben. In der Offenheit für mögliche Begegnungen überwinden wir unsere Blickverengungen und ziehen die Schuhe der unterschiedlichen Vorurteile aus (Ex 3,5). Dann stehen wir im Bodenkontakt mit der Wirklichkeit. Hier lebt Jesus, der sich als Straße (Joh 14,6) und als Obdachloser beschreibt (Lk 9,58). Er ist kein Helfer, der Krankenhäuser oder Sozialstationen gründete. Er will ganz Mensch sein und geht deshalb zu den als unrein bezeichneten Menschen an den Rändern der angesehenen Gesellschaft. Andernfalls würden die herrschenden Vorstellungen, man müsse so oder so sein, seinen Weg der Menschwerdung domestizieren. Erst wenn die Zöllner, die der römischen Besatzung dienen, ja alle, die sich an der Gemeinschaft versündigen, auch die Gefangenen, Fremden und Kranken, in den Blick kommen, ist der Weg zur Menschwerdung für alle offen. In einem gastfreundlichen Haus kann die befreiende Dimension der Straße, wenn wir Vertrauen spüren, sogar im eigenen Wohnzimmer entdeckt werden (vgl. Mk 2,4; Lk 7,50).

Die Straße fordert jede/n auf andere Weise heraus, eigene kulturelle Vorstellungen zurückzulassen und die Wahrheit des Lebens zu entdecken. Das gilt besonders für das Pilgern, eine auch in anderen Religionen wichtige Praxis, Menschen zu begegnen und die uns allen gemeinsame mystische Dimension – die Liebe in uns und zu anderen – wahrzunehmen. Auch diese Erfahrung kann in der Nähe gemacht werden. Besonders deutlich wird sie mir bei dem interreligiösen Friedensgebet auf dem Gendarmenmarkt in Berlin an jedem ersten Sonntag im Monat.[2]

Wege zueinander

Um möglichst vielen diese Erfahrung der Gegenwart des Auferstandenen zugänglich zu machen, begleite ich suchende Menschen in „Exerzitien auf der Straße“[3], einer Weiterführung der „Geistlichen Übungen“ meines Ordensgründers Ignatius von Loyola. Als Einstieg in diese Zeit der Aufmerksamkeit nutzen wir einen Abschnitt aus dem Lukasevangelium (10,3 f.). Dort beschreibt Jesus die Straße als Ort der Wölfe, unter die er seine Jünger damals und uns heute wie Schafe schickt. Meine ei-

2 Siehe hierzu www.friedensgebet-berlin.de
3 Mehr Informationen unter www.con-spiration.de/exerzitien

gene Erfahrung hat mich gelehrt, in den Raubtieren den Kapitalismus zu sehen, weil er, durch seine Fixierung auf den eigenen Gewinn, die Menschen in Arme und Reiche aufteilt und damit dem Unfrieden in der Gesellschaft Raum verschafft. Für dieses Umfeld gibt Jesus uns vier Überlebensregeln.

Erstens: Lasst die Geldbörse weg, dann verlieren die Wölfe ihr Interesse. Die Beute fehlt.

Zweitens: Lasst auch den Rucksack mit Notproviant zurück. Als Menschen mit Drogenproblemen bei uns lebten, war das Küchenradio oft weg, bis wir ein einfaches Gerät anschafften, das keinen Wiederverkaufswert hatte. So wurde auch diese Regel in unserem Alltag konkret.

Drittens ermahnt Jesus die Jünger und Jüngerinnen, ihre Schuhe zurückzulassen. Sie sollen auf dem Weg nach Jerusalem anklopfen und den Bewohnern den Frieden wünschen. Dem entspricht das Öffnen der Tür, dies wiederum wird beantwortet mit dem respektvollen Ablegen der Schuhe. Der Weg des Vertrauens, das Öffnen der Tür, findet jetzt bei uns statt, hat bei uns einen Ort.[4] Das erfordert auch, dass unser Ja zu den Gästen durch ein deutlichen Nein gegenüber all jenen, die unsere Gastfreundschaft bedrohen, verteidigt wird: Menschen, die durch unsere Tür kommen und von ihrer Not erzählen, müssen vor polizeilicher Anzeige oder Veröffentlichungen in den Medien geschützt sein. Da Polizisten – und die sich dafür halten – bei Unregelmäßigkeiten auch in ihrer Freizeit zur Anzeige verpflichtet sind, bitten wir sie um Abstand. Ähnliches gilt für Presseleute, die keinen Vertrauensschutz gewähren.

Schließlich spricht Jesus in der vierten Ermahnung eine der vielen kulturellen Konventionen an: Grüßt nicht unterwegs! Ich höre die Empörung: Ich will doch nicht unhöflich sein! Unhinterfragte Regeln werden aber leicht zu Fremdbestimmungen. Ich nenne als Beispiel den Rassismus sowie die Berührungs- und Begegnungsverbote, die mit ihm verbunden sind und uns oft fremdbestimmen. Rassismus ist in unserer Gesellschaft eine verbreitete, menschenverachtende Gewohnheit. Da übersetze ich mir den Ratschlag Jesu folgendermaßen: Grüßt die Men-

4 Das Wort „jetzt, gleich, sofort“ weist in der Bibel auf diese unaufschiebbare Handlung hin

schen, die beiseitegeschoben werden, geht zwei Meilen mit ihnen, wenn sie euch drängen, eine Meile mitzugehen (Mt 5,41). Lasst euch in die größere Wirklichkeit der Menschlichkeit einladen. Und seid nicht von denen blockiert, die euch davon ablenken wollen. Grüßt sie nicht!

Von der befreienden Kraft der Gleichheit

Dieses Buch dreht sich um Fragen von Kirche und Politik. In diesen beiden Bereichen beziehen sich viele Akteure auf juristische oder theologische Konstrukte und nur noch selten auf die von vielen erlebte Wirklichkeit. Hierarchien haben sich gebildet und werden verteidigt. Sie zementieren die gesellschaftlichen Spaltungen. Die Politik ist oft Sklavin des Kapitalismus geworden und die Kirchen solche überholter Wertordnungen. Manchmal sind die Kirchen geradezu pseudo-konservative Hochburgen, die ein Fortschreiten im Leben verhindern. Auf den ersten Blick hat das wenig mit dem zu tun, was ich in diesem Beitrag darlege, aber: In beiden Bereichen ist es genau deshalb wichtig, sich der Wirklichkeit wieder anzunähern, sich ihr ohne Scheuklappen zu stellen und dabei alle Ängste abzulegen, um aus der Geschichte zu lernen und sich den aktuellen Fragen und Hoffnungen zu öffnen. Wenn wir Privilegien der Macht aufgeben und die Gleichheit aller Menschen wahrnehmbarer wird, dann sind wir auf einem guten Weg. Tun wir dies nicht und engagieren wir uns etwa von unreflektiert erworbenen, angestammten Plätzen innerhalb der traditionellen Strukturen heraus, kann es durchaus dazu kommen, dass wir an diesen traditionell gewachsenen, verkrusteten, ungerechten Gesetzmäßigkeiten nichts verändern, sondern sie vielleicht sogar zementieren. Am befreiendsten von allem ist aber die Entdeckung, dass alle Menschen gleich sind. Mit diesem Maßstab in der Hand kann man sich dann auch getrost einmischen und Ungerechtigkeiten anprangern.

Im religiösen und im gesellschaftlichen Bereich gibt es viele Orte und Gelegenheiten, bestehende Ungerechtigkeiten wahrzunehmen und die Hoffnung auf Veränderung wachsen zu lassen; drei habe ich geschildert: zunächst unsere Wohngemeinschaft, dann die Exerzitien auf der Straße, bei denen jeder die befreiende Gleichheit unter uns spüren und unsere Geschwisterlichkeit neu wahrnehmen kann, dann der Weg der Inkulturation in vorher fremde Lebensbereiche als Weg des Beziehungsaufbaus über bestehende gesellschaftliche Grenzen hinweg.

Eine letzte Geschichte: Eine Frau wurde obdachlos. Wir konnten sie aufnehmen. Einige Jahre später, sie hatte längst eine eigene Wohnung, wollte sich diese mittelarme Frau für unsere Gastfreundschaft bedanken. Sie schlug zwei von uns für das Bundesverdienstkreuz vor. Wir fanden das keine gute Idee. Doch sie nahm das Buch „Gastfreundschaft"[5] mit vielen Erzählungen aus unserer Wohngemeinschaft und schickte es an den Bundespräsidenten. Dieser wies einen Staatssekretär an, uns die Auszeichnung zu bringen. Die Dankbarkeit der Frau fand einen Weg, unsere Widerstände zu überwinden – und ebenso die Widerstände all jener staatlicher Stellen, die Wert auf ‚rechtmäßiges' Verhalten legen.

„Die Würde des Menschen ist unantastbar. Sie zu achten und zu schützen ist Verpflichtung aller staatlichen Gewalt." Mit diesem Satz beginnt unser Grundgesetz. Die Realität sieht anders aus. Das Gespür oder sogar die Einheit mit ausgegrenzten Menschen wächst im Stillen. Aber es gibt Anlässe, mit dieser Erfahrung aufzustehen und das Wort in der gesellschaftlichen, politischen oder kirchlichen Öffentlichkeit zu ergreifen. Dann hören wir das Knurren der Wölfe. Und doch müssen wir dann erst recht zu der erkannten Wahrheit stehen und sollen die scheinbare Sicherheit des Geldes oder die angepassten Konventionen zurückweisen.

5 Herwartz, Chr. (Hrsg.) (2004) Gastfreundschaft – 25 Jahre Wohngemeinschaft Naunynstraße. Berlin-Kreuzberg: PU Druck. Vom selben Autor: (2006) Auf nackten Sohlen – Exerzitien auf der Straße. Würzburg: Echter sowie (2012) Brennende Gegenwart – Exerzitien auf der Straße. Würzburg: Echter

Adelheid Franz/Thomas Franz

Zurück zu den Ursprüngen – Entweltlichung ohne Weltfremdheit

Dr. Adelheid Franz arbeitet in der Berliner Malteser Migranten Medizin (MMM), ein Angebot für Menschen ohne Krankenversicherung[1]

Zurück zum Ursprung – was heißt das? Vielleicht ist das nicht unbedingt die Frage, woher wir, woher all das kommt, was uns umgibt, woran wir glauben und wie wir handeln. Vielmehr kann es die Frage sein, was zu alledem geführt hat. Ein Musikstück beliebiger Art beispielsweise offenbart dem Musizierenden mit einem Mal die Aufforderung *da capo*, lässt ihn noch einmal von vorne beginnen, erinnern, fühlen, wie er begonnen hat – und schließlich auf dem fortführenden Weg zum Ende gelangen. Es ist ein Weg, auf dem sich Bausteine verknüpfen, welche von ihrem Beginn abhängig sind.

Als Kind und Jugendliche spürte ich, angeregt durch meine Tante, die als Ärztin in Afrika gegen Kinderlähmung kämpfte, meinen Wunsch, denen zu helfen, die medizinische Hilfe brauchen, ich hörte und las über die Arbeit von Damian de Veuster bei den Leprakranken, ich hörte Geschichten von meinem älteren Bruder, der für 18 Monate vom Jesuitenorden ins damalige Rhodesien geschickt worden war. Diese Geschichten bestärkten mich in dem Wunsch, Ärztin zu werden, und ich studierte Medizin. Als mir schließlich im Jahre 2001 die Leitung der gerade neu entstehenden *Malteser Migranten Medizin (MMM)* angetragen wurde, war das für mich wie die Rückkehr zu meinem Ursprung, dem Wunsch, den vor Jahren die Geschichten meiner Kindheit in mir ausgelöst hatten.

Menschen ohne Krankenversicherung zu behandeln ist für mich als Christin eine Frage der Menschlichkeit. Da sind die, die ohne Aufent-

1 Weiteres siehe http://www.malteser-migranten-medizin.de

haltsstatus in Deutschland sind, die Angst haben, entdeckt zu werden, und sich bei einer Krankheit oder Verletzung kaum zum Arzt trauen, doch auch die Menschen, meist EU-Bürger, die aus unterschiedlichen Gründen durchs Raster fallen. Diesen Menschen zu helfen bedeutet, Verantwortung zu fördern, denn nicht zuletzt ist jeder, muss jeder für sich selbst, seine Gesundheit, sein Leben verantwortlich sein. Da nützt es nichts, jede Rechnung ungesehen zu bezahlen, Behandlungen unbesprochen durchzuführen. Menschen brauchen die Gewissheit, ernst genommen zu werden, selbst aufstehen zu können. Karitative Hilfe ist kein Kran, der den Menschen aus dem Sumpf zieht. Sie ist die hilfreiche Hand, die der Hilfesuchende ergreift, um sich selbst aus dem Loch zu befreien. Das ist die große Verantwortung.

Die Arbeit in der *Malteser Migranten Medizin* ist spendenbasiert und unterstützt von der großartigen Mithilfe vieler Ehrenamtlicher. Durch sie ist es möglich, diese Hilfe zu leisten. Das war jedoch nicht immer einfach. Vielmehr war diese Arbeit in den ersten Jahren eine schmale Gratwanderung an den Grenzen des Gesetzes. Die Arbeit war trotzdem notwendig, um nach der christlichen Ursprungsprämisse „Liebe deinen Nächsten wie dich selbst“ handeln zu können, denn wer krank ist, wer Hilfe braucht, muss diese erhalten dürfen, was oder wer er auch ist. Politik ist nicht unbedingt schlecht, wenn sie so handelt, dass Benachteiligungen entstehen. Politik ist aber ein Produkt aus Interessenskonflikten, die viel verschiedenen Input braucht, um etwas erreichen zu können. Dabei hilft es oft mehr, in Worten und Taten aufmerksam zu machen, als zu schreien und mit dem Fuß aufzustampfen oder nichts zu tun oder zu schimpfen und über Andersdenkende herzuziehen. Mit Georg Kardinal Sterzinsky hatte *MMM* einen in großartiger Weise schützenden Schirmherrn, Preisverleihungen wie das Bundesverdienstkreuz schafften Anerkennung vor dem Gesetz. Es ist viel passiert in den letzten Jahren, und das ist gut.

Es stellt sich jedoch berechtigterweise die Frage nach den Zuständigkeiten. Wann ist der Staat, wann eine karitative Organisation, wann die Kirche zuständig, wenn es um die wichtige Hilfe für bedürftige Menschen geht? Da gibt es unterschiedliche Sichtweisen. In erster Linie sind wir alle Menschen und somit gleich. Da wir Individuen sind, haben wir unsere eigenen Gefühle, Interessen, Handlungsweisen und nicht zuletzt unsere ganz persönlichen Ursprünge, die dorthin geführt, die uns zu dem gemacht haben, was wir sind. Dort, wo wir in unseren Leben stehen, sind wir mit den uns in dem speziellen Moment beschäftigenden Interessenkonflikten konfrontiert. Wichtig dabei ist, dass wir unser Handeln auf dem Ursprung eines guten Miteinanders aufbauen, das wir Moral oder christliche Nächstenliebe nennen können. Die Politik braucht karitative Organisationen, sie braucht die Kirche mit ihren Orden, ihren Institutionen – und Kirche und Organisationen brauchen die Politik. Das eine geht nicht ohne das andere, und es geht nicht darum, aneinander vorbei- oder gegeneinanderzuarbeiten, reaktionär zu demonstrieren oder zu spotten. Es braucht das Gespräch, die Diskussion, weil sich nur durch die Zusammenarbeit aller das Richtige ergeben kann. Das fängt im Kleinen in der Kirchengemeinde an. Der Pfarrgemeinderat sitzt um den Tisch, es fliegen die Meinungen hin und her, Gruppen bilden sich, die Planung des Gemeindefestes wird zum Streitpunkt, es entsteht Frust, Geläster, es entsteht ein Gegeneinander. Das geschieht, wenn der eine dem anderen nicht zuhört und Meinungen nicht respektiert werden. Miteinander setzt im Ursprung an, und dieser Ursprung braucht Mut, kostet Kraft. Wir schaffen dort am meisten, wo wir einander zuhören.

Es gibt also insofern keine Trennung zwischen *der* Kirche, *den* Christen, *der* Politik, es gibt nur Menschen, die von verschiedenen Faktoren abhängig sind und individuell handeln. Zur Veranschaulichung erinnere ich an den Liedtext „Viele kleine Leute an vielen kleinen Orten, die viele kleine Schritte tun, können das Gesicht der Welt verändern, können nur zusammen das Leben bestehn.“ Anwaltschaft ist Nächstenliebe, die Zuständigkeit des Staates hört nicht da auf, wo Kirche und Organisationen segensreich wirken. Kirche und ihre Organisation haben, wenn sie für Menschen einstehen, die Möglichkeit, in den Augen der Politik bedingt kriminell zu sein, weil die Gesetzmäßigkeiten in dem Moment so sind. Wir haben in der *MMM* ein Beispiel, wo die kleinen Schritte klappen, Anwaltschaft / Nächstenliebe mit Kommunikation zu einer Annäherung der Interessen führt. Es gibt in der Geschichte gegenteilige Beispiele – man nehme die Anwaltschaft der Kirche im Nationalsozialismus, wo die

Interessen unvereinbar waren. Politik, der es um den Menschen geht, wird sich bemühen, kleine Schritte zu tun, solange sie in Kirche und Organisationen Anwälte hat, die ihr helfen, die richtigen Gedanken zu finden und weiterzudenken. Kirche und Organisationen ersetzen die Zuständigkeit der Politik nicht, sie sind nur dort, wo diese (noch) nicht sein kann.

Unser Leben wird meist mehr von medialen Mitteln beeinflusst, als wir es wollen. Gibt es einen Reaktorunfall, wird umgehend ohne großes Hinterfragen der Atomausstieg gefordert, missbraucht ein Geistlicher ein Kind, sind alle Priester pädophil, begeht eine öffentliche Persönlichkeit einen Fehler, stellen wir diesen Menschen an den Pranger und fordern dessen Rücktritt. Woher kommt das? Menschen neigen zum Extremen, wir springen auf Sensationen an. Unser Herz schlägt am lautesten, wenn wir direkt mit der Nase auf etwas stoßen, dann, wenn wir Gerechtigkeit fordern, unsere Gerechtigkeit, die ein Produkt aus fremder und eigener Meinungsbildung ist. Ich denke an das 2012 ermordete Mädchen in Ostfriesland. Als der mutmaßliche Mörder gefunden war, wollte ihn die Menge umbringen. Das geschieht aus Empathie, aus deren Fassungslosigkeit sich Wut entwickelt. Dass dies jedoch nicht zugelassen werden kann, ist keine Frage, und wir lernen, dass auch Menschlichkeit gefiltert werden und Regeln folgen muss.

Wo steht da die Kirche? Hat sie auf dem Posten der Erhaltung der Menschlichkeit eine besondere Aufgabe? Oft werden Kirchenmenschen als Moralapostel klassiert. Aber ist dieses negativ behaftete Wort wirklich negativ? Vielleicht kann, muss es ihre Aufgabe sein, aufmerksam zu machen und zu lieben, wo die Nächstenliebe nachlässt. Vor allem aber ist es ihre Aufgabe, durchgehend den Blick dafür zu haben, wo geholfen und geschützt werden muss. Dabei ist es egal, ob der Praktikant einer älteren Dame beim Einkaufen hilft, ein Pfarrgemeinderat sich auf ein Gemeindefest einigt, ein hungriges oder krankes Kind in Afrika aufgepäppelt wird oder eine Ärztin in der *Malteser Migranten Medizin* Menschen ohne Krankenversicherung behandelt. Es ist nichts mit dem anderen vergleichbar und alles ist für sich wichtig – auf Grundlage der christlichen Nächstenliebe.

Vielleicht ist es generell nicht verkehrt, die Urchristen als Beispiel zu nehmen, die allein mit ihrer Botschaft friedlich versucht haben, ihren Glauben zu leben. Die Bibel gibt dazu ein wegweisendes Wort: „Daran werden alle erkennen, dass ihr meine Jünger seid: wenn ihr einander liebt" (Joh 13,35). Vielleicht kann dieser Satz generell für die Gesellschaft hilfreich sein, in der gerade diese Liebe häufiger nicht beachtet zu sein scheint. Da vieles durch Vorbild geschieht, kann im Prinzip jeder damit beginnen oder weitermachen, Hauptsache ist nur, jemand tut es.

Bei seinem Besuch in Deutschland hat Papst Benedikt XVI. über „Entweltlichung" und „Verweltlichung" gesprochen und damit kontroverse Diskussionen ausgelöst. Ich hatte die Möglichkeit, bei dieser Rede in Freiburg persönlich dabei zu sein. Interessant war es. Der Papst hat jedoch auf nähere Definitionen seiner Schlüsselbegriffe verzichtet, was sicherlich der Grund für die vielfältigen Diskussionen und auch Ängste ist. Ich möchte diese Rede weniger als Rückschritt zur mittelalterlichen oder zumindest vorkonziliaren Kirche verstehen, vielmehr als Aufruf, die urchristlichen Werte in den Fokus zu rücken, dem Ursprung des Christentums, dem, worum es damals ging, nachzufühlen und darin den Glauben zu finden. Die Wurzeln des Christentums sind nicht die lateinische Messe, Machtstreben und rückwärtsgewandte Vorstellungen – die Wurzeln stecken in den Katakomben Roms, wo die Menschen, von der Nächstenliebe überzeugt, bereit sind, ihren Glauben zu leben. Der Papst hat nicht definiert, was er meint – und so tue ich das, was die Bibelexegese tut: deuten. So kann und möchte ich ihn verstehen.

Entweltlicht sich also die Kirche oder entweltlichen wir uns? Das sollten wir auf keinen Fall und die Kirche auch nicht, denn sich von der Welt zu entfernen bedeutet im Umkehrschluss, weltfremd zu werden – und das will ja keiner. Wer also ist dafür verantwortlich, dass die Kirche nicht weltfremd wird? Wir alle, jeder Einzelne! Es liegt an uns, wie wir handeln und definieren, wie wir bereit sind, unseren Glauben mit unserem Alltag zu verknüpfen, ob wir fähig sind, unsere Wurzeln und unsere Ursprünge anzunehmen, zu erkennen, dass sie alles sind, worauf wir unser Leben aufbauen können, aber nicht alles, was unser Leben bestimmt.

Wenn dieses Buch erscheint, werden wir wissen, ob die Welt laut Mayakalender am 21. Dezember 2012 untergegangen sein wird. Wahrscheinlich wird nichts passieren, vielleicht liegt schon Schnee, ein Freitag im vorweihnachtlichen Trubel. Ein großer Hype wird mit dem Sonnenaufgang vorbeigegangen sein. Wir brauchen diese Spannung, den Nervenkitzel, so wie wir uns auf die gefährlichsten Achterbahnen wagen. Ich hoffe sehr, dass wir weiter viele dieser aufregenden Momente haben, die Momente, die niemandem schaden und trotzdem alle betreffen, dass wir uns gruseln und erschrecken können, ohne selbst Täter zu werden und die Welt zu sprengen, dass wir es schaffen, als Christen, als Menschen, einträchtig miteinander zu leben und nicht übereinander herzufallen. Dann haben wir etwas erreicht, worauf wir immer wieder aufbauen können: unseren Ursprung!

Klaus Settele / Daniel Steiger

Die Garage muss aufgeräumt werden – Kirche zwischen Protest und Utopie

Klaus Settele ist Bundesvorsitzender, Daniel Steiger Bundesseelsorger der Katholischen Landjugendbewegung Deutschlands (KLJB) e. V.[1]

Vor wenigen Tagen saßen wir mit KollegInnen des Bundes der Alevitischen Jugendlichen Deutschlands am Dortmunder Bahnhof bei einem Kaffee zusammen. Es ging darum, das interreligiöse Dialogprojekt zwischen der Katholischen Landjugendbewegung und ihnen weiterzuspinnen. Als wir die Ziele unserer Kooperation genauer definieren wollten, erzählte Serdar einen Witz aus der Comicserie Southpark: Kyle, eine der Hauptfiguren, will unbedingt zu einem Rockkonzert. Seine Eltern sind strikt dagegen: „Du darfst nur zum Konzert, wenn du die Demokratie auf Kuba einführst und die Garage aufräumst." – Darauf Kyle: „Was, die ganze Garage?" Am Ende schafft es Kyle zwar mit einem Anruf, Fidel Castro tatsächlich von der Demokratie zu überzeugen – zum Konzert darf er trotzdem nicht – wegen der unaufgeräumten Garage.

Auch die Katholische Landjugendbewegung (KLJB) hat hehre Ziele und versucht sie mit Kreativität, Hartnäckigkeit, mithilfe von Kooperationen und Bündnissen, aber auch mit einer gesunden Portion Humor zu erreichen. So kann kraftvolles Engagement politische Wirkung zeigen und begonnen werden, das Reich Gottes auf Erden zu realisieren. Mit Verbissenheit an einer anderen und besseren Welt zu bauen ist kontraproduktiv. Zu engagierter Arbeit gehört auch Gelassenheit. ChristIn zu sein heißt für uns, Glaube und Leben, Spiritualität und Politik nicht voneinander zu trennen.

1 Weitere Informationen: www.kljb.org/bundesvorstand

Jugend sucht Gemeinschaft, Wertschätzung und Gerechtigkeit

Eine Trennlinie zwischen Spiritualität und Politik zu ziehen entspricht nicht unserem Verständnis von gelebtem Glauben. Natürlich reflektieren nicht alle unsere Mitglieder den Schritt, KLJBlerIn zu werden. Dennoch können wir behaupten, dass die KLJBlerInnen ihren Glauben nicht im Singen von Liedern hinreichend realisiert sehen. Die meisten fühlen sich bei dem Jugendverband beheimatet, weil sich für sie hier das Positivste, das sie noch mit Kirche verbinden – nämlich Raum zu bieten für *bedingungslose* Gemeinschaft –, mit ihrer Lebenswelt koppelt. Überspitzt gesagt: Im Sportverein fehlt mitunter die Wertschätzung des Einzelnen unabhängig von seiner Leistung – bei den rein geistlichen Bewegungen, wie zum Beispiel der „Jugend 2000", fehlt zuweilen die Wertschätzung der Mitwelt unter anderen Aspekten, als sie sich in Anbetung und in Liedern preisend ausdrücken lässt.

Kein Staat der Welt und keine politische Ideologie kann dem Menschen in all seinen Dimensionen gerecht werden, so dass allein durch staatliche Wohlfahrt persönliches wie gesellschaftliches Glück Einzug hielte. Es bedarf immer auch des Engagements und der Partizipation des Einzelnen, des Mittuns der Zivilgesellschaft. Wir „Gläubige", die wir davon ausgehen, dass es etwas gibt, das über uns und unsere Welt hinausweist, bringen als unser ‚Spezifikum' das christliche Welt- und Menschenbild als Grundlage für gesellschaftliches Engagement mit ein. Ein Weiteres ist wichtig: Je weniger die Politik den Menschen und dessen Wohl in den Mittelpunkt stellt, desto mehr sollten sich die Kirchen und christlichen Organisationen den Sorgen und Ängsten aller Menschen annehmen. In einer beeindruckenden Konsequenz und Bedingungslosigkeit haben hier Sophie Scholl und Oscar Romero ihrem Glauben Taten folgen lassen. In seiner letzten Predigt vor seiner Ermordung fordert Romero genau das von Kirche und Individuum: „Es ist höchste Zeit, dass ihr auf euer Gewissen hört und mehr seinem Gebot Folge leistet als der Ordnung der Sünde! Die Kirche, die Verteidigerin der Rechte Gottes und der menschlichen

Würde, der Würde der Person, kann angesichts solcher Abscheulichkeiten nicht schweigen!"[2]

Kirchen und die vielen christlichen Organisationen können und müssen sich in die öffentliche Meinungs- und Willensbildung einbringen – haben sie doch viele Erfahrungen, Vorstellungen und Ideale, die für Mensch und Natur von höchster Relevanz sind. Mit Nächstenliebe, Solidarität, der Schöpfungsverantwortung, einem Gerechtigkeitsanspruch und einem Verantwortungsgefühl sind hier nur einige wenige genannt. Diese nicht in Gesellschaft und Politik zu tragen wäre nicht zu rechtfertigen, gar verantwortungslos. Man überließe das Feld in weiten Teilen den Organisationen und Unternehmen, die nicht das Allgemeinwohl und den Nächsten in den Mittelpunkt ihres Denkens und Handelns stellen. Dies könnte eine Zerstörung von Schöpfung, aber auch eine Benachteiligung von Teilen der Gesellschaft, seien es nun Menschen mit geringeren finanziellen Mitteln, mit Migrationshintergrund oder mit Behinderung, mit sich bringen.

In der öffentlichen Willens- und Meinungsbildung fällt den Kirchen und christlichen Organisationen damit genauso wie der gesamten Zivilgesellschaft (und in Abgrenzung zu Organisationen und Unternehmen mit Eigeninteressen) die Rolle des Gewissens zu. Dabei ist sich die Zivilgesellschaft trotz vergleichsweise homogener Themen und Ziele, die von allen geteilt werden, in der Umsetzung derselben bei weitem nicht einig. Dies ist aber weder nötig noch zielführend. Denn im besten Fall funktioniert Demokratie auf diese Weise: In Diskussionen und im Austausch aller Beteiligten werden Wege gefunden, die schließlich von PolitikerInnen und Politik umgesetzt werden. Wichtig, so scheint uns jedoch, ist in solchen gesamtgesellschaftlichen Aushandlungen zu zeigen, dass Kirchen, christliche Organisationen und Zivilgesellschaft auch Opposition sein können und müssen und auch unpopuläre Positionen beziehen und ihren kritischen Blick auf (aktuelle) Entwicklungen in Gesellschaft und Politik behalten, alternative Ansätze entwickeln und in den Diskurs einbringen und diese wenn und wo möglich auch realisieren – und sei es

2 Zitiert in: Maier, M. (2010) Oscar A. Romero. Kämpfer für Glaube und Gerechtigkeit. Freiburg: Herder. S. 83

nur im kleinen Rahmen. Und wir wollen zeigen: dass ein Handeln, das allein am Gemeinwohl orientiert ist, keine Utopie, sondern tatsächlicher Mehrwert und damit mehr als theoretisches Konstrukt ist.

Dies verlangt einige explizite Darlegungen der Leitbilder, die uns als kirchlicher Jugendverband prägen: prophetischer Protest und Utopie.

Prophetischer Protest und erfahrbare Utopie

In der Bibel finden sich zahlreiche Beispiele dafür, dass der Glaube an Unmögliches Berge versetzen kann. Es wimmelt nur so von UtopistInnen, ProphetInnen und IdealistInnen, deren Zeugnisse uns nicht in ein Wolkenkuckucksheim entführen, sondern – ganz im Gegenteil – zum Konkreten ermutigen. In dieser guten Tradition stehend sehen wir uns, wenn wir speziell als Vertreter eines Jugendverbands einen prophetischen Protest einfordern und vorleben. Wir tun das gemeinsam mit vielen KLJBlerInnen, die den Protest begeistert tragen, sobald er praktisch und lebensnah ist. Dem prophetischen Protest steht nämlich eine Realität gegenüber, die wir den „realen Wahnsinn der Erwachsenenwelt" nennen möchten. In dieser Welt werden jährlich über 1,3 Billionen Euro für Militär ausgegeben, und Banken zocken – mit bekannten Folgen – täglich mit schwindelerregenden Summen, ohne dass dahinter ein wirklicher Warenaustausch auszumachen wäre. Wer mit der Gabe jugendlicher Kühnheit gesegnet die Welt verändern will, dem bzw. der sind prophetische Proteste dann durchaus sympathisch. Dann führt auch der Glaube an den Jesus, der in den Tempel geht und die Tische der Händler umschmeißt, zu einer Ermutigung, im prophetischen Protest den Beginn einer umfangreichen Veränderung zu sehen, die sich eines Tages tatsächlich ereignen wird.

Die reale Welt ist so sehr aus den Fugen geraten, dass utopisches Denken und Handeln als Korrektiv unbedingt notwendig ist. Dementsprechend möchten wir unseren Positionen, Idealen und Visionen, die nicht zuletzt auf christlichen Werten beruhen, gerecht werden und diese konkret, wenngleich in kleinen Ansätzen, leben. Dass dies manchmal nicht einfach ist, müssen wir immer wieder feststellen, auch wegen der in den letzten Jahren immer stärker bewusst gewordenen Komplexität und Multikausalität in Gesellschaft und Welt. Unsere Positionen und deren Umsetzung diskutieren wir aber sowohl im Verband als auch mit der Gesellschaft. Ergebnis davon sind Kampagnen wie etwa „STILvollerLEBEN“, bei der die KLJB auf unterschiedlichen Ebenen in nahezu allen Teilen Deutschlands zum kritischen Konsum aufrief und ihre Einkaufspolitik zumindest in den eigenen Einrichtungen dementsprechend ausrichtete. Oder die Mitgliedschaft im Bündnis „Bankenwechsel-jetzt“, wo wir uns für eine „Krötenwanderung“ einsetzen und versuchen, Menschen und Organisationen dazu zu bewegen, ihr Geld von den Banken, die Profite fernab von Verantwortung erzielen wollen, zu jenen Banken zu transferieren, die sich um ethische Standards bemühen.

Die KLJB hat auch nichts anderes im Sinn, wenn sie, wie seit ein paar Jahren, Produkte der Coca-Cola-Company boykottiert. Wir sind uns bewusst, dass dieser Protest den Kampf Davids gegen Goliath in seiner scheinbaren Aussichtslosigkeit noch übersteigt. Aber genau das entspricht der jugendlichen Protestkultur. Oder mit dem „LamuLamu-Projekt“, bei dem die KLJB mit ihren PartnerInnen in Ostafrika Textilien ökologisch nachhaltig und sozial gerecht herstellt. Damit werden Visionen der KLJB konkret umgesetzt und bei uns Bewusstsein geschärft, dort aber die Lebensbedingungen zumindest von einigen BäuerInnen und ArbeiterInnen verbessert. Ein solches Engagement geht bis hinunter in die Ortsgruppen: So backen diese an Erntedank „Minibrote“ und verteilen sie an die Pfarrgemeinde. Die Erlöse werden eingesetzt, um vor allem junge Menschen in ländlichen Räumen weltweit bei deren Vorhaben zu unterstützen oder Partnerschaften und Workcamps auf Diözesanebene mit den internationalen Landjugendorganisationen zu ermöglichen.

Natürlich kommt es bei diesen Beispielen vor allem auf den und die EinzelneN an, eine merkliche Veränderung gelingt aber nur gemeinsam. Dies gilt auch für das politische Handeln. Nur durch die Beteiligung einer breiten Masse und deren Wissen und Argumente haben Veränderungen eine Chance und können die besten Ansätze realisiert werden. Jürgen Habermas sieht dies in seiner Diskursethik ähnlich, wenn er den zwanglosen Zwang des besseren Arguments benennt, der sich schließlich durchsetzt.[3]

Die Kirche als Ganzes sollte sich unserer Meinung nach dieses prophetische und utopische Denken zu eigen machen und genau daraufhin ihr Handeln in der Welt, also ihre Sendung und Mission, ausrichten. Sie sollte sich innerhalb der Gesellschaft als der Teil verstehen, der die Rolle übernimmt, Prophetin zu sein. Prophetisch ist sie, wenn sie ihre Verantwortung im Hier und Jetzt ernst nimmt, nicht allein aufs Jenseits vertröstet, sondern Missstände kritisiert und an Veränderung mitarbeitet. Da hat sie natürlich auch intern noch großen Nachholbedarf, damit sie authentisch wirken und vorausgehen kann. Somit braucht es auch in der Kirche immer wieder Personen und Gruppen, die den prophetischen Auftrag absolut ernst nehmen und einen konkreten Lebensstil daraus ableiten.

Und was meint der Papst dazu?

Wir sind der Meinung, dass unsere Darlegungen auch Entsprechungen zu den Gedanken Papst Benedikts haben, beispielsweise wenn er von der Kirche eine „Entweltlichung" fordert: Materielles Denken, Wachstumsglaube, Haben an Stelle von Sein, dies alles trennt den Menschen von seinem Glauben, seinen Werten und seinen Idealen und damit auch von einer Zufriedenheit mit dem eigenen Lebens- und Glaubensvollzug. In Bezug auf Institutionen und Organisationen ist beispielsweise im Pflege- und Krankenbereich eine fatale Zuspitzung festzustellen. Hier wird der Kontakt mit den zu Pflegenden und den Kranken zeitlich minutiös geplant, was keinem Menschen gerecht wird. Hier gilt es, sich von der eingeschlagenen und materiell motivierten – einer weltlichen – Praxis zu distanzieren und menschenwürdige Wege im Umgang mit kranken und älteren Menschen zu finden. Im Aktiv-Werden im oben genannten Sinne für den Menschen – den und die Nächsten – und für die Schöpfung se-

3 Vgl. Habermas, J. (1999) Theorie des kommunikativen Handelns. Bd. I: Handlungsrationalität und gesellschaftliche Rationalisierung. Frankfurt/M.: Suhrkamp. S. 52f

hen wir auch die Realisierung von Papst Benedikts „Verweltlichung“: Unsere Werte, Ideale und Visionen für eine andere und gerechtere Welt werden durch Engagement und Handeln Teil dieser Welt und damit Realität.

Ein wichtiger Punkt ist abschließend, dass die Unabhängigkeit einer derart entweltlichten Kirche gegenüber Dritten gewährleistet bleibt, damit das Denken und Handeln für das Gemeinwohl sichergestellt werden kann. Dazu diente bislang die Kirchensteuer, die die Kirche beispielsweise von Sponsoren unabhängig machte. Sollte es aber so sein, dass Kirchen und christliche Organisationen gegenüber anderen zivilgesellschaftlichen Akteuren unangemessen privilegiert sind, muss hier ein Ausgleich geschaffen werden, um eine repräsentative Balance sicherzustellen, ohne die Einflussmöglichkeiten gegenüber Politik und Wirtschaft zu verringern.

Mit diesem Verständnis des Verhältnisses von Politik und Kirche, mit Elementen wie dem prophetischen Protest, konstruktiven Diskutieren, einem Weiterspinnen und Realisieren des Großen im Kleinen fühlen wir uns in guter Gesellschaft, auch mit einem Hermann Hesse, wenn dieser sagte: „Damit das Mögliche entsteht, muss immer wieder das Unmögliche versucht werden.“[4] Gerne möchten wir einladen, Kyle gemeinsam beim Aufräumen der Garage zu helfen! ;-)

4 Hesse, H. Brief (Sept. 1960) an Wilhelm Gundert. In: Lindenberg, U. (Hrsg.) (2008) Mein Hermann Hesse – Ein Lesebuch. Frankfurt: Suhrkamp. S. 26

Der Blick von Politikerinnen und Politikern

Wolfgang Thierse

Braucht Demokratie Religion?

Dr. h. c. Wolfgang Thierse ist Vizepräsident des Deutschen Bundestags und Abgeordneter der SPD[1]

Von Alexandre de Tocqueville stammt der viel zitierte Satz: „Despotismus kommt ohne Religion aus, Freiheit nicht."[2] Dieser Satz, so scheint mir, wirkt heutzutage ein wenig befremdlich, vielleicht sogar provokativ. Herrscht doch bei vielen Zeitgenossen der Eindruck vor, Religion sei eher demokratiefremd und freiheitsfeindlich. Sie sei ein Fremdkörper in einer individualistischen, antiautoritären, modernen, säkularen Gesellschaft. Religion – je entschiedener, geschlossener, radikaler sie in Erscheinung tritt – sei auf gefährliche Weise vormodern, gewissermaßen Antipode einer freien, offenen Gesellschaft. Der Blick auf jüdische, christliche, islamische Fundamentalismen in der Welt (von den USA über Israel bis in die arabisch-islamische Region) mag diesen Eindruck bestätigen.

Also: Braucht Demokratie wirklich Religion, kommt Freiheit nicht ohne Religion aus? Ich stelle mich dieser Frage vor dem Hintergrund meiner „doppelten" Lebenserfahrung, als Christ einerseits in der DDR und andererseits im gemeinsamen Deutschland.

1.

Die katholische Kirche in der DDR war – dank kommunistischer Säkularisierung – „von ihrer materiellen und politischen Last und (ihren) Pri-

1 Weitere Informationen http://de.wikipedia.org/wiki/Wolfgang_Thierse sowie http://www.thierse.de

2 In Band 1 der Schrift „Über die Demokratie in Amerika"

vilegien“ befreit, wie Papst Benedikt XVI. es in seiner Freiburger Rede gefordert hat. Sie war eine materiell ziemlich arme Kirche, in der es nun wirklich auch keinen „Überhang der Strukturen gegenüber dem Geist“ gegeben hat, geben konnte. Ein katholisches oder christliches Milieu habe ich nicht erlebt. Die Christen, erst recht die Katholiken, waren immer mehr zu einer Minderheit geworden, zu einer „kleinen Herde“. Deren Tapferkeit hat das nicht geschmälert. Ob das allerdings ihr Selbstbewusstsein, ihren missionarischen Elan befördert hat, da bin ich nicht so sicher. Die katholische Kirche in der DDR erschien mir eher eingeschüchtert, ängstlich, auf Defensive gegenüber den ideologischen und politischen Zumutungen gestimmt. Das stärkte gewiss die Treue zur Gemeinde und ließ ökumenische Gesinnung, den Zusammenhalt von evangelischen und katholischen Christen ganz selbstverständlich werden. Aber es gab auch Anlass, darüber nachzudenken, wie groß die Gefährdungen und Verführungen für Minderheiten sein können: zu Sektierertum und Fanatismus oder zur Anpassung und zu Mimikry. Nicht Teil einer umfangenden Volkskirche und in einem Milieu aufgehoben zu sein, vielmehr weltanschaulicher Konkurrenz ausgesetzt, auf unfreundliche Kritik oder freundliches Desinteresse zu stoßen – wie kann der einzelne Christ, wie kann die Kirche darauf reagieren, ohne Angststarre, ohne Abwehrreflexe, ohne Rückzüge nach innen aufs Alte und Vertraute? Not lehrte und lehrt beten, aber Angst vor der Zukunft war und ist (auch in der römisch-katholischen Kirche) ein schlechter Ratgeber!

Es gibt also im Rückblick für mich nichts zu verklären, zumal die kleine, arme, „entweltlichte“ Kirche in der DDR finanziell wie geistlich erheblich unterstützt wurde von der reichen, „verweltlichten“ Kirche in der Bundesrepublik. Ich erinnere mich daran, wie sehr ich gestaunt habe über den materiellen, organisatorischen und geistigen Reichtum der westdeutschen Kirche, als ich sie in den 1990er Jahren kennengelernt und ihr gegenüber einigermaßen gefremdelt habe. Aber ich habe wahrlich keine Sehnsucht nach Verhältnissen, in denen die Kirche aus der Öffentlichkeit gedrängt, bestenfalls geduldet war.

2.

Gesellschaft und Staat der Bundesrepublik Deutschland, in denen ich als Christ und Politiker nun seit 20 Jahren lebe und agiere, unterscheiden sich deutlich von der weltanschaulichen Erziehungsdiktatur der DDR, die eine kräftige Minderheit der Ostdeutschen, besonders viele Christen darunter, in einer friedlichen Revolution abgeschüttelt hat. Der Staat des Grundgesetzes ist weltanschaulich neutral, er verficht selbst keine Weltanschauung, favorisiert keine bestimmte Religion oder Weltanschauung, um so die Religionsfreiheit seiner Bürger zu ermöglichen. Er gibt ausdrücklich Raum für die starken Überzeugungen seiner Bürger, die die Zivilgesellschaft prägen und so den Staat tragen. Er ist also kein säkularistischer Staat, also auch kein Staat der einen säkularen Humanismus befördert und Religion aus der Öffentlichkeit verdrängt! Genau das aber wollen Laizisten mit ihren Forderungen.

Die grundgesetzlich garantierte Religionsfreiheit ist zugleich die Aufforderung an die Religions- und Weltanschauungsgemeinschaften und ihre Mitglieder aus dem Raum des Innerlichen, des bloß Privaten herauszutreten und den Gemeinsinn mitzuformen, an der Gesellschaft mitzubauen, also öffentlich zu wirken, „weltlich" zu werden. Weil der Staat des Grundgesetzes nicht alles selbst erledigen kann und will, lädt er dazu ein, dass die Bürger aus ihren jeweiligen Überzeugungen heraus und nach gemeinsamen Regeln subsidiär zusammenwirken, über religiöse und kulturelle Unterschiede hinaus gemeinsam das soziale, kulturelle und politische Leben gestalten.

3.

Für den Zusammenhalt einer pluralistischen Demokratie, einer in vielerlei Hinsicht widersprüchlichen Gesellschaft, reicht offensichtlich nicht das allein aus, auf das zunächst und ganz selbstverständlich hingewiesen werden kann und muss: die gemeinsame Sprache, die Anerkennung von Recht und Gesetz, der vielgerühmte und notwendige Verfassungspatriotismus. Auch nicht die Beziehungen, die die Gesellschaftsmitglieder über den Markt und über den Arbeitsprozess miteinander eingehen. Über all dies Notwendige hinaus bedarf es grundlegender Gemeinsamkeiten und Übereinstimmungen in dem, was wir Maßstäbe, Normen, „Werte“ nennen. Es bedarf tendenziell gemeinsamer Vorstellungen von der Freiheit und ihrer Kostbarkeit, von Inhalt und Umfang von Gerechtigkeit, vom Wert und von der Notwendigkeit von Solidarität, von sinnvollem und gutem Leben, von der Würde jedes Menschen, von der Integrität der Person, von Respekt und Toleranz usw. usf.

Dieses nicht-politische, sondern ethische Fundament einer gelingenden Demokratie ist nicht einfach und ein für alle Mal da, sondern ist gefährdet, kann erodieren, ist umstritten, muss immer wieder neu erarbeitet werden. Das ist der Sinn des oft zitierten Satzes von Ernst-Wolfgang Böckenförde: „Der freiheitliche, säkulare Staat lebt von Voraussetzungen, die er nicht selbst garantieren kann.“[3] Die Verantwortung für diese Voraussetzungen tragen die kulturellen Kräfte einer Gesellschaft und darin eben auch und in besonderer Weise Religions- und Weltanschauungsgemeinschaften, also auch und gerade die christlichen Kirchen.

4.

In unserem Staat gilt das Prinzip der Subsidiarität, das heißt, der Staat soll und will nicht alles selbst erledigen, soll und will nicht alle Aufgaben verstaatlichen, sondern er delegiert Aufgaben an die Bürger und ihre zivilen, sozialen Organisationen. Genau vor diesem Hintergrund ist über die immer wieder kritisch angesprochenen Kirchenfinanzen zu reden. Es geht bei der staatlichen Unterstützung diakonischer bzw. karitativer Einrichtungen nicht um ungerechtfertigte Finanzierung von Kirchen: Diese erhalten die Mittel für Kindergärten, Schulen, Krankenhäuser, Jugend- und Altenpflege nicht, weil sie Kirchen sind, sondern weil sie den Staat bei seinen zentralen Aufgaben als Sozial-, Bildungs- und Rechts-Staat unterstützen. Indem der Staat viele seiner Aufgaben verschiedenen

3 Böckenförde, E. (1976) Staat, Gesellschaft, Freiheit. Studien zur Staatstheorie und zum Verfassungsrecht. Frankfurt am Main: Suhrkamp. S. 60

Trägern – nicht nur Kirchen, sondern auch ganz unterschiedlichen freien Wohlfahrtsverbänden und zivilgesellschaftlichen Organisationen – überlässt und diese entsprechend finanziell unterstützt, fördert er die Vielfalt von Angeboten und damit den sozialen und kulturellen Reichtum unserer Gesellschaft. Unter der Perspektive des Subsidiaritätsprinzips kehrt sich das Vorzeichen der Rechnung um: Dann erscheint der Eigenbeitrag der Gläubigen als finanzielle Unterstützung des Staates – mindestens als Gewinn für beide Seiten.

5.

Oft wird abwehrend gesagt, man solle Religion, die Kirchen nicht funktionalistisch darauf reduzieren, gewissermaßen der „moralische Kitt" einer Gesellschaft zu sein oder jedenfalls für ihn sorgen zu sollen. Darauf reduzieren gewiss nicht! Aber die Kirchen sollten sich dieser Aufgabe, diesem Dienst an der demokratischen Gesellschaft nicht entziehen – um der Demokratie willen und auch um ihrer selbst willen! Sie können dies auch gar nicht, wie ein Blick in die soziale und politische Realität der Bundesrepublik zeigt. Sie erfüllen diese Aufgabe nämlich jetzt schon.

Die Mitgliedschaft in den Kirchen nimmt ab, die Zahlen sind bekannt. Aber das ist nur die halbe Wahrheit. Das Deutsche Institut für Wirtschaftsforschung veröffentlichte 2008 unter dem Titel: „Religion als Ressource sozialen Zusammenhalts?" eine „empirische Analyse der religiösen Grundlagen des sozialen Kapitals in Deutschland".[4] Diese Studie würdigt „das Potential der Religion über Identitäts- und Statusgrenzen hinweg integrierend zu wirken und damit brückenbildendes Sozialkapital zu generieren". Und weiter heißt es: „Für alle betrachteten religiösen Gruppen gilt, das öffentliche religiöse Praxis mit einem größeren Freundschaftsnetzwerk und einer regeren Soziabilität einher geht und damit eine bedeutende Quelle sozialer Integra-

4 Traunmüller, R. (2008) Religion als Ressource sozialen Zusammenhalts? SOEP Papers 144 http://www.diw.de/soeppapers

tion darstellt." Die beiden großen Konfessionen vor allem seien in der Lage, ihre Mitglieder in zivilgesellschaftliche Strukturen zu integrieren, sie hätten somit in Deutschland eine bedeutende integrierende Funktion. Dieser in Soziologendeutsch verfasste Befund ist durchaus eindeutig: Religiösen Menschen kommt auch in der säkularisierten Gesellschaft der Bundesrepublik Deutschland eine gewichtige, für den Zusammenhalt unersetzliche Funktion zu. Der säkulare demokratische Rechtsstaat wäre sehr dumm, wenn er auf dieses Potential verzichten würde!

Christen und Kirchen haben Gesellschaft und Staat der Bundesrepublik Deutschland mitgestaltet, das Christentum ist ein prägender Teil Deutschlands – und dieses Land ist, bei allen Unzulänglichkeiten, ganz gut damit gefahren, es hat vom Engagement der Christen durchaus profitiert! (Und es wird zunehmend auch vom Engagement der Juden wieder und der Muslime mehr und mehr profitieren.)

6.

Braucht Religion ihrerseits Demokratie? Nein und Ja. Von Religionsgemeinschaften gleiche Strukturen, Mechanismen, Handlungsformen zu verlangen, wie sie die politische Demokratie charakterisieren – das wäre wohl unangemessen, wäre auch illusionär. Und ist offensichtlich auch nicht notwendig, damit Religion in Demokratie passt, ja Demokratie tragen kann – wie wir in Europa und auf andere Weise in den USA ganz überzeugend sehen können.

Übrigens: Auch Wissenschaft, Kunst, Wirtschaft passen in Demokratie, obwohl sie doch wirklich nicht gänzlich demokratisch strukturiert sind. (Über Wahrheit, Schönheit, Effektivität wird halt nicht per demokratischer Abstimmung entschieden!)

Aber um ihre „Passfähigkeit" zur modernen Welt, zur demokratischen, pluralistischen Gesellschaft zu befördern, praktizieren die Religionsgemeinschaften durchaus, und zwar mit Gewinn innere Demokratiestrukturen – von Kirchenvorständen, Gemeinderäten bis zu Synoden und Konzilien.

Monolithische Blöcke können Religionsgemeinschaften in der individualistischen pluralistischen Welt der Moderne ohnehin nicht mehr sein. Diesen Umstand kann man sogar bejahen, wie selbst meine so streng wirkende katholische Kirche zeigt: Die Kirche solle sich selbst zum Dialog machen, hat ein Papst (Paul VI.) schon vor Jahrzehnten gefordert. Solche Öffnung, Offenheit, Erfahrungs- und Gesprächsbereitschaft, solche Weltzugewandtheit ist zudem auch ein Schutz gegen innere Gefährdungen von Religion: Radikalisierung, Sektierertum, Fundamentalismus, Missbrauch zu Gewaltbegründung.

Darüber hinaus: Religion braucht Demokratie in einem noch fundamentaleren Sinn: Sie braucht nämlich Freiheit (deren politische Gestalt die Demokratie ist) zu ihrer Entfaltung. Die Diktaturerfahrungen von Vergangenheit und Gegenwart sind da eindeutig. Religionsfreiheit ist ein genuines, fundamentales Freiheitsrecht. Ihre Geltung, die Praxis von Religionsfreiheit, ist ein entscheidendes Kriterium für Freiheit schlechthin (mehr noch als Gewerbefreiheit – das andere Konstitutivum der bürgerlichen Gesellschaft). Deshalb sollten die Christen und die Kirchen, gerade auch katholische Christen und katholische Kirche, besonders energische Verfechter von Religionsfreiheit und Demokratie sein.

7.

Zum Schluss: Ich spreche jetzt ausdrücklich als Christ und Sozialdemokrat. Die Botschaft des Evangeliums von der Gotteskindschaft, ja der Gottesebenbildlichkeit des Menschen – sie bietet einen unhintergehbaren Maßstab, ist tiefe Begründung für eine Gerechtigkeitspolitik, der es um die gleiche Würde jedes Menschen geht: Denn jeder Mensch ist Kind Gottes. Diese Botschaft ist der störrische und leidenschaftliche Einspruch gegen die Reduktion des Menschen auf seine beiden Rollen, die er auf dem Markt spielt: nämlich Arbeitskraft und Konsument. Für das Evangelium bemisst sich Wert und Würde von Menschen nicht an Leistung, Erfolg, Geldbeutel, Schönheit, Cleverness. Das Evangelium handelt von der Würde der Leidenden, der Scheiternden, der Behinderten, der Kranken, der Sterbenden, der Armen. Es ist ein befreiender Einspruch gegen die Entmoralisierung der sozialen Beziehungen, weil es ein entschiedener Einspruch ist gegen die Dominanz des Ökonomischen wie auch die Absolutsetzung des Politischen.

Das macht die Unterscheidung von Religion und Politik, auf die die Reformation großen Wert gelegt hat, so wichtig und aktuell: Wirtschaft und Politik sollen und müssen nicht heiliggesprochen werden; sie haben dienende, den Menschen dienende Funktion; in ihnen soll vernünftig und gemeinwohlorientiert verfahren werden. Demokratische Politik ist befreit von der Aufgabe, für das Heil der Menschen zu sorgen, aber sie soll sich um das Wohl der Menschen, möglichst aller, kümmern. Politik soll und kann frei sein von totalitären Ansprüchen; Politik und also Politiker sind nicht für alles zuständig – auf keinen Fall für Erlösung! Genau das aber gibt lösungsorientierter, pragmatischer Politik, also demokratischer Politik, ihren Ernst, ihre Würde. Und befreit und beschützt zugleich Religion vor ihrem Missbrauch zur Begründung von Parteipolitik, von politischer Macht, gar von Gewalt! Die Unterscheidung weist auf das Spannungsverhältnis hin, das für Politik in der Demokratie geradezu konstitutiv ist. Religion kann vor der Absolutsetzung von Politik, von Macht schützen. Deshalb wohl war Alexandre de Tocqueville der Überzeugung: Demokratische Gesellschaften brauchen Religion, Despotien nicht.

Max Stadler

Sicherung christlicher Werte im Verfassungsstaat

Dr. Max Stadler ist Parlamentarischer Staatssekretär im Bundesministerium der Justiz und Mitglied der FDP[1]

Heute steht für mich außer Frage, dass die Kirche sich als Ganzes politisch engagieren soll und muss. Zu diesem Standpunkt bin ich allerdings erst auf Umwegen gelangt. Aufgewachsen bin ich im katholisch geprägten Passau, dort lebe ich heute noch und dort ist mein Wahlkreis. Entsprechend sind die meisten Beispiele in diesem Beitrag dem eigenen Erleben aus dem katholischen Umfeld entnommen, wenngleich sich für meine Aussagen sicher auch Belege im evangelischen Bereich finden ließen.

Als ich Ende der 1950er Jahre des vorigen Jahrhunderts das Humanistische Gymnasium – ein ehemaliges Jesuitenkolleg! – im niederbayerischen Passau besucht habe, wäre eine solche Frage gar nicht gestellt worden. Die politische Welt war aus Sicht der katholischen Kirche noch in Ordnung. Einer unserer Religionslehrer, der Geistliche Rat Leopold Lerch, übte neben seinem Lehrberuf noch eine wichtige zusätzliche Aufgabe aus: Er war zugleich Landtagsabgeordneter und als solcher einflussreicher Vorsitzender des Kulturpolitischen Ausschusses. Es verstand sich von selbst, dass Leopold Lerch der CSU angehörte. Natürlich trat er für den Erhalt der konfessionellen Bekenntnisschulen ein. Katholische und evangelische Schüler in einer Klasse waren nahezu undenkbar. Erst ein von Hildegard Hamm-Brücher initiierter Volksentscheid verankerte Jahre später die Christliche Gemeinschaftsschule in der Bayerischen Verfassung.

1 Weitere Informationen: http://de.wikipedia.org/wiki/Max_Stadler sowie http://www.max-stadler.de

Überholter Klerikalismus

Meine frühkindliche Bewunderung, einen Lehrer zu haben, der ein hohes parlamentarisches Amt wahrnahm, wich zunehmend einer Skepsis an der damaligen Form des politischen Klerikalismus: Dieser ging mit einem gewissen Absolutheitsanspruch einher, und das in einer zunehmend pluralistischen Gesellschaft. Ein Schlüsselerlebnis war für mich sodann die Forderung eines anderen Religionslehrers an uns Schüler, wir sollten bei der ARD dagegen protestieren, dass im Fernsehen das Stück eines Kommunisten gezeigt werden dürfe: Es handelte sich um „Galileo Galilei" von Bert Brecht. Auch als Jugendlicher spürte ich, dass diese Form von politischem Engagement eines Kirchenmannes nicht richtig sein konnte.

Das weckte den Widerstandsgeist in mir; und nicht nur in mir: Passau ist nicht ohne Grund Hochburg der Kabarettisten und hat Sigi Zimmerschied, Bruno Jonas und Klaus Kempinger hervorgebracht. Der provinzielle Klerikalismus der 1950er und 1960er Jahre hat mich quasi den Liberalen in die Arme getrieben und ich war näher bei den Freiburger Thesen der FDP[2] als bei der Freiburger Rede von Papst Benedikt.

Der große Liberale und erste Bundespräsident, Theodor Heuss, soll gesagt haben: „Jesus Christus ist nicht auf die Welt gekommen, um als Aushängeschild für eine politische Partei zu dienen."[3] Das stimmte damals und stimmt noch heute. Thomas Dehler, erster Bundesjustizminister, hat in seiner Auseinandersetzung mit dem damaligen Klerikalismus im Kern das Richtige getroffen, auch wenn er in seinen Formulierungen oft übertrieben hat. Julius Döpfner, Bischof von Würzburg und späterer Kardinal in München-Freising, forderte in der Silvesterpredigt 1952 die FDP auf, sich vom „praktischen Materialismus" loszusagen, da sie sonst für Christen nicht wählbar sei. In einer Rede in

2 Die Freiburger Thesen wurden 1971 auf dem Bundesparteitag der FDP in Freiburg im Breisgau verabschiedet und orientierten die FDP in Richtung eines reformorientierten „Sozialen Liberalismus". Siehe http://www.freiheit.org/files/288/1971_Freiburger_Thesen.pdf

3 So folgend dem Spiegel Nr. 34 vom 19. August 1953

Frankfurt am Main am 26. Mai 1953 giftete Dehler: „Wenn Christus dem Bischof von Würzburg zugehört hätte, er hätte ihn mit zornig funkelnden Augen von der Kanzel und aus der Kirche gewiesen, so wie er die Wechsler hinausgewiesen hat."[4] Und am nächsten Tag äußerte sich Dehler in einem Wahlaufruf kaum weniger deutlich: „Wenn ich mir ein Deutschland vorstelle, das von Prälaten und Oberkirchenräten regiert wird, dann wird mir bange."[5] Die Einmischung der Bischöfe in aktuelle politische Fragen sah der FDP-Bundesvorsitzende als einen Rückfall in vordemokratische Zeiten an.

Diese überspitzte Kontroverse ist nur verstehbar, wenn man weiß, dass es bis hinein in die 1960er Jahre üblich war, dass die katholischen Bischöfe von den Gemeindepfarrern an jedem Wahlsonntag „Hirtenbriefe" verlesen ließen, in denen unverhohlen zur Wahl der CDU und CSU aufgefordert wurde. Dieses miterlebt habend, wollte mir nicht in den Sinn, dass große Teile des politischen Spektrums unwählbar seien.

Geltungsbereich von „Menschenwürde" und „Menschenrechte"

Daher dauerte es lange, bis ich mich beim Thema „Kirche und Politik" wieder ein Stück vom liberalen Feuerkopf Thomas Dehler emanzipiert habe (wiewohl ich derzeit Präsident der Thomas-Dehler-Stiftung bin). Ich möchte nicht gleich von einem „Damaskus-Erlebnis" sprechen, aber das kirchliche Engagement in der Ausländerpolitik, vor allem von Kardinal Sterzinsky, Schwester Bührle, Weihbischof Voss und anderen, hat mich tief beeindruckt. Freilich ging es dabei nicht um Wahlempfehlungen zugunsten einer bestimmten Partei, sondern um einen Einsatz für eine Thematik, für die die Politik alleine keine Lösung fand: die Situation der ‚Illegalen' in Deutschland.

4 Ebenfalls zitiert nach dem Spiegel 34/1953

5 Wengst, U. (1997) Thomas Dehler 1897–1967 – Eine politische Biographie. München: Oldenbourg. S. 223

Hier gab es menschenrechtliche Defizite, die zwar klar auf der Hand lagen, deren Aufarbeitung aber im Interessenskonflikt mit einer traditionell auf Abwehr und Sicherheit ausgerichteten Innenpolitik nicht gelingen wollte. Die Kampagne, die von kirchlicher Seite für einen menschenwürdigen Umgang mit ‚Illegalen' geführt wurde, war von mir nicht erwartet worden. Die kirchlichen Akteure kamen aktiv auf uns Politiker zu. Sie überzeugten durch Beharrlichkeit, hohe Sachkenntnis und ein überraschend ausgeprägtes Verständnis für die Langsamkeit politischer Entscheidungsprozesse. Es gab klare Positionen, zu denen wir Politiker uns im Diskurs äußern mussten, aber auch einen Sinn für Kompromisse und für Machbares. Die Initiatoren der kirchlichen Kampagne ließen sich auch nicht dadurch entmutigen, dass gerade die Innenpolitiker der „C"-Parteien am schwierigsten zu überzeugen waren. Jedenfalls wäre ohne das eindeutige und kompromisslos christlich fundierte, in der Durchführung aber pragmatische kirchliche Engagement mit Sicherheit nicht erreichbar gewesen, dass heute ‚Illegale' gefahrlos medizinische Hilfe in Anspruch nehmen und ihre Kinder ohne Meldung an andere Behörden die Schule besuchen können. Die Menschenrechte haben gesiegt – dahin wurde die Politik von der Kirche gedrängt. Wie könnte man einem solchen Engagement noch die Zornesworte eines Thomas Dehler entgegenhalten?

Freilich kommt dieses Engagement heute nicht in Form von rechthaberischen Belehrungen daher, sondern durch fachliche, nicht formale Autorität. Diese diskrete Intervention in einem mühsamen Diskussionsprozess hat sich als wahrscheinlich wirksamer erwiesen als plakative öffentliche Positionierungen. Der „reformerische" Ansatz innerhalb des Systems erscheint mir eine realistische Form politischer Einflussnahme der Kirchen. Das heißt nicht, dass die Kirchen auf eine Beteiligung am öffentlichkeitswirksamen Diskurs verzichten und sich ausschließlich auf unsichtbare, aber nicht unwirksame „Lobbyarbeit" beschränken sollten. Ganz im Gegenteil! Der frühere Bundesverfassungsrichter Udo di Fabio hat kürzlich anlässlich des Kölner Urteils über die Strafbarkeit von religiös motivierten Beschneidungen daran erinnert, dass das Grundgesetz ein „wohlwollendes Verhältnis" von Staat und Religionen statuiere. Nach di Fabio bedeutet die im Grundgesetz festgelegte weltanschauliche Neutralität des Staates keinen Laizismus, welcher eine abwehrende Haltung gegenüber Religionen einnehme. Vielmehr solle den Kirchen in ethischen Grundfragen genauer zuzuhören sein als anderen.[6]

Gestufte Berechtigung kirchlicher Einmischung

Das führt zu der Frage, für welche Themen sich Kirchen besonders engagieren sollen. Das obige Beispiel aus der Flüchtlingspolitik zeigte, dass es hierbei um ein Fundament christlichen Glaubens ging. Die Würde jedes einzelnen Menschen ist unantastbar. So steht es im Grundgesetz an vorderster Stelle im Artikel 1. Die christliche Lehre von der personalen Würde jedes Menschen hat hier Eingang in die Grundordnung eines pluralistischen Staatswesens gefunden. Das Engagement von Schwester Bührle bemühte sich genau um die Realisierung dieses Grundsatzes für einen vergessenen Teil der Gesellschaft.

Andere Themen mögen interessant sein, lassen sich aber nicht so eindeutig auf christliche Grundprinzipien zurückführen. In meiner niederbayerischen Heimat tobt seit vielen Jahren ein Streit, ob in einem bestimmten Abschnitt der noch frei fließenden Donau der mäandrierende Fluss durch einen Stichkanal für die Schifffahrt handhabbarer gemacht und mit einer Staustufe die Zahl der schiffbaren Tage im Jahr für diesen Abschnitt erhöht werden soll. Mit der katholischen Kirche halte ich weniger einschneidende flussbauliche Maßnahmen für ausreichend. Es geht aber schlicht darum, die Interessen des Schifffahrtsgewerbes und diejenigen des Erhalts des Landschaftsbildes sowie der Flora und Fauna abzuwägen. Solche Abwägungen sind weltlicher Alltag in der Politik. Ist es auf diesem Hintergrund nicht eine Spur übertrieben, jedes Jahr eine kirchliche Segnung dieses Flussabschnittes, verbunden mit dem Herabflehen des Schutzes vor Eingriffen in Gottes Schöpfung vorzunehmen?

6 Beschneidungsurteil beschäftigt Karlsruhe – Ex-Verfassungsrichter Di Fabio erwartet Überprüfung / Plädoyer für religionsfreundlichen Staat. In: Frankfurter Rundschau vom 29. Juni 2012

Mir scheint, dass die Berufung auf kirchliche Autorität umso glaubwürdiger wird, je weniger sie kleinlich eingesetzt bzw. eingefordert wird.

Ein weiteres Beispiel: der Schutz der Sonntagsruhe lässt sich schon auf die Zehn Gebote zurückführen. Offenkundig muss man aber Ausnahmen machen, viele Ausnahmen sogar. Langdauernde Prozesse in der chemischen Industrie kann man nicht an Sonntagen unterbrechen, um nur ein Beispiel zu nennen. Da gibt es Sachzwänge. Aber lange ist es her, dass man es mit der Würde des Sonntags für unvereinbar hielt, Werbung im Fernsehen zu erlauben. Heute haben wir uns daran gewöhnt, obwohl es beim Werbefernsehen nicht um echte Sachzwänge, sondern kommerzielle Interessen geht. Damit ist ein kleines Stück Kultur aufgegeben worden. Ähnlich steht es sogar im kirchlichen Bereich: Für mich war es eine Ironie des Schicksals, dass eine kirchliche Organisation mich ausgerechnet für einen Sonntagvormittag zu einer Podiumsdiskussion darüber eingeladen hat, dass der Sonntag arbeitsfrei bleiben solle. Das gemeinsame Frühstück mit der Familie fiel kürzer aus als sonst. Ich musste ja zur Arbeit.

An den unterschiedlichen Beispielen will ich aufzeigen, dass es Themen mit unterschiedlicher „Kirchennähe“ und Relevanz gibt. Entsprechend gibt es aus meiner Sicht eine klare Abstufung für die Einmischung der Kirchen in die Politik. Die Relevanz der Themen hat dann auch Ausstrahlung auf den Anspruch der Kirchen auf „politisches Gehör.“ Je weiter wir uns wegbewegen vom Kernbereich christlicher Überzeugungen, umso weniger kann Kirche eine spezielle Autorität beanspruchen. In einer pluralen und damit freiheitlichen Gesellschaft gilt eben nicht der Satz: „Roma locuta, causa finita“. Auch den Kirchen muss bewusst sein, dass sie sich am öffentlichen Diskurs mit der Kraft des Argumentes beteiligen und somit im Wettstreit mit anderen Meinungen stehen. Sie sind ein wichtiger und legitimer Teil des Diskurses, aber nicht der allein entscheidende Teil desselben.

Berechtigte und weniger berechtigte Anliegen

Um glaubwürdig und mit Anspruch auf Autorität in die politische Debatte einzugreifen, müssten die Kirchen heute allerdings auch bereit sein, auf Privilegien zu verzichten. Kaum ein Staat um uns herum kennt das deutsche System, die Beiträge der Kirchenmitglieder durch das staatliche Finanzamt zu erheben. Das überkommene Kirchensteuerrecht zu ändern würde aber ein Einvernehmen mit den Kirchen voraussetzen, welches nicht in Sicht ist. Daher will ich diese Debatte hier gar nicht beginnen. Aber es ist schwer erträglich, dass kirchliche Moralvorstellungen gegenüber den im weltlichen Bereich geltenden arbeitsrechtlichen Schutzbestimmungen durchgesetzt werden können. Sicher: Die Lehre vom Schutz des „Tendenzbetriebes" lässt dies zu. Die praktischen Folgen können selbst viele Christen nicht verstehen: Eine Kindergärtnerin, die mit einem geschiedenen Mann zusammenlebt, darf ihren Dienst in einem von der katholischen Caritas geführten Kindergarten tun. Heiratet sie diesen Mann, droht ihr die Kündigung wegen eines Verstoßes gegen den Grundsatz der Unauflöslichkeit der Ehe. Nebenbei bemerkt, wird dieser Kindergarten wie alle anderen auch zum allergrößten Teil nicht etwa vom kirchlichen Träger, sondern von der öffentlichen Hand, also von allen Steuerzahlern, finanziert. Der Unterschied ist nur, dass das staatliche Arbeitsrecht teilweise außer Kraft gesetzt ist. Würde es den Kirchen nicht ein Stück Verständnis zurückgewinnen, wenn man die obergerichtlich abgesegnete strikte juristische Position zugunsten einer weniger rigiden, aber menschlicheren Gestaltung des kirchlichen Arbeitsrechtes aufgeben würde?

Schließlich wünsche ich mir, dass die Kirchenleitungen stärker der Wirkung ihrer Argumentation auf die eigenen Gläubigen vertrauen und nicht immer so schnell nach staatlicher Gesetzgebung rufen. Dies gilt etwa in Fragen der Sexualmoral. Für mich wäre es unvorstellbar, wenn die staatliche Gesetzgebung etwa beim Thema Homosexualität sich in einer pluralen Gesellschaft noch an engen katholischen Auffassungen orientieren würde.

Daher mein Fazit: Der Klerikalismus aus den Zeiten eines Leopold Lerch ist längst Geschichte. Ihn zu bekämpfen wäre Schattenboxen. Auch in der pluralen Gesellschaft besteht selbstverständlich kein Anlass für die Kirchen, zu schweigen. Ihre Diskussionsbeiträge stehen freilich im Wettbewerb mit anderen Meinungen. Ein Vorrang kann nicht automatisch beansprucht werden. Da, wo es aber gilt, spezifisch christliche Grundwerte, die zudem Niederschlag in der Verfassung gefunden haben, zur Geltung zur bringen, hat die Stimme der Kirchen ihre besondere Bedeutung und ihre besondere Kraft.

Peter Weiß

Politischer Katholizismus im Wandel

Peter Weiß ist Vorsitzender der Arbeitnehmergruppe der CDU/CSU Bundestagsfraktion und Mitglied des Zentralkomitees der deutschen Katholiken[1]

Politischer Katholizismus? Heute ein Fremdwort geworden. Angesichts der Pastorentochter Bundeskanzlerin Angela Merkel und des Pastors Bundespräsident Joachim Gauck möchte man eher von einem politischen Protestantismus sprechen. Da haben wir Katholiken gerade noch einmal Glück, dass der „zweite Mann im Staate", Bundestagspräsident Norbert Lammert, katholisch ist.

Historischer Kontext

Zugegeben: Das Verhältnis der katholischen Kirche zur Demokratie im Staat stellt sich ambivalent dar (die Frage zu demokratischen Strukturen innerhalb der Kirche sei an dieser Stelle ausgeklammert). Dementsprechend erstreckte sich auch das Spektrum des Verhältnisses zwischen dem sich Mitte des 19. Jahrhunderts herausbildenden politischen Katholizismus und dem Staat von schärfsten Auseinandersetzungen (v. a. im Kulturkampf der 1870er Jahre) bis zur Stützung der Regierung des Deutschen Kaiserreichs (ab 1890). Ende des 19. Jahrhunderts, in der Zeit der radikalen Veränderungen auf politischem, wirtschaftlichem und sozialem Feld, suchte die katholische Zentrumspartei nach ihrem Profil und fand es in der 1891 veröffentlichten Sozialenzyklika Rerum Novarum von Leo XIII.

Im Vorfeld des Zweiten Vatikanischen Konzils prägte Papst Johannes XXIII. den Begriff „Aggiornamento", was sinngemäß mit „Verheutigung

1 Weiteres siehe http://www.peter-weiss.de

der Kirche und Vertäglichung des Glaubens“ wiedergegeben werden kann. Dementsprechend riefen auch die Väter des Zweiten Vatikanischen Konzils zu einem Gesinnungswandel und weitreichenden Änderungen in der Gesellschaft, in Familie, Wirtschaft und Politik auf. Enzykliken, Konzils- und Lehrtexte wollen aber aus ihrem geschichtlichen Kontext heraus weiterentwickelt und entfaltet werden, den „Zeichen der Zeit“ gemäß. Verheutigung, Erneuerung und Weiterentwicklung geschehen nicht durch Selbstbeschäftigung in kircheninternen Kreisen, sondern bedürfen des Dialogs mit der Welt von heute, mit der Gesellschaft und ihren unterschiedlichen Kräften, gerade auch mit der Politik.

Institutionelles Herzstück des politischen Katholizismus ist das 1952 konstituierte Zentralkomitee der deutschen Katholiken. Dessen Vorläufer gehen mit den sogenannten Piusvereinen in die Zeit nach 1848 zurück. Bereits diese stellten Forderungen an Abgeordnete der Nationalversammlung in der Frankfurter Paulskirche. Im Oktober 1848 trafen sich die katholischen Laienvereine erstmals zur „Generalversammlung der Katholiken Deutschlands“ (kurz darauf kam es auch zur ersten Versammlung der deutschen Bischöfe). Daraus etablierte sich der heutige Katholikentag.

Der politische Katholizismus in Deutschland war einerseits darum bemüht, die Rechte der Kirchen zu verteidigen, andererseits die Ideen der katholischen Soziallehre in die Gestaltung von Politik, Gesellschaft und Wirtschaft einzubringen. Und heute? Ich meine, da sieht es ähnlich aus. Zwar sind die richtungsweisenden Entscheidungen wie die, dass Deutschland ein subsidiärer Sozialstaat ist (wie in „Quadragesimo Anno“ von Pius XI. propagiert), getroffen, und in innerkirchliche Belange wird von Staats wegen nicht hineinregiert. Aber die Gestaltung von Politik, Gesellschaft und Wirtschaft bleiben ein Thema, das Christen bewegt, wo sich Christen engagieren. Nur vom politischen Katholizismus ist dabei nicht mehr so ausdrücklich wie früher die Rede.

Generell kommen manchmal Themen auf, die dezidiert christliche bzw. kirchliche Antworten verlangen, wie beispielsweise bei den jüngsten Bestrebungen der Bundestagsfraktion DIE LINKE, das kirchliche Arbeitsrecht abzuschaffen oder zumindest zu beschneiden. Hier erhoben vor allem kirchlich gebundene Politiker ihre Stimme, um diesen radikalen Eingriff in das verfassungsrechtlich gewährleistete Selbstbestimmungsrecht der Kirchen – das von der Weimarer Reichsverfassung in das Grundgesetz übernommen wurde – zu verhindern. Auch in ethischen Fragen wie der Organtransplantation und der Stammzellenforschung oder den Diskussionen um den arbeitsfreien Sonntag dürfen die Stimmen der – leider zu wenigen – dezidiert christlichen Politiker nicht fehlen. Das Engagement von Christen in der Politik ist vor allem dann erfolgreich, wenn es konfessionsübergreifend erfolgt. Sind dagegen die Stellungnahmen aus katholischer und evangelischer Kirche zu einer Frage unterschiedlich, dann findet sich zur Umsetzung auch kaum eine parlamentarische Mehrheit.

Auf diesem Hintergrund sehe ich die Aufgabe des politischen Katholizismus von heute vor allem in der ganz konkreten humanen und sozialen Ausgestaltung unseres Staates, und zwar darin, die zivilgesellschaftlichen Strukturen und Netze lebendiger und dichter zu machen, den Menschen nicht nur unter volkswirtschaftlichem Aspekt zu sehen, sich für ein gerechtes Steuer- und Sozialversicherungssystem einzusetzen, Freiheitsräume zu ermöglichen, für soziale Auffangmöglichkeiten zu sorgen und vieles mehr.

Sicher sind dies Forderungen, die sich die meisten politischen Lager auf die Fahne schreiben. Doch für christlich orientierte Politik ist immer eine bestimmte Vorstellung des Menschen Grundlage, auf den hin sie alles ordnet. Am Menschenbild entscheidet sich, welchen Weg die Politik einschlägt. Weder Bibel noch das Christentum geben direkte Anleitungen für die politische Arbeit vor. Auch geht es nach christlicher Lehre nicht darum, das Paradies auf Erden zu verwirklichen, wie es beispielsweise manch politische Ideologie versucht. Aber das darf keine Ausrede dafür sein, die Welt Welt sein zu lassen. Christen sind zwar nicht von dieser Welt, aber in dieser Welt (vgl. Joh 17,14 ff.), und folglich gilt der Weltauftrag insbesondere für sie. Im christlichen Menschenbild, das im Personalitätsprinzip der katholischen Soziallehre seinen Ausdruck findet, verbinden sich der Glaube an die Freiheit des Menschen sowie die Skepsis gegenüber ideologisch überhöhten Großentwürfen. Bei konkreten Gesetzesvorhaben muss beispielsweise überlegt werden: Will ich den Ausbau von Krippenplätzen, damit Eltern schnell wieder dem Arbeitsmarkt zur Verfügung stehen oder weil ich den Eltern mehr berufliche wie private Entfaltungsmöglichkeit geben möchte? Gibt es dafür Alternativen?

Im Parlament sind vor allem die (immerhin) 14 Abgeordneten, die zugleich Mitglied im Zentralkomitee der deutschen Katholiken (ZdK) sind, die Stimme des politischen Katholizismus bzw. der katholische Idee. Zwar steht es der Kirche nicht zu, eine bestimmte Staats- oder Regierungsform zu fordern, gar gezielte Handlungsanweisungen an Politiker zu erteilen. Auch muss einem katholischen Politiker und einem Bischof klar sein, dass in der Politik oft Kompromisse eingegangen werden müssen und nicht die katholischen Vorstellungen eins zu eins in Gesetzesvorhaben eingebracht werden können. Sich aus der Politik zurückziehen, weil man sich unter Umständen auch die Hände dreckig machen muss, ist aber erst recht keine gute Lösung. Denn wenn Gott und Welt zutiefst ineinander verwoben sind, dann ist dem gläubigen Menschen auch die Politik nicht gleichgültig. Politik besteht um des Gemeinwohls willen und hat sich an dessen Prinzipien auszurichten. Entsprechend würde der Dialogprozess, der in der katholischen Kirche angestoßen wurde,[2] zu kurz greifen und bliebe unvollständig, wenn er sich nur innerhalb der Kirche abspielen würde. Der Dialogprozess muss daher zu einem größeren Dialog zwischen Kirche und Gesellschaft, also auch der Politik, führen.

Außerhalb des Parlaments gibt es viele Interessengruppen, die Politiker in ihren Entscheidungen beeinflussen möchten und ihnen mit Rat zur Seite stehen wollen. Neben Einzelgesprächen haben sich sogenannte

2 Nähere Informationen zum Dialogprozess auf der entsprechenden Website des ZdK http://www.zdk.de/projekte/einen-neuen-aufbruch-wagen

parlamentarische Abende, bei denen verschiedene Gruppen mit Politikern aller Parteien zusammentreffen, etabliert. Greift man dieses Beispiel auf, so ist, wenn man so will, der Katholikentag ein großer parlamentarischer Abend. Organisiert wird der Katholikentag vom Zentralkomitee der Deutschen Katholiken. Dort treffen Laien auf Kleriker und Kirche auf Politik. Meinungen und Positionen werden ausgetauscht, zum Handeln aufgefordert.

„Kirchen-Politik“

Große Organisationen wie das ZdK werden meist als behäbig und wenig durchschlagkräftig angesehen, was ihren Nutzen für die Zivilgesellschaft schmälere. Besser seien kleine Organisationen mit flachen Hierarchien, in denen auch die Mitglieder aktiver sind. Ich finde, es braucht beides. Interessengruppen in Seelsorgeeinheiten, Pfarrgemeinde- und Diözesanräte, Pfadfinder, Kolpingwerk und viele mehr. Es hat sich meines Erachtens als zielführend erwiesen, die grundlegenden Überzeugungen und Interessen in einer Dachorganisation wie dem ZdK zu bündeln, der Verbände, Initiativen und Diözesanstrukturen des katholischen Deutschland vereinigt.

Dieses System ist einmalig in Europa und weltweit. Verbände wie die Katholische Arbeitnehmerbewegung (KAB) gibt es zwar auch in Italien und anderen Ländern. Doch sind Verbände und Gruppierungen im Ausland vorwiegend pastoral und spirituell ausgerichtet. So steht das ZdK allein auf weiter Flur sowohl mit seiner gesellschaftspolitischen Ausrichtung als auch seiner Organisation, seiner finanziellen und personellen Ausstattung. In Verlautbarungen des ZdK werden die Anliegen und Ideen der einzelnen Verbände und Diözesanräte, aber auch von Einzelpersonen eingebracht. Das ZdK kann der katholischen Laienstimme im politischen und kirchlichen Deutschland Gewicht verleihen. Den Gedankenaustausch und die Meinungsbildung in den einzelnen Gremien erachte ich als elementar – auch für den politischen Katholizismus. Es geht um das Sich-Bewusst-Werden, worauf es uns als Katholiken bei der Ausgestaltung des Sozialstaates und des kirchlichen Lebens ankommt.

Diözesane Räte, nach wie vor starke katholische Verbände und Organisationen, das ZdK – sie geben den katholischen Laien in Gesellschaft, Politik und Kirche eine Stimme, die wahrgenommen wird, die stark ist und die es anderswo so nicht gibt. Die Alternative zu organisierten Laiengremien wäre, dass die Bischöfe allein für die Kirche sprechen.

Ob das ZdK dabei als der verlängerte Arm der Deutschen Bischofskonferenz (DBK) fungiert oder als viel zu unabhängig von Papst und Bischöfen agiert und sich angeblich am Rande der Zugehörigkeit zur katholischen Kirche befindet, hängt von den jeweiligen Betrachtern ab. Für manch einen stellt DBK-Nähe und gleichzeitige Papst-Ferne auch keinen Widerspruch dar. Denken wir beispielsweise an die Diskussionen um die Schwangerschaftskonfliktberatung, für die katholische Laien und etliche Bischöfe einstanden. Rom war dies allerdings ein Dorn im Auge. Als Amtsträger mussten die Bischöfe ihren Widerstand aufgeben und aus der Beratung aussteigen. Die Laien haben hier – wenn auch nicht von Rom legitimiert – einen größeren Handlungsspielraum. Ihnen ist zu verdanken, dass Schwangere bei Donum vitae e. V. nach wie vor von Menschen beraten werden, für die das Leben von Ungeborenen ganz oben steht.

In Deutschland sind wir in vielen Dingen anders katholisch und anders Kirche als in anderen Ländern. Deutschland hat mit den Beschlüssen der Würzburger Synode (1971–1975) alles ausgetestet, was das Kirchenrecht nach dem Zweiten Vatikanum hergibt – und ist manchmal auch darüber hinausgegangen. So stieß es im Vatikan auch auf Applaus, als der frühere Regensburger Bischof Müller die Kompetenzen der Laienräte schwächte. Der Gegenwind des ZdK folgte prompt und es kritisierte zu Recht Bischof Müllers autoritäres Kirchenbild und sein tiefes Misstrauen gegen das Laienapostolat.

Die Texte des Zweiten Vatikanischen Konzils[3] und der DBK-Arbeitshilfen[4] machen deutlich, dass Laien keine Bittsteller sind, um beim

3 Vgl. z. B. das Dekret „Apostolicam actuositatem“, Kapitel 3, Nr. 24

4 z. B. Arbeitshilfe 216 „Mehr als Strukturen“. Neuorientierung der Pastoral in den (Erz-) Diözesen. Ein Überblick, 2007. Online unter http://www.dbk-shop.de/media/files_public/extchsohbwj/DBK_5216.pdf. Alle Arbeitshilfen unter http://www.dbk-shop.de/de/Deutsche-Bischofskonferenz/Arbeitshilfen.html

Sendungsauftrag mitwirken zu dürfen – die Gemeinsame Konferenz von ZdK und DBK hat sogar speziell hierzu einen Beirat „Priester und Laien" eingerichtet. Alle Getauften sind dazu verpflichtet, sich aktiv an Liturgie, Diakonie und Glaubensbekundung zu beteiligen. Bischöfe und Priester sind dazu verpflichtet, die Laien aktiv daran Anteil haben zu lassen.

Freilich: Wie überall im menschlichen Zusammenleben, sei es Familie, Beruf, Freizeit, läuft auch das Zusammenwirken in der Kirche nicht immer reibungslos. Dass viele Laien durch den Bischof beauftragt werden (z. B. Pastoralreferenten, Gottesdienstbeauftragte), macht die Anerkennung, die Wertschätzung und das Aufeinander-angewiesen-Sein von Klerus und Laien deutlich. In der konkreten Zusammenarbeit ist noch Übung notwendig. Dem sehe ich optimistisch entgegen. Immerhin dürfen wir nicht vergessen, dass über fast zwei Jahrtausende Laien kaum eine offizielle Bedeutung in den Vollzügen der Kirche hatten. Einen Standesstatus hatten bis zum Zweiten Vatikanischen Konzil nur Bischöfe, Priester und Ordensleute. Erst mit der Pastoralkonstitution „Lumen Gentium" wird das Laienelement legitimiert. Und erst seit der Würzburger Synode (1971–1975) dürfen Laien in Deutschland auch in Pfarrgemeinden, Dekanats- und Diözesanräten mitbestimmen.

Bis sich Rollen- und Selbstverständnisse in den Köpfen ändern, dauert es seine Zeit. In den letzten 50 Jahren hat sich schon vieles bewegt. Unbestreitbar ist, dass sich noch mehr bewegen muss, damit die Kirche den „Zeichen der Zeit" gerecht wird. Oft ist es schwer, alte Vorstellungen beiseitezulegen und sich für Neues öffnen. Wer hätte schon vor 150 Jahren gedacht, dass sich im Katholizismus ein Schritt von der traditionalistischen zur demokratischen Idee vollzieht? Dass der liberale, politische Katholizismus so an Bedeutung gewinnt? Laien Wortgottesdienste und Beerdigungen abhalten? Vielleicht bringt die Zukunft mit sich, dass Diakoninnen in Gemeinden wirken, Laientheologen die Gemeindeleitung übernehmen und Priester wieder mehr Zeit für die Seelsorge haben? Die deutschen Bischöfe und Laienvertreter gehen hierbei manchmal mehr, manchmal weniger gemeinsam mit ihren Forderungen mutig voran, für ein besseres „Zusammenwirken von Charismen und Diensten im priesterlichen, prophetischen und königlichen Volk Gottes."[5]

Es braucht engagierte Katholiken in Politik, Gesellschaft und Kirche. Ich wünsche mir, dass der Laienkatholizismus auch in anderen Ländern Europas und der Welt mehr Gewicht bekommt. Denn wir nichtgeweihte Getaufte sind zwar Laien, aber keine Amateure!

5 Titel der Arbeitsthesen des Beirates „Priester und Laien" der Gemeinsamen Konferenz, Bensberg 2010

Hermann Imhof

Politik nicht den Politikern überlassen

Hermann Imhof wechselte als Caritasdirektor in die Politik und ist Mitglied der CSU[1]

Im Grunde genommen war mein beruflicher Lebensweg vorgezeichnet: Vermutlich hätte ich bis zu meinem Ruhestand in leitender Position für die Caritas gearbeitet. Entweder in Nürnberg, wo 700 Menschen bei dem katholischen Sozialverband angestellt sind, oder in einer anderen Diözese in Bayern. Doch während meiner Zeit als Caritas-Direktor reifte in mir sukzessiv die Erkenntnis, dass ich als Vertreter eines Wohlfahrtsverbandes die Interessen von benachteiligten jungen und älteren Menschen, von Familien, Obdachlosen oder psychisch Kranken nicht so vertreten konnte, wie ich es gerne getan hätte. Ich konnte lediglich berechtigte und fundierte Forderungen an die Politik herantragen und darauf hoffen, dass die politischen Entscheidungsträger diese weitgehend umsetzen würden. Doch obwohl ich bei meinen Wortmeldungen bisweilen auch von den Medien unterstützt wurde, fanden meine kritischen Anmerkungen von „draußen" selten Gehör, veränderten kaum Bewusstsein und schon gar nicht politische Prioritäten. Mir wurde klar, dass Veränderungen nur dann möglich sind, wenn ich mich selbst auf der „anderen Seite" aktiv am Geschehen beteiligen würde. Als dann hohe politische Repräsentanten von sich aus mit der Bitte an mich herantraten, mein Fachwissen und meine Leitungserfahrung in das soziale Themenspektrum der Kommune einzubringen, zögerte ich nicht länger und ging das Wagnis ein. Es war seinerzeit ungewöhnlich und heftig umstritten, einem politischen Seiteneinsteiger ohne „Stallgeruch" sehr weit vorne auf der Wahlliste einen Platz einzuräumen, und in den ersten Jah-

1 Weitere Informationen siehe http://de.wikipedia.org/wiki/Hermann_Imhof sowie http://www.hermann-imhof.de

ren meiner politischen Tätigkeit ohne Netzwerke bin ich auf dem glatten Parkett einer fremden Welt auch ab und zu ins Rutschen geraten.

Ich habe dabei aber sofort die Chance erkannt, Initiativen zu starten, parteiübergreifende Zusammenarbeit (nicht selten hinter den Kulissen) zu organisieren, um gemeinsame Ziele, wie z. B. ein städtisches Bündnis für Familie, zusammen mit anderen gesellschaftlichen Akteuren (Kirchen, Gewerkschaften, Kammern, Polizei, Wohlfahrtsverbände etc.) zu realisieren. Solch positive Resultate, wenngleich auch oft mit zähem Ringen, zahlreichen Auseinandersetzungen und Rückschlägen verbunden, motivierten mich weiterzumachen. Der zweite Schritt nach der Kommunalpolitik war die Kandidatur für den Bayerischen Landtag. Am Ende meiner zweiten Legislaturperiode als Landtagsabgeordneter kann ich resümieren, dass vieles nicht einfach, manches recht mühevoll, mitunter schwierig und Nerven zehrend, oft aber auch lohnenswert und nicht vergeblich war. Manchmal werde ich belächelt und bekomme das Etikett „Herz-Jesu-Sozialist“ angeheftet, doch das nehme ich gerne in Kauf.

Gebet als Anker und Wegweiser

Die Hektik und Unberechenbarkeit des politischen Alltags mit seiner Vielzahl von Terminen, gerade auch abends, gebieten es meines Erachtens, die persönliche Haltung und das Handeln regelmäßig zu reflektieren. Ansonsten gerät man leicht an die Grenzen seiner Kräfte, schließt fragwürdige Kompromisse, buhlt um Macht und Anerkennung und arrangiert sich mit den Mächtigen. Es gilt also, Gespür für den schmalen Grat zu entwickeln, auf dem man täglich balanciert, um nicht den Boden unter den Füßen zu verlieren. Für mich bedarf es der Rückbindung zu einem Fundament. Ich hatte das Glück, in jungen Jahren einem beeindruckenden Jesuitenpater zu begegnen, der unter der Militärjunta in Argentinien Verschleppung und Folter erfahren musste. Er hat mich in die Kontemplation eingewiesen. Das empfinde ich noch heute als ein großes Geschenk. Ich pflege solche Zeiten der Stille täglich zirka 30 Minuten und jedes Jahr ziehe ich mich für einige Tage an Orte fern aller Betriebsamkeit zurück. Die vertrauensvolle Hinwendung zu Gott offenbart vieles in großer Klarheit, gerade auch die eigene Egozentriertheit, Ecken und Kanten und das Angewiesensein auf Vergebung. Dieser Weg hilft mir, mich selbst mit allen Schwächen besser anzunehmen und diese auch anderen nachzusehen. Er bleibt stets herausfordernd und bedarf hoher Disziplin.

Für meine politische Arbeit empfinde ich Zeiten der Kontemplation als echte Hilfe, als Zugewinn innerer Freiheit. Sie machen mich unabhängiger, geben mir Mut, auch mal gegen den Strom zu schwimmen oder – bei Bedarf auch öffentlich – den Finger in die Wunde politischer Fehlentscheidungen zu legen und dafür in Kauf zu nehmen, Angriffen ausgesetzt und bisweilen einsam zu sein. Ich bin überzeugt, dass mir der innere Weg starker Impulsgeber wurde, anwaltlich für die einzutreten, die nicht auf der Sonnenseite des Lebens stehen: die Benachteiligten, Armen, Ausgegrenzten hierzulande und in der globalisierten Welt. Meditation bedeutet für mich: Ausrichtung, Halt, Ermutigung und Korrektiv, und sie verändert Sichtweisen, Haltungen und Handeln! Die Spiritualität hat wesentlich mein Bewusstsein geschärft, meine (sozial-)politischen Aufgaben konsequenter zu verstehen, im Sinn des entschiedenen Eintretens für eine solidarischere und gerechtere Welt. Welche Auswirkungen hat dies für meine konkrete politische Arbeit?

In der täglichen Arbeit als entwicklungspolitischer Sprecher der CSU-Landtagsfraktion bemühe ich mich darum, dass politische Akzente deutlicher gesetzt werden, um der zunehmenden Spaltung von Arm und Reich entgegenzuwirken und dass die Ungleichheit von Lebensbedingungen klarer aufgezeigt werden. Gerade Ursachen und Strukturen von Benachteiligung und Unrecht müssen aufgedeckt, benannt und Veränderungen zum Besseren gezielter und entschiedener angegangen werden, damit Lebensperspektiven gewährleistet sind. Ebenso kommt es mir darauf an, in der Politik mehr Bewusstsein dafür zu schaffen, dass wir einen neuen Begriff von Wachstum brauchen. Solch ein neuer Wachstumsbegriff muss qualitativ ausformuliert sein und berücksichtigen, wie Wohlstand verteilt ist und ob er nachhaltig erwirtschaftet wurde. Wir müssen unseren Lebensstil ändern, bescheidener werden. Der so genannten Dritten Welt muss Nachholbedarf zugestanden werden, doch insgesamt brauchen wir ein ökologisches Wirtschaftssystem, das auch bei einer Weltbevölkerung von bald neun Milliarden Menschen nicht im Kollaps endet.

Die Gesellschaft ist mehr als nur das Regelwerk ökonomischer Abläufe. Die Wirtschaft hat den Menschen zu dienen, nicht umgekehrt! Die Wirtschafts- und Finanzkrise hat meines Erachtens auch eine geistige Krise deutlich gemacht. Maßlose Gier von Finanz- und Nahrungsspekulanten, die Ellenbogenmentalität und Rücksichtslosigkeit der Starken vernichten tagtäglich Tausende von Arbeitsplätzen und Existenzen, schaffen Armut und reduzieren Teilhabechancen von Menschen in der so genannten Dritten Welt an Nahrung, Bildung oder Gesundheit. Deswegen ist meiner Meinung nach auch notwendig, dass sich Politiker, unabhängig von Parteienzugehörigkeit, zusammen mit anderen gesellschaftlichen Akteuren für eine Finanztransaktionssteuer starkmachen, deren Einnahmen gezielt für die weltweite Armutsbekämpfung verwendet werden. Und noch etwas zeigt die Krise deutlich: Die Vorteile der sozialen Marktwirtschaft müssen im Wettbewerb mit neoliberalen angelsächsischen Modellen deutlicher und selbstbewusster herausgestellt werden. Der Mythos, der freie, maximal deregulierte Markt mit reduzierten sozialen Leitplanken, mit so wenig Staat als möglich und einer totalen Privatisierung bis hin zur Altersvorsorge würde alles besser richten, ist enttarnt.

Politisch-Sein als Dimension von Kirche-Sein

Oft denkt man bei „Kirche und Politik" an die „Politische Theologie", deren prominentester Vertreter Johann Baptist Metz gewesen ist – der wiederum seit 1993 emeritiert ist und dessen Ideen deshalb bei vielen als leicht angestaubt und überholt gelten. Aber: Von Reinhard Kardinal Marx stammt beispielsweise das 2011 veröffentlichte Buch „Christ sein heißt politisch sein".[2] Oder: Margot Käßmann rechtfertigte mit dem Satz „Kir-

2 Marx, R. (2011) Christ sein heißt politisch sein: Wilhelm Emmanuel von Ketteler für heute gelesen. Freiburg: Herder

che muss politisch sein" ihre Neujahrspredigt 2010 gegen den Afghanistankrieg.[3] Als Christ in politischer Verantwortung, geprägt von der katholischen Soziallehre, sehe auch ich es deshalb als hochaktuelle Herausforderung und als Chance, meine Überzeugungen engagiert in die Diskussion einzubringen und an der Gestaltung unserer Gesellschaft mitzuwirken. So wichtig, ja unersetzlich Caritas, katholische Verbände und Ehrenamtliche sind – wenn es beispielsweise um Beratung und konkrete Hilfe für Kinder, Jugendliche, ältere Menschen oder Obdachlose geht, reicht das allein nicht aus. Allerdings ist meiner Auffassung nach die Kirche als Ganzes, auch der Klerus – die Bischöfe als Hirten vorneweg – gefordert, sich gestaltend in die gesellschaftspolitische Diskussion einzumischen, vorbildhaft und deutlich Flagge zu zeigen. Neben Verkündigung, Eucharistie und Lehre muss das direkte Engagement der Kirche ebenbürtig gewichtet sein. Das heißt für mich konkret Nachfolge von Christus, des liebenden, barmherzigen und verzeihenden Gottes, der sich den Menschen unmittelbar zuwendet. Das ist für mich auch zentral eine Frage der Glaubwürdigkeit von Kirche.

Ich meine insbesondere, dass die Kirche ihre präferentielle Option für die Armen, ihren Auftrag als Anwalt der Schwachen, wegen möglicher Risiken nicht aufweichen darf. Ich möchte hier ausdrücklich daran erinnern, dass die Option für die Armen ein wichtiges Thema des Zweiten Vatikanischen Konzils war. Die pastorale Konstitution „Gaudium et spes" beginnt mit dem Satz: „Freude und Hoffnung, Trauer und Angst der Menschen von heute, *besonders der Armen und Bedrängten aller Art*, sind auch Freude und Hoffnung, Trauer und Angst der Jünger Christi." Und später heißt es: „Dieser Glaube muss seine Fruchtbarkeit bekunden, indem er das gesamte Leben der Gläubigen, auch das profane, durchdringt und sie zu Gerechtigkeit und Liebe, vor allem gegenüber den Armen, bewegt."[4] Anders gesagt: Die „Option für die Armen" ist nicht die Idee irgendwelcher linker lateinamerikanischer Theologen, die sich irgendwann eine „Theologie der Befreiung" ausgedacht haben, sondern

3 Das Interview vom 20. Juni 2010 ist zu finden auf http://www2.evangelisch.de/themen/gesellschaft/käßmann-vermisst-fröhliche-menschen-und-festgottesdienste19478

4 Gaudium et spes Nr. 1 und 21 (Hervorhebung durch den Autor)

ein Auftrag der Konzilsväter an die Weltkirche und damit auch an alle Glieder der deutschen Kirche. Deshalb muss auch sie als Ganzes mahnende, unbequeme, unüberhörbare Stimme für die sein, die sonst kein Gehör finden und deren Lebensperspektiven eingeschränkt sind, und sie muss den Finger auf die Wunden strukturellen Unrechts legen! Wo es Missstände gibt, müssen diese angesprochen werden, auch wenn dies zur Folge haben sollte, dass der Kirche seitens der Politik ein „rauerer Wind" entgegenweht. Sicher, karitatives Engagement ist ohne materielle Grundlage kaum möglich, insofern wäre es falsch, allen weltlichen Gütern zu entsagen; es darf aber nicht die Situation eintreten, dass die Kirche politische Missstände widerspruchslos hinnimmt, weil sonst das Risiko bestünde, materielle oder politische Privilegien zu verlieren. Nicht selten habe ich den Eindruck, dass seitens der Bischöfe und anderer ranghoher kirchlicher Vertreter die Auseinandersetzung mit den Regierenden zu halbherzig, zu wenig mutig und entschlossen erfolgt. Zu oft werden die Samthandschuhe angezogen, wird Kritik diplomatisch verbrämt.[5] Die Angst, Privilegien zu verlieren, ist wohl zu groß. Möglicherweise dachte Papst Benedikt XVI. in seiner Freiburger Rede auch an diese Zurückhaltung, als er von „Verweltlichung" sprach.

Die Kirche als Ganzes muss sichtbarer als bisher auftreten, sich deutlicher zu Wort melden, wenn die soziale Balance zu kippen droht, weil die Kluft zwischen Vermögenden und Geringverdienern wächst, unsichere und schlecht bezahlte Arbeit immer mehr zunimmt und damit der gesellschaftliche Zusammenhalt gefährdet wird, wenn Leiharbeit ausufert oder wichtige Sozialleistungen gestrichen werden, die die Stellung der Schwachen weiter schwächt. Kirche soll sich überall dort mitgestaltend zu Wort melden, wo es um Menschenwürde, soziale Gerechtigkeit, nachhaltiges Wirtschaften und Solidarität geht. Hier bieten sich sinnvollerweise Bündnisse mit den Gewerkschaften an. Andere Beispiele sind grundsätzliche Fragen, die Klimaschutz, Umwelt und damit die Bewahrung der Schöpfung angehen. In der globalen Perspektive halte ich ein stärkeres Engagement der Kirche für Menschenrechte, Good Governance

5 Wobei auch die Regierenden äußerst zurückhaltend sind, wenn es um Kritik an der Kirche geht

und gewaltlose Konfliktlösung für angebracht; damit zusammenhängend wünsche ich mir von der Amtskirche eine noch deutlichere Position angesichts der Frage, wie in unserem Land mit Flüchtlingen umgegangen wird. Last, not least scheint es mir dann, wenn unsere Demokratie beispielsweise durch zunehmenden Rechtsradikalismus bedroht wird, notwendig, noch stärker den Schulterschluss mit anderen Kirchen und Religionsgemeinschaften zu suchen.

Grundsätzlich sollte die Kirche angesichts ihrer sinkenden Mitgliederzahlen bei Themen, in denen gesellschaftspolitische Mehrheiten erforderlich sind, offen für Bündnisse sein. Allerdings darf sie eigene zentrale Positionen nicht der Koalitionsfähigkeit unterordnen. Bevor faule Kompromisse eingegangen werden, sollte die Kirche sich lieber allein engagieren! Bei der Wahl der Koalitionspartner muss selbstverständlich darauf geachtet werden, dass sie die Menschenrechte achten und die freiheitlich-demokratische Grundordnung anerkennen. Organisationen, die Gewalt zur Erreichung ihrer Ziele einsetzen oder mit militanten Organisationen sympathisieren, können keine Partner beim politischen Engagement sein. Auch sollte geprüft werden, welche Positionen ein potentieller Koalitionspartner insgesamt vertritt. Es ist ja denkbar, dass in einer Frage relative Übereinstimmung herrscht, in einer anderen Frage die Ansichten sich aber fundamental unterscheiden; in so einem Fall sollte sich die Kirche gut überlegen, ob eine Koalition sinnvoll ist. Falls ja, muss deutlich gemacht werden, dass die Zusammenarbeit dazu dient, ein bestimmtes Einzelthema voranzubringen, um möglichen Irritationen vorzubeugen.

Ich möchte mich gegen die Ansicht stellen, dass die Kirche sich nicht innerhalb des „Systems“ engagieren sollte, weil Reformen bestenfalls Symptomkurierung seien, die an den grundlegenden Unrechtsstrukturen nichts ändern. Stattdessen müsse man sich auf die Entwicklung einer „Kontrastgesellschaft“ konzentrieren, wie es einst die Urchristen im Römischen Reich taten. Ich bin der Meinung, dass das Engagement der Kirche viele Reformen innerhalb des „Systems“ voranbringen kann und nichts unversucht bleiben sollte. Das ist gerade aufgrund komplexer Zusammenhänge der realistische Weg. Abgesehen davon waren die Urchristen überzeugt, dass das Jüngste Gericht kurz bevorstünde. Prophetischer Protest im Einzelfall braucht deshalb ja nicht ausgeschlossen bleiben.

Für mich hat sich der Wechsel aus der kirchlichen Verbandsarbeit in die Politik gelohnt, weil ich als Landtagsabgeordneter der CSU viel besser vernetzt bin und einen ganz anderen Zugang zu den Entscheidungsträgern habe. So habe ich auch die Möglichkeit, im persönlichen Gespräch mit dem Regierungschef oder den Ministern Bewusstsein zu ändern.

Ich habe zugleich die Position vertreten, dass es nicht genug sein kann, Fragen der praktischen Politik den katholischen Laien zu überlassen. Dies hielte ich für absolut unglaubwürdig. Denn wenn die Amtskirche sich völlig aus der politischen Debatte heraushielte, hieße das nicht, dass sie politisch neutral ist. Vielmehr würde die Kirche durch ihre Passivität eventuell herrschende Missstände und Ungerechtigkeiten mittragen.

Sabine Leidig

Keine Weltrevolution, aber Entwelt(markt)lichung

Sabine Leidig ist Vorsitzende der Projektgruppe „Arbeitswelt, Konsumverhalten, Lebensstile“ der Bundestag-Enquetekommission „Wachstum, Wohlstand, Lebensqualität“ und Mitglied der Partei DIE LINKE[1]

Als ich 1983 – wahrscheinlich im Spätsommer, denn die Brombeeren waren reif – bei der Arbeit im Forschungslabor das erste und einzige Mal in meinem Leben in Ohnmacht fiel, hatte ich eine knappe Woche „Fasten für den Frieden“ hinter mir, gemeinsam mit zwei Dutzend anderen Frauen in einer Kirchengemeinde in Heidelberg. Ich war 22 Jahre alt, drei Jahre zuvor aus der katholischen Kirche ausgetreten und seit einem Jahr Mitglied der Kommunistischen Partei (DKP). Da sich meine Politisierung in einer ökumenischen Jugendkulturgruppe vollzogen hat, war es mir auch in dieser Zeit selbstverständlich, mit engagierten Christenmenschen in der Friedensbewegung zusammen zu wirken, auch wenn mir die Sitzblockaden vor dem Atomraketenlager in Mutlangen oder die Großdemonstrationen im Bonner Hofgarten als Aktionsform wesentlich besser lagen als das Fasten. Als Jugendliche waren mir die aufrechten Priester und Bischöfe der „Kirche der Befreiung“ viel vertrauter als Che Guevara, Tito oder gar Erich Honecker. Und Dorothee Sölle hat mein weibliches Selbstbewusstsein mehr geprägt als Alice Schwarzer. Es war Ernesto Cardenal, der meine Neugier auf die Schriften von Marx und Engels geweckt hat: „*Kommunismus oder Gottes Reich auf Erden, das ist gleich*“, heißt es in seinem Gedicht „Die Vision“, welches wir – vertont vom ‚Sacropop-Papst‘ Peter Janssens – in Gemeindehäusern gesungen haben. Den VW-Bus, mit dem wir zu den Auftrittsorten tuckerten, hat-

1 Weiteres siehe http://de.wikipedia.org/wiki/Sabine_Leidig sowie http://www.sabine-leidig.de

ten wir mit dem Namen „Johannes XXIV." geziert, als Reminiszenz an Papst Johannes XXIII.

Schon damals – Mitte der 1970er Jahre – waren „die Grenzen des Wachstums" ein Thema und das gleichnamige Buch ein Bestseller. In unserer Jugendgruppe aber spielten die Frage der Gerechtigkeit und die Befreiung aus elenden, unterdrückenden Verhältnissen die Hauptrolle. Die Umweltprobleme haben wir in Bezug auf die Lebensbedingungen der Menschen thematisiert und die Ursachen in der kapitalistischen und imperialistischen Ausbeutung von Mensch und Natur. Dafür steht das Kindermusical „Bananas", in dem beschrieben wird, wie die Existenzen von Kleinbauern und ihren Kindern von den Fruit-Companies mit ihren Bananenplantagen vernichtet werden. Oder „Die letzte Welt", in der die Gruppe „Schmetterlinge" die apokalyptischen Reiter unserer Zeit besingt: „der erste reitet im goldenen Rock – ein fetter Räuber auf fettem Bock – und auf seinem Sturmbanner steht: die Welt wird geplündert, so lange es geht …" Das Lied vom Ketchup (von derselben LP), welches die Arbeitsbedingungen in den giftgetränkten Monokulturen schildert, hat bewirkt, dass ich mir unserer „imperialen Lebensweise" bewusst geworden bin.

Nachdem 1989 das Scheitern des sozialistischen Staatensystems offensichtlich wurde und Alternativen zum Kapitalismus weltweit bis zur Unkenntlichkeit in die Defensive gerieten, hat das Dogma vom „freien Markt" weltweit beherrschende Wirkmächtigkeit erlangt. Der so genannte Neoliberalismus, der in den USA unter Ronald Reagan und in Großbritannien unter der „Eisernen Lady" Margret Thatcher schon prägend war, konnte hemmungslos verbreitet werden.

Die jeweils Regierenden haben die jeweiligen „Reformen" an der „Trickle-down-Theorie" ausgerichtet, nach der die Reichen gepflegt werden müssen, damit Wohlstand in die unteren Gesellschaftsschichten „durchsickert". Die angebotsorientierte Wirtschaftspolitik versucht, möglichst gute Bedingung für die Kapitalverwertung zu schaffen, um das Wirtschaftswachstum zu stärken: Billige Arbeitskräfte, niedrige Steuern, subventionierte Infrastruktur, Straßen, Flughäfen oder eine Armee, die den Zugang zu Rohstoffen sichern soll, gehören genauso dazu wie Deregulierung der Finanzmärkte, Abschaffung von Kapitalkontrollen oder Privatisierung öffentlicher Unternehmen.

Ich war in den 1990er Jahren hauptamtlich beim DGB in Baden-Württemberg und habe sehr konkret erlebt, wie der Paradigmenwechsel die Bedingungen für die große Mehrheit der arbeitenden Menschen verschlechtert hat. Und obwohl Ökologiebewegung und GRÜNE viel für den Umweltschutz bewirkt haben, wurde die Ausbeutung der Natur nicht gestoppt. Mit dem „Sozialwort", das damals allenthalben begrüßt wurde, haben die Kirchen 1997 auf die zunehmende soziale Unsicherheit reagiert. Dort heißt es: „Die Kirchen treten dafür ein, dass Solidarität und Gerechtigkeit als entscheidende Maßstäbe einer nachhaltigen Wirtschafts- und Sozialpolitik allgemein Geltung erhalten."[2] Aber es scheint unverzüglich in den Schubladen verschwunden zu sein (aus denen es wieder hervorzuholen wäre, um im Bündnis mit „UmFAIRteilen" und „Occupy" Kraft zu entfalten).

Mittlerweile hatten Währungs-(bzw. Finanzmarkt-)Krisen Mexiko, Russland, Südostasien, Argentinien und Brasilien erschüttert und hatte mit dem Aufstand der Zapatisten in Mexiko, den Massendemonstrationen gegen die WTO-Konferenz in Seattle usw. ein neuer Protestzyklus gegen die Entfesselung des Kapitals begonnen. In dieser Zeit war bei uns mit Beginn dieses Jahrtausends Attac das Gesicht der globalisierungskritischen Bewegung, und unter der Losung „eine andere Welt ist möglich" kehrte die Hoffnung auf Veränderung zurück. Die kirchlichen Organisationen wie Misereor und Brot für die Welt, kritische Pfarrerinnen und Pfarrer oder die engagierten Christen aus Akademien und Instituten spielten dabei von Anfang an eine wichtige Rolle. Sie haben die ganz konkreten Leiden und Bedürfnisse der individuellen Menschen den theoretischen Analysen und der allgemeinen Systemkritik zur Seite gestellt. Unverzichtbar für eine Arbeit für eine andere Welt.

2 Nr. 2 des Gemeinsamen Worts, siehe http://www.dbk-shop.de/de/Deutsche-Bischofskonferenz/Gemeinsame-Texte/Fuer-eine-Zukunft-in-Solidaritaet-und-Gerechtigkeit.html

Die Hauptfrage darf nicht mehr sein, „ob es sich rechnet“

Mein Weg hat mich mittlerweile aus dem Attac-Bundesbüro, wo ich als Geschäftsführerin mitten in diesem quirligen Netzwerk gewirkt habe, in den Deutschen Bundestag geführt. Von hier ist derzeit keine Rettung zu erwarten.

Weder die Finanzmarktkrisen noch die globale Öko- bzw. Bio- und Klimakrise oder die Verteilungskrise bewirken ein Umlenken. Und das, obwohl selbst ein konservativer Publizist wie Charles Moore die eigentliche Misere erfasst hat: „Es zeigt sich – wie die Linke immer behauptet hat –, dass ein System, das angetreten ist, das Vorankommen von vielen zu ermöglichen, sich zu einem System pervertiert hat, das die wenigen bereichert.“[3] Die „Trickle-down“-These ist ganz offensichtlich widerlegt. Und es wird immer deutlicher, dass die Frage der Gerechtigkeit heute untrennbar mit der Bewahrung der Schöpfung verbunden ist. Auch die kann nicht gelingen, wenn wir der herrschenden ökonomischen Ordnung nicht zu Leibe rücken.

Die größte Bedrohung ist der Klimawandel. Der schreitet schneller voran, als es vor 20 Jahren in den schlimmsten Szenarien der Forscher vorausgesagt wurde. Heute wird mehr Kohle verbrannt, mehr mit größeren Autos gefahren, werden mehr Güter weiter transportiert, wird riskanter nach Öl gebohrt, mehr Billigfleisch vermarktet als 1990. Im globalen Süden leiden immer mehr Menschen unter dem „Fluch der Rohstoffe“: Sowohl in den dadurch im wahrsten Sinne des Wortes verwüsteten Abbaugebieten als auch in den industrialisierten Ländern, die durch den von fossilen Energieträgern verursachten Klimawandel betroffen sind, können immer weniger ein „gutes Leben“ führen. Es ist keine Umkehr zu erwarten, solange Weltmarktkonkurrenz von Staaten und Konzernen das System treiben. Die US-amerikanische Journalistin und Aktivistin Naomi Klein schreibt, „dem Klimawandel entgegenzu-

3 „Ich beginne zu glauben, dass die Linke recht hat“, 15. August 2011, siehe http://www.faz.net/aktuell/feuilleton/buergerliche-werte-ich-beginne-zu-glauben-dass-die-linke-recht-hat-11106162.html

treten bedeutet, dass wir buchstäblich jedes Marktfreiheitsdogma zu brechen haben – und zwar so rasch wie möglich!“ [4]

Dabei hieße die Alternative ja beileibe nicht, dass wir künftig in Sack und Asche gehen sollen. Im Gegenteil: Die neuen Maßstäbe würden den Armen in den reichen Gesellschaften genauso zugute kommen wie denen, die Angst um den Arbeitsplatz haben oder unter der entfremdeten Arbeit leiden, und auch jenen, die im atemlosen Wettlauf um Geld, Konsum und Spitzenpositionen nicht mehr mitrennen wollen.

Die Händler aus dem Tempel jagen – für einen neuen Himmel und eine neue Erde

Es ist nicht nur wünschenswert, sondern auch notwendig, dass sich kirchliche Institutionen und Gruppen, Gemeindemitglieder und Würdenträger engagiert und tatkräftig für Gerechtigkeit, Frieden und Bewahrung der Schöpfung einsetzen – gemeinsam mit anderen und auch auf ganz eigene Weise. Im Unterschied zur (gesellschaftlichen) Linken haben sie eine stärkere Verankerung und Autorität in allen Schichten der Gesellschaft; sie haben viel größere materielle Möglichkeiten – nicht nur finanzielle Mittel, auch Räumlichkeiten, Kindergärten, Krankenhäuser, Akademien und vieles mehr; und sie wissen mehr um die Bedeutung von Spiritualität, die mit Güte, Freundlichkeit, Mitgefühl und liebevoller Zuwendung verbunden ist.

Wenn ich mir die nötigen politischen ‚Umkehrungen' vorstelle, könnte die Kirche dabei eine weit bedeutendere Rolle spielen: Sowohl wenn es darum geht, die Regeln und Strukturen der Gesellschaft zu verändern, als auch dabei, mit Alternativen im Kleinen schon mal anzufangen, um Mut für mehr zu fassen:

Wenn wir die drohende Klimakatastrophe aufhalten wollen, müssen wir eine Kunst (wieder)entdecken, die von den Verfechtern des Marktfundamentalismus unablässig verteufelt wird: die Kunst der demokratischen Planung. Und dies nicht nur auf nationaler und internationaler

4 Siehe http://www.blaetter.de/archiv/jahrgaenge/2012/februar/der-neue-antihumanismus

Ebene. Jede Gemeinde dieser Erde braucht einen Plan, wie sie den Ausstieg aus den fossilen Energieträgern bewältigen will. Es kann in Rathäusern oder Kirchensälen geschehen, dass Nachbarn ihre Ideen austauschen, wie man ihre Kommune, ihren Stadtteil reorganisieren könnte, um den Schadstoffausstoß zu senken und sich für die bevorstehenden harten Zeiten zu wappnen. Auch für jene Beschäftigten, deren Arbeitsplätze durch die Abkehr von fossilen Energieträgern obsolet werden, ist gesellschaftliche Planung nötig, damit sie wissen, dass am anderen Ufer vollwertige Arbeitsplätze auf sie warten. Es wäre besser, wir würden unsere wirtschaftlichen Angelegenheiten auf der Grundlage gemeinschaftlicher Prioritäten planen als nach den Maßstäben privatwirtschaftlicher Profitabilität. Die Kirche könnte dabei ein Katalysator sein und Betriebsräte, Unternehmer, alternative Projekte, Bedürftige und politisch Verantwortliche zusammenbringen. Strenge Obergrenzen für den Ausstoß von Kohlendioxid, das Verbot des Neubaus von Kohlekraftwerken oder energische Maßnahmen gegen industrielle Fleischproduktion sind nötig, und es braucht den Einfluss von Kirchen, um solche politischen Regeln durchzusetzen. Bei der Bändigung von Konzernmacht kann das globale Netz der Kirchen wirkungsvoll werden: Nicht nur dort, wo Agrosprit-Pflanzen die Ackerböden knapper machen, sondern auch da, wo die Automobillobbyisten ihren Einfluss ausüben, ist kompetente Einmischung hilfreich.

Wenn es heute radikal klingt, Unternehmen strengen Regeln zu unterwerfen, um so dem Klimawandel entgegenzuwirken, so liegt das an einer Vorstellung, die seit Anfang der 1980er Jahre vielerorts geradezu als Glaubenssatz gilt: Aufgabe der Politik sei es, der Privatwirtschaft vor allem beim Außenhandel alle Steine aus dem Weg zu räumen. Doch die verheerenden Auswirkungen des Freihandels auf lokale Gewerbe und Landwirtschaft sind mittlerweile nachgewiesen. Die Erdatmosphäre hat es dabei wohl am schlimmsten getroffen: Die Riesenfrachter, Jumbojets und Schwerlaster, die Rohstoffe und Fertigwaren rund um den Globus befördern, schlucken massenhaft fossile Brennstoffe und speien ebenso massenhaft Treibhausgase aus. Die Billigprodukte – dazu bestimmt, weggeworfen und nur selten repariert zu werden – verbrauchen viele Ressourcen und erzeugen mehr Abfall, als die Umwelt verkraften kann.

Dieses Modell bewirkt ein Maß an Vergeudung, das die bescheidenen Erfolge beim Stromsparen und beim Umweltschutz völlig überrollt. In einer nachhaltigen Wirtschaft müsste die freie Fahrt für den Freihandel beendet, Langstreckentransporte rationiert und Güter so produziert und verteilt werden, dass es am wenigsten klimaschädlich ist.

Es waren kirchliche Gruppen, die 1970 mit der Aktion Dritte-Welt-Handel den Anfang gemacht haben, und die Welt-Läden mit fair gehandelten Produkten sind inzwischen ein fester Baustein für das Neue. Dabei kommt es nicht auf den größtmöglichen Profit der Händler an, sondern auf den Gewinn an guter Arbeit in sozialer Sicherheit auf der einen Seite und Lebensqualität auf der anderen Seite. Wäre nicht eine kraftvolle Initiative denkbar, mit der Kirchen lokale Produktionsgenossenschaften, gemeinnützige Unternehmen und Konsumvereine auf den Weg bringen, um eine Wirtschaftsweise konkret erlebbar zu machen, die sich an den Gebrauchswerten und nicht an den Tauschwerten orientiert? Die wenigen Second-Hand-Kaufhäuser, Dorfläden oder Lebens-, Produktions- und Gütergemeinschaften, die es gibt, haben Rückenwind nötig. Was wäre möglich, wenn das Wissen der Klosterbrüder und -schwestern allgemein nutzbar gemacht würde? Wenn Kirchenjuristen gemeinsam mit Fachleuten aus Gewerkschaften oder Bürgerinitiativen ein Beratungsnetz für selbstverwaltete Betriebe anbieten würden? Der Keim des Neuen muss im Alten entstehen. Wir können nicht auf „die Weltrevolution“ warten.

Und schließlich die Sache vom Kamel und dem Nadelöhr (Mt 19,24): Um die Lösung der Umweltkrise zu finanzieren, muss man die großen Geldtöpfe abschöpfen. Das heißt, sowohl den Kohlendioxidausstoß als auch die Finanzspekulation zu besteuern. Es bedeutet höhere Steuern für die Reichen, massive Kürzung aufgeblähter Militärhaushalte und die Abschaffung absurder Subventionen für Kohle-, Erdöl- und Erdgaskonzerne. Die Eliten haben die Forderungen nach sozialer Gerechtigkeit bisher mit der Behauptung abgewehrt, dass wir den Kuchen (die Wirtschaft) nur anwachsen lassen müssen, damit schließlich alle ein Stück von ihm haben können. Das war schon immer Lüge, wie die krisenhafte Zunahme der Ungleichheit in unseren Tagen zeigt. Aber angesichts der ökologischen Schranken ist dieses Argument inzwischen endgültig unhaltbar.

Es ist an der Zeit, dass Kirchengemeinden über UmFAIRteilen diskutieren, dass in den Mitarbeiterversammlungen von Caritas und Diakonie Aktionsbeschlüsse gefasst werden – denn Umverteilung ist auch für gute Sorge-Arbeit nötig.

Dass Jesus die Händler mit der Peitsche aus dem Tempel gejagt hat, sei, so habe ich es irgendwo mal gelesen, ein Zeichen für ein neues Gottesbild gewesen, für einen neuen Himmel: Es war nicht mehr nötig, Opfergaben zu kaufen, um damit den Herrn wohlgesonnen zu machen. Denn mit Jesus sei ein liebender Gott in die Welt gekommen. Heute braucht es die Fantasie und Kraft von Vielen, um die unzähligen Händler aus den Tempeln und Städten zu jagen. Wenn es gelingt, kann eine neue Erde mit liebenden Menschen entstehen.

Gerhard Schick

Kirche und Geld – ein schwieriges Verhältnis

Dr. Gerhard Schick ist finanzpolitischer Sprecher der Bündnis 90/Die Grünen Bundestagsfraktion[1]

Verklausuliert, aber doch unüberhörbar war die Empfehlung des Pfarrers für die CDU, als ich am Sonntag der Bundestagswahl 2005 in einer Mannheimer Kirche in der kurzen Spanne zwischen Wahlkampf und Wahlabend Ruhe und Besinnung suchte. An Ruhe und Besinnung war natürlich erst einmal für mich als Grünen nicht zu denken, weil ich mich ziemlich aufregte. So sollte meines Erachtens das Verhältnis zwischen Kirche und Politik nicht aussehen, weil es eine Verbindung von Kirche und Parteipolitik ist. Da gab es früher zu viel Nähe, und teilweise gibt es sie leider heute immer noch. Mehr Distanz ist da nötig.

Alle, die sich zu Jesus Christus bekennen, müssen lernen, überall da zu helfen, wo es nötig ist (Tit 3,14)

Aber Christsein und Politik haben für mich durchaus etwas miteinander zu tun. Mein politisches Engagement ist auch durch meinen Glauben motiviert. Die Würde jedes einzelnen Menschen, aber auch die Verantwortung für die Bewahrung der Schöpfung sind für mich Auftrag an Christen nicht nur in Gebet und individuellem karitativem Tun, sondern auch im gesellschaftlichen Wirken. Und das schließt das politische Engagement ein. Die Vorstellung, in einem Rückzug aus der gesellschaftlichen Debatte in eine reine Glaubenswelt, in der Entweltlichung, läge

1 Weiteres unter http://de.wikipedia.org/wiki/Gerhard_Schick sowie http://www.gerhard-schick.net

eine Zukunft für unsere Kirche, kann ich nicht teilen. Nein, gerade heute, gerade in Zeiten der Krise sollten wir Christen uns aktiv einmischen, wenn es um die Frage geht, wie wir in unserer Gesellschaft zusammenleben wollen, wie Solidarität gelebt werden kann, wie unsere Wirtschaft so umgestaltet werden kann, dass sie wieder den Menschen dient. Dieses Einmischen ist nicht nur Aufgabe jedes Einzelnen, sondern auch der Kirchen als Gemeinschaften von Glaubenden. Unsere Kirchen- und Katholikentage sind zu Recht neben Orten des Gebets auch Orte der politischen Diskussion. Und es wäre gut, wenn sich alle katholischen Bischöfe auf solchen Treffen selbstverständlich der Diskussion über ihre (kirchen-)politischen Positionen stellen würden.

Über vieles werden Mitglieder einer christlichen Kirche auf der Grundlage ihrer Glaubensvorstellung genauso streiten müssen wie viele andere Menschen, die diese Grundlage nicht teilen. Denn der richtige Weg zur Bewahrung der Schöpfung, der richtige Weg zu einer menschenwürdigen Wirtschafts- und Gesellschaftsordnung ist ja nicht einfach irgendwo abzulesen, er ist immer wieder neu, auch in der politischen Auseinandersetzung vor dem Hintergrund der konkreten politischen Realität, zu definieren. Christliche Soziallehre kann und muss sich deshalb mit den konkreten wirtschaftlichen und gesellschaftlichen Zusammenhängen beschäftigen und die Erfahrungen der Betroffenen aufgreifen. Sie ist immer dann stark gewesen, wenn sie genau das geleistet hat. Die Auseinandersetzung darum, welches dann die richtigen Schlussfolgerungen sind, sollten in einer Kirche dann auch offen geführt werden, und zwar öffentlich wahrnehmbar. Wie könnten wir denn unsere Kritik für uns behalten, wenn – um nur zwei Beispiele zu nennen – tausende Menschen in der derzeitigen Wirtschaftskrise in die Obdachlosigkeit und Hoffnungslosigkeit abrutschen, wenn beim Abbau von Rohstoffen, die wir täglich nutzen, die Lebensgrundlagen der Menschen in den Bergbauregionen zerstört werden? Die Botschaft vom Reich Gottes lässt eben auch klar erkennen, wo die Defizite unserer heutigen Wirklichkeit liegen. Wie könnten Christen da schweigen?!

Wo dein Schatz ist, da ist dein Herz? (Mt 6,21)

Doch nicht immer liegen die Schwerpunkte richtig. Ein Beispiel: Zum Jahr 2009 hat die damalige Bundesregierung die Abgeltungssteuer in Deutschland eingeführt. Das bedeutet, dass nicht wie bisher alle Einnahmen, ob aus Kapital oder Arbeit, mit demselben persönlichen Steuersatz besteuert werden. Jetzt werden Einnahmen aus Kapital für jeden mit 25 Prozent besteuert und sind damit abgegolten. Für Menschen, deren Steuerbelastung darüber liegt, ist das gut – sie zahlen insgesamt weniger Steuern. Menschen, deren Grenzsteuersatz unter 25 Prozent liegt, müssen mehr zahlen als unter der alten Regelung, sofern sie nicht aktiv die Besteuerung mit dem persönlichen Steuersatz beantragen. Diese Regelung ist höchst problematisch: Warum sollten Arbeit und Kapital unterschiedlich besteuert werden? Und, dieser Aspekt ist noch entscheidender, wieso sollten durch das Steuersystem bestehende Ungleichheiten noch verstärkt werden? Das progressive Steuersystem (das heißt, dass Besserverdiener auch relativ mehr Steuern zahlen) stabilisiert die Wirtschaft und erlaubt eine nach Leistungsfähigkeit differenzierte Finanzierung öffentlicher Aufgaben. Nun hätte man also erwarten können, dass die kirchliche Stimme klar hörbar gewesen wäre gegen diese neue Regelung, weil sie ungerecht sei. Klar hörbar war aber vor allem ein anderes Anliegen. Die Kirchen selbst sahen ihre Einnahmen aus der Kirchensteuer, die auch auf Kapitalerträge erhoben wird, in Gefahr und setzten eine komplizierte Regelung durch, mit der trotz Abgeltungssteuer die kirchlichen Einnahmen gesichert werden können. Wer kann es da verdenken, dass beim Thema Kirchenfinanzierung richtige und falsche Argumente zusammengetragen werden und der Vorwurf der Selbstbedienung der Kirchen, etwa im „Violettbuch Kirchenfinanzen“[2], breite und auch zustimmende Resonanz findet?

Ein weiteres Beispiel: Der Weg in die Finanzkrise war gepflastert mit Deregulierungsschritten, die das Kräfteverhältnis immer weiter in Richtung großer Sammelstellen für Finanzkapital verschoben haben. Dem

2 Frerk, C. (2010) Violettbuch Kirchenfinanzen: Wie der Staat die Kirchen finanziert. Aschaffenburg: Alibri

Wert der Arbeit und der Würde des Menschen, fest verankerte Bezugspunkte der christlichen Soziallehre, wurde nicht mehr der nötige Stellenwert eingeräumt. Die Abschaffung der Börsenumsatzsteuer, der Vermögensteuer, der Gewerbekapitalsteuer, der Besteuerung der Veräußerungsgewinne und schließlich der bereits genannten tariflich einheitlichen Besteuerung von Kapital- und Arbeitserträgen waren Schritte einer Umverteilung von unten nach oben, die in die Verteilungskrise führten. Leider müssen wir im Rückblick eingestehen, dass auch die christlichen Kirchen, wie viele andere Akteure, dem neoliberalen Mainstream in Politik und Gesellschaft zu weit gefolgt sind und der Protest gegen das Aufweichen der Finanzmarktregulierung und gegen die Umverteilung von unten nach oben im Verhältnis zur Bedrohung, die diese Entwicklungen für unsere Gesellschaft bedeuteten, zu schwach blieb.

Sehr heikel ist das Thema Kirchenfinanzierung und hier insbesondere die Kirchensteuer, bei der es vielfältige, durchaus gerechtfertigte Kritik gibt: Diese bezieht sich zum einen auf die Kappung der Steuerbelastung für hohe Einkommen, die teils automatisch, teils nur auf Antrag in unterschiedlicher Höhe vorgenommen wird. Zum Zweiten werden Probleme beim Datenschutz gesehen, wenn beim Arbeitgeber oder bei der Bank die Religionszugehörigkeit offengelegt werden muss. Außerdem gibt es offenbar immer wieder Streit beim Kirchenaustritt, bis wann und in welcher Höhe noch Kirchensteuer gezahlt werden muss. Vor allem aber stammt die Kirchensteuer aus einer Zeit, in der die überwältigende Mehrheit der Menschen kirchlich gebunden war. Bis 2030 wird das weniger als die Hälfte der Menschen in Deutschland sein. Deswegen wird zu Recht die Frage gestellt, wie die Sonderstellung der Kirchen beim staatlichen Einzug von Mitgliedsbeiträgen zu legitimieren ist und warum es eine Besserstellung der Kirchensteuer im Vergleich zum Steuerabzug von Spenden gibt. Ich bin überzeugt, dass eine Diskussion über die Reform der Kirchenfinanzierung nötig ist.

Noch komplizierter stellt sich die Situation beim verantwortungsvollem Umgang mit dem eigenen Vermögen der Kirchen dar. Ich halte eine größtmögliche Transparenz in kirchlichen Finanzfragen für absolut unerlässlich. Im Extrem kann die derzeit anzutreffende Intransparenz dazu führen, dass ein Kirchenfürst sich beim Bau seines Palastes der finanziellen Kontrolle entzieht. Die Kirche muss ihrer Vorbildfunktion auch in

Finanzfragen nachkommen. Das gilt natürlich nicht nur für deutsche Bistümer, sondern auch für Institutionen wie die Vatikanbank, die in Sachen Geldwäsche leider immer wieder genannt wird und damit wiederum in Verbindung mit dunkelsten Geschäften. Und es stellt sich meines Erachtens auch die Frage, warum es eine Vatikanbank braucht. Wäre die Trennung von der Vatikanbank nicht ein konkretes Praxisbeispiel für die Form der Entweltlichung, die Papst Benedikt in seiner Freiburger Rede ansprach? Dort sagte er: „Die von ihrer materiellen und politischen Last befreite Kirche kann sich besser und auf wahrhaft christliche Weise der ganzen Welt zuwenden, wirklich weltoffen sein. Sie kann ihre Berufung zum Dienst der Anbetung Gottes und zum Dienst des Nächsten wieder unbefangener leben." So skeptisch ich generell gegenüber einer Entweltlichungsstrategie für unsere Kirche bin, so bin ich doch überzeugt, dass dieser Gedanke in Bezug auf kirchliches Eigentum an einer Bank wie der Vatikanbank richtig ist.

Euch aber muss es zuerst um sein Reich und um seine Gerechtigkeit gehen (Mt 6,31)

An alldem wird sichtbar, dass das Verhältnis von Kirche und Geld ein schwieriges ist. Tatsächlich müssen wir Kirchenmitglieder uns wohl eingestehen, dass die Glaubwürdigkeit der christlichen Kirchen beim Thema Geld einige Kratzer hat. Als Finanzpolitiker beschäftige ich mich viel mit Themen wie ethischer Geldanlage oder Geldwäscheprävention und fordere mehr Steuergerechtigkeit und mehr Transparenz am Finanzmarkt. Der Blick auf die Positionen und Verhaltensweisen der eigenen Kirche ist da nicht immer angenehm.

Gut wäre, wenn unsere Kirchen systematisch beim Umgang mit Geldgeschäften die der eigenen Botschaft entsprechenden ethischen Maßstäbe anlegen könnten. Die Machbarkeitsstudie „Chancen und Entwicklungsmöglichkeiten für ein Aktives Aktionärstum in Deutschland"[3], die von der

3 Weitere Informationen: http://www.suedwind-institut.de/fileadmin/fuerSuedwind/Publikationen/2008/2008-1_Aktives_Aktionaerstum.pdf

Deutschen Bischofskonferenz und der Evangelischen Kirche in Deutschland unterstützt wurde, war hier ein wichtiger Schritt. Er zeigt eine wachsende Wahrnehmung für das Thema ethische Geldanlage bei den Finanzverantwortlichen der Kirchen, aber immer noch eine Kluft zwischen Anspruch und Wirklichkeit. Deshalb sollte es nun um die konsequente Umsetzung gehen. Das gilt bei der Auswahl von Produkten und Wegen der Geldanlage, etwa um sicherzustellen, dass die Altersvorsorge kirchlicher Angestellter nicht aus der Rüstungsindustrie kommt. Kirchliche oder kirchennahe Banken bieten seit vielen Jahren entsprechende Dienstleistungen an. Was vor allem noch fehlt, ist die Wahrnehmung von Rechten, die man als Geldgeber hat. Ich finde es richtig, wenn kirchliche Institutionen auf Aktionärsversammlungen ihre Stimmen bündeln und gemeinsam abstimmen und beeinflussen. Zwei evangelische Landeskirchen lassen ihre Stimmrechte bereits von einer Fondsgesellschaft ausüben, die von Unternehmen mehr Engagement im Hinblick auf eine verantwortliche Unternehmensführung, Umweltschutz und soziale Fairness verlangen. Es käme ja auch der Glaubwürdigkeit unserer Kirchen sicher zugute, wenn die ethischen Standards, die sonntags gepredigt werden, sich montags beim Umgang mit dem eigenen Geld widerspiegeln. Kirchliche Institutionen können so Vorbild sein auch für jeden einzelnen Christen und die nötige Masse erzeugen, um in einzelnen Fällen wirklich einen Unterschied zu machen, damit das Geld dort vorhanden ist, wo Menschenwürde und wirtschaftlicher Erfolg verbunden und nicht gegeneinander ausgespielt werden. Denn die Verantwortung dafür, was mit unserem Geld geschieht, was es auslöst, können wir weder als Individuen noch als Kirche am Bankschalter abgeben.

Doch Kirche ist nicht nur kirchensteuerfinanzierte Amtskirche. Sie besteht auch aus vielfältigen Initiativen und Gruppierungen, aus vielen in unserer Gesellschaft engagierten Glaubenden. So wurde die Initiative zur Einführung einer Finanztransaktionssteuer wesentlich und extrem erfolgreich von kirchlichen Gruppen und aktiven Christen vorangetrieben. Viele Eine-Welt-Läden sind im kirchlichen Raum entstanden und haben fairen Handelsbeziehungen den Weg geebnet und damit wirtschaftlichen Strukturen, in denen eine menschenwürdige Entwicklung möglich ist. Hinzu kommen Partnerschaften in Entwicklungsländern und soziale Initiativen bei uns, im Rahmen derer Christinnen und Christen Geld dorthin lenken, wo Menschen es dringend brauchen. Tauschringe und Regionalgeld-Initiativen, viele Projekte solidarischer Ökonomie finden Unterstützung durch aktive Christinnen und Christen, die der kurzatmigen Renditeoptimierung globalisierter Unternehmen eine Alternative entgegensetzen. Nicht zuletzt haben Ordensgemeinschaften das Güter-Teilen und das Leben mit sehr wenig materiellen Gütern seit Jahrhunderten vorgelebt und tun es noch heute.

Ich wünsche mir eine Kirche, die aus diesen Wurzeln Kraft schöpft, Alternativen zum herrschenden Umgang mit Geld in die Gesellschaft einzubringen, und so eine glaubwürdige und kraftvolle Stimme ist für eine menschenwürdige Wirtschafts- und Gesellschaftsordnung.

Michael Hilberer

Höchste Zeit für die Trennung von Kirche und Staat

Michael Hilberer ist Vorsitzender der PIRATEN-Fraktion im Saarländischen Landtag[1]

Die Beziehung zwischen Kirche und Staat oder, im größeren Rahmen betrachtet, der Platz der Religionen in der freiheitlich-pluralistischen Gesellschaft ist derzeit wieder ein aktuelles Thema, das selbst Eingang in die Tagespolitik findet. Auch ich selbst als Politiker einer recht jungen Partei, der aktiv an der Weiterentwicklung unserer Gesellschaft mitarbeitet, kann und will mich dieser Diskussion nicht entziehen. Ich gehe so weit zu sagen, dass es die Pflicht der Politik ist, diese Debatten zu führen. Viele Politiker tun das nicht, da die Diskussion über Grenzen und Möglichkeiten der Religionsausübung mit Menschen, die eine religiöse Überzeugung leben, als schwierig gilt, gewissermaßen als „thematisches Minenfeld“. Das mag menschlich verständlich sein, überlässt die wichtige Diskussion aber den Radikalen und Populisten.

Besonders gravierend zeigte sich die Sprachlosigkeit der Politik nach einem Urteil des Kölner Landgerichts zur (Un-)Rechtmäßigkeit der religiös motivierten Beschneidungen von Minderjährigen (siehe auch den Beitrag von Michael Krüger in diesem Band). Im Zuge der Diskussion haben wir uns als saarländische Piratenpartei zu diesem Thema positioniert und für uns festgelegt, dass wir die körperliche Unversehrtheit von Kindern über die Religionsfreiheit und Erziehungskompetenz der Eltern stellen. Im Gegensatz zu dieser klaren Positionierung haben die etablierten Parteien versucht, sich der Diskussion zu entziehen, dafür aber mit einer aktivistischen Gesetzgebung dieser Auseinandersetzung und ih-

1 Weiteres siehe http://piratenfraktion-saarland.de/ueber-uns/michael-hilberer-2 sowie http://blog.hilberer.com

ren Implikationen auszuweichen. Dieser Versuch hat aus meiner Sicht der Debatte sehr geschadet. Weil die Parteien als gesellschaftliche Interessenvertreter fehlten, hatten radikale Meinungen es einfacher, öffentlich wahrgenommen zu werden. Folgerichtig hat sich über dieses Thema eine sehr emotionale und unsachliche Debatte entzündet. Sie wird in einem vor allem für gläubige Juden und Muslime schwer erträglichen Ton geführt und mündet teilweise sogar in Gewaltausbrüche. In dem aufgeheizten Klima trifft der Hass auch Betroffene, die sich öffentlich gegen ihre eigene Beschneidung aussprachen. Die jüdische Gemeinde in Saarbrücken lud mich im Zuge dessen zu einer Podiumsdiskussion mit einem Vertreter der Ärztekammer und einem Rabbiner ein, in deren Verlauf wir natürlich nicht zu einer Einigung in der Sache kamen, sehr wohl aber einig darüber wurden, dass keine gesellschaftliche Debatte in dieser Form geführt werden darf. Im Übrigen war ich bei dieser Veranstaltung der einzige Politiker der im Landtag vertretenen Parteien – was meine vorgenannte Einschätzung untermauert.

Dadurch dass ich durch das aktuelle Thema gezwungen war, mich intensiv mit den verschiedenen Standpunkten und Wertevorstellungen der Beteiligten, aber auch mit der Form des Diskurses auseinanderzusetzen, erkannte ich, dass es auch bei der Akzeptanz der Beschneidung um nichts weniger geht als um das Verhältnis zwischen Staat, Religion und Gesellschaft. Anhand der Breitenwirkung der Beschneidungsdebatte zeigt sich aus meiner Sicht, dass es inzwischen eine gesellschaftliche Mehrheit gibt, die zunehmend skeptisch gegenüber der Religion entsprungenen Moralvorstellungen ist. Mehr noch, eine große Gruppe in unserem Land spricht religiös motivierten Wertevorstellungen sogar jegliche moralische Deutungshoheit ab.

Dessen ungeachtet haben die meisten Menschen nach wie vor das innere Verlangen nach einem größeren Werterahmen, der sie in ihrer Existenz definiert. Dass selbst überzeugte Atheisten in der Diskussion mit geradezu „religiösem Eifer" Position beziehen, belegt aus meiner Sicht das Vorhandensein einer, wie ich es nennen möchte, existentiellen Ebene: Dort liegen die jeweils persönlichen ‚letzten' unverhandelbaren Leitwerte, die jeder Ethik ihre Richtung geben und für die jeder leidenschaftlich eintritt. Diese ‚letzten Werte' müssen in der heutigen Zeit eben nicht mehr religiös-kirchlich erworben, geprägt oder verstanden werden. Sie sind aber dennoch bei jedem Menschen real und prägend und sind deshalb ernst zu nehmen und zu respektieren. Entsprechend sehe ich die Aufgabe der Politik, im Diskurs mit den gesellschaftlichen Gruppen einen neuen Rahmen zu definieren, wie das Verhältnis von Staat und Religion in Zukunft aussehen soll. Abseits der aktuellen Diskussion heißt das in Deutschland immer auch, die Beziehung zwischen dem Staat und den beiden großen christlichen Kirchen neu zu definieren.

Trennung von Staat und Kirche als logische Konsequenz gesellschaftlichen Wandels

Die Gesellschaft ist heute in einer Zeit des großen Umbruchs. Neue Lebensentwürfe stehen zunehmend gleichberechtigt neben den traditionellen. Die Einwanderung, die wir als Chance begreifen, führt Menschen mit ganz unterschiedlichen kulturellen und spirituellen Hintergründen in unserem Land zusammen. Die interkulturelle Gesellschaft ist das Ziel, um ein friedliches Zusammenleben zu ermöglichen.

Die Kirchen sind durch ihre gewachsenen Institutionen in Deutschland noch immer eng mit dem Staat und staatlichen Institutionen verbunden. Sie hatten in der Vergangenheit eine im wahrsten Sinne des Wortes „staatstragende" Rolle. Heute nehmen viele Menschen diese enge Verflechtung eher als Hemmnis wahr, welches die Weiterentwicklung der Gesellschaft, aber auch der Kirchen selbst bremst. Für den seelsorgerischen Bereich, der sich für den Bürger ohnehin vornehmlich im Privaten abspielt, könnte eine stärkere Trennung von daher sogar eine Chance sein: Die Kirchen könnten sich quasi auf ihre Kernkompetenz konzentrieren.

Beim sozial-karitativen Engagement erscheint die Situation ein wenig komplexer: Während ein auf den eigenen Glaubensgrundsätzen beruhendes Engagement des Einzelnen kaum ernsthaft in Frage gestellt wird, müssen sich vor allem die institutionellen Tendenzbetriebe zunehmend der Kritik stellen, dass sie einerseits handeln wie gewöhnliche Wirtschaftsbetriebe, ihnen andererseits aber besondere Privilegien gegenüber privaten Anbietern zugestanden werden. Exemplarisch ist in diesem Zusammenhang die Anmaßung zu nennen, sich über Arbeitnehmerrechte hinwegzusetzen und Mitarbeitern aufgrund ihres Familienstandes oder ihrer sexuellen Orientierung zu kündigen.

Nüchtern betrachtet, entsteht der Gesellschaft durch diese Tendenzbetriebe kein wirtschaftlicher Vorteil, sie werden ebenso bezuschusst wie private Betreiber. Diese Abdeckung staatlicher Aufgaben durch die Kirchen ist also nur ein historisches Überbleibsel und hat in der heutigen Gesellschaft keine besondere Daseinsberechtigung mehr. Damit verdienen die Institutionen auch keine besondere Privilegierung. Im Gegenteil: Privilegiert der deutsche Staat durch seine Förderung bestimmte Wertvorstellungen vor anderen, ist dies für den Zusammenhalt der Gesellschaft sehr gefährlich. Innerhalb der Gesellschaft werden Gräben und unnötige Schranken aufgebaut, die einer Zersplitterung in Gruppen Vorschub leisten.

Vor diesem Hintergrund plädiere ich für eine strikte Trennung von Kirche und Staat, in der die Religion komplett im Bereich des Privaten stattfindet, die Gesellschaft über den Staat lediglich einen Toleranzrahmen definiert, innerhalb dessen jeder Mensch seine Religion ausüben oder seine anderen Leitwerte leben kann. Hier kommt nun auch die Freiburger Rede Papst Benedikts ins Spiel, die eine „Entweltlichung“ der Kirche befürwortet und damit aus meiner Sicht auch eine Rückbesinnung auf den seelsorgerischen, spirituellen Auftrag. Führt man diesen Gedanken staatsrechtlich weiter, wird ein Weg weg von der mit besonderen Rechten und Pflichten versehenen Körperschaft des öffentlichen Rechts und hin zu einem eher privaten „Religionsverein“ beschrieben.

Französischer Laizismus als Vorbild[2]

Eine Trennung in dieser Form kennen wir aus dem französischen Laizismus. In Frankreich wurde bereits 1904 unter dem Eindruck der Ge-

2 Zum Begriff und zu den historischen Hintergründen siehe http://de.wikipedia.org/wiki/Laizismus

fahr einer Spaltung des Staatswesens eine strikte organisatorische Trennung von Staat und Kirche vorgenommen. Die Lösung des im Vorfeld heftig geführten Konfliktes zwischen den katholisch-monarchischen und protestantisch-republikanischen Strömungen war für die Franzosen die „Verbannung der Religion" in den privaten Bereich. Mit dem Trennungsgesetz wurde die Beziehung zwischen dem Staat und den Religionsgemeinschaften neu definiert. Der Laizismus hat inzwischen in Frankreich nahezu eine Stellung als vierte Säule der Republik eingenommen, d.h. Freiheit, Gleichheit, Brüderlichkeit und Laizismus. Hierbei muss man allerdings zugestehen, dass der Laizismus in Frankreich bei weitem nicht die negative Konnotation hat, die er in der Diskussion über das Thema in der übrigen Welt erzeugt. Der Französische Laizismus schreibt eine strikte verwaltungstechnische Trennung von Staat und Kirche vor, der Staat greift seinerseits nicht in die Gestaltung der Religionsausübung innerhalb der nunmehr in privaten Vereinen organisierten Religionsgemeinschaften ein. Der wichtige Beitrag der Mitglieder von Religionsgemeinschaften an der gesamtgesellschaftlichen Wertegemeinschaft wird durch diese Trennung nicht in Frage gestellt. Religiöse Menschen bleiben, auch organisiert in „Kirchen", ein wichtiger Teil des Diskurses zur Definition der von allen akzeptierten Werte in der französischen Gesellschaft.

Auch in Frankreich erkennt man den besonderen historischen Stellenwert der Kirchen an. So gehören dem Staat alle kirchlichen Immobilien, die aus der Zeit vor 1904 stammen. Die Kirchen dürfen diese nutzen, müssen jedoch nicht für deren Unterhalt aufkommen. Obwohl es keine Kirchensteuer gibt, können Gläubige Spenden an ihre Kirche steuerlich geltend machen. Auch die Möglichkeit der Kirchen, aus eigenen Mitteln Schulen zu errichten, ist in unserem Nachbarland eine gelebte Praxis. Die kirchlichen Privatschulen treten dabei in Konkurrenz zu den öffentlichen Schulen der Fünften Republik, in denen eine religiöse Erziehung strengstens vermieden wird und ein bekenntnisorientierter Religionsunterricht gar nicht denkbar wäre. Trotzdem sind die privaten, konfessionellen Schulen, die zudem noch ein nicht unerhebliches Schulgeld verlangen, sehr erfolgreich, und es entsteht ein gesunder Wettbewerb zwischen staatlichen und privaten Schulen. Diese Beispiele zeigen, dass eine strikte organisatorische Trennung von Staat und Kirche nicht notwendigerweise zur moralischen Verarmung der Gesellschaft führt, sondern eine neue, unverkrampftere Beziehung schaffen kann. Aber natürlich befreit die organisatorische Trennung die Gesellschaft nicht von der Aufgabe der Wertedefinition.

Der Laizismus ist nicht das Ende der Beziehung zwischen Staat und Religionsgemeinschaften. Er ist nach meiner Überzeugung eine wichtige Voraussetzung, dass der Staat gegenüber allen Religions- und Wertegemeinschaften einen neutralen Rahmen setzen kann, um den gesamtgesellschaftlichen Diskurs diskriminierungsfrei und zum allgemeinen Nutzen gestalten zu können. Die Ausgestaltung dieses neuen Rahmens obliegt dann wiederum den gesellschaftlichen Akteuren und ist keineswegs ein Selbstläufer. Auch dies kann man bei unseren Nachbarn beobachten: Auch die Franzosen suchen nach einem Platz für die muslimischen Glaubensgemeinschaften in einer modernen, westlichen Gesellschaft. In Frankreich hat sich ein solcher Diskurs seit der Jahrtausendwende um die Akzeptanz religiöser Symbole im öffentlichen Raum entzündet, und bisher hat auch die französische Gesellschaft keine zufriedenstellende Antwort auf diese Herausforderung gefunden. Als Stichwort sei hier nur das „Kopftuchverbot" genannt. Dennoch bin ich überzeugt, dass die Voraussetzungen zur Lösung dieser Integrationsprobleme in Frankreich deutlich besser sind. Sofern der politische Wille besteht, den Staat wirklich neutral aufzustellen.

In Deutschland sehen wir uns heute ebenfalls der Gefahr einer gesellschaftlichen Spaltung gegenüber. Die Angst vor „Parallelgesellschaften" geht um. Das Infragestellen tradierter Wertvorstellungen und eine neue Vielfalt an Lebensentwürfen lösen das klassische System der Gesellschaftsordnung im industriellen Deutschland ab. Die für die Zeit von der Weimarer Republik bis zur Wiedervereinigung passende Rollenaufteilung zwischen Staat und Kirche ist ein klassisches System der Institutionen. In einer individualisierten Gesellschaft bildet dies die Realität zunehmend schlechter ab. Wenn der Staat heute die vielen unterschiedlichen Interessen einzelner und kleiner Gruppen respektieren soll, muss er eine neutrale Plattform sein.

Die große Herausforderung für unsere Gesellschaft wird der Weg in die interkulturelle Gesellschaft sein. Bürger mit verschiedenem kulturellem Hintergrund müssen in einer solchen Gesellschaft die Möglichkeit haben, sich innerhalb eines möglichst klar definierten Toleranzrahmens einzubringen und (religions-)freiheitlich zu leben. Der Staat ist hierbei gefordert, den Mitgliedern der Religionsgemeinschaften eine Möglichkeit zur Integration zu bieten. Die bisherige Fixierung des Staates auf die Religionsgemeinschaften als Gruppe statt auf die individuellen Mitglieder birgt aber die Gefahr der gesellschaftlichen Spaltung. Dem sollte der neutrale, laizistische Staat mit einem universalistischen Menschenbild entgegentreten. Ein solcher Staat dient weniger den verschiedenen Gruppen als den individuellen Bürgern mit einer Vielzahl an unterschiedlichen Eigenschaften als Plattform für ihre gesellschaftliche Teilhabe. Ich bin der Meinung, dass ein laizistischer Staat diese Aufgabe am besten meistern kann. Denn nur bei der strikten Trennung von Kirche und Staat kann es dem Staat gelingen, die notwendige neutrale Position einzunehmen.

Der Blick gläubiger und nicht-gläubiger „Menschen guten Willens“

Michael Krüger

Dem Rad in die Speichen fallen – oder lieber nicht?

Michael Krüger ist Richter am Amtsgericht Ansbach und engagiert sich beim Taizégebet der Katholischen Hochschulgemeinde Nürnberg

„*Wenn die Kirche den Staat ein Zuviel oder ein Zuwenig an Ordnung und Recht ausüben sieht, kommt sie in die Lage, nicht nur die Opfer unter dem Rad zu verbinden, sondern dem Rad selbst in die Speichen zu fallen.*“ (Dietrich Bonhoeffer)[1]

In dem evangelisch geprägten Umfeld, in dem ich aufgewachsen bin, wurde die Frage, ob sich die Kirche in politischen Fragen überhaupt einmischen dürfe, kaum gestellt. Unter Berufung auf Bonhoeffer konnte es keinen Zweifel geben, dass es zumindest für den Fall, dass sich die Gesellschaft in Richtung einer Diktatur bewegen würde, Verpflichtung der Kirche aus ihrem Glauben wäre, Widerstand nicht nur moralisch zu unterstützen, sondern auch nach Kräften selbst Widerstand zu leisten.

Nun leben wir heute nicht in einer Diktatur, gegen die es Widerstand wie zu Bonhoeffers Zeiten zu leisten gilt. Selbst engagiere ich mich derzeit für Angebote der Kirche, die unpolitisch sind. Und auch im Berufsalltag als Richter am Amtsgericht einer fränkischen Kleinstadt ist es mir verwehrt, vom Arbeitstisch aus politische Ansichten kundzutun. Trotzdem aber ist nach meinem Empfinden Politik am Ende zu wichtig für jeden von uns, als dass sich eine gesellschaftliche Institution wie die Kirche bzw. Christen für unpolitisch erklären dürfen.

Bonhoeffer hat sich, wie mir scheint, in jahrzehntelangen Diskussionen mit der Ansicht konfrontiert gesehen, dass Christus uns im Zwei-

1 Bonhoeffer, D. (1997) Werke, Band 12 („Berlin 1932–1933“). Gütersloh: Gütersloher Verlagshaus, S. 353

felsfall eben nur aufrufe, den Verwundeten zu verbinden (wie der Samariter im Gleichnis Jesu) und nicht selbst zum Beispiel zum Schwert zu greifen und die Römer aus dem Land zu verjagen. Liegt es aber in der Macht des einzelnen Christen, sich zum Wohl seines Mitmenschen im Hier und Jetzt zu engagieren, so wäre es ein Versäumnis gegen unseren Glauben, dies zu unterlassen. Alles andere erschiene mir wie bei den fünf törichten Jungfrauen in einem weiteren Gleichnis Jesu (Mt 25,1–13): Diese wissen, dass die Zeit naht, in der es darauf ankommt, was sie tun oder unterlassen, bildlich ausgedrückt durch Lampenöl, welches zum Einzug eines Bräutigams entzündet werden soll. Die törichten Jungfrauen legen dennoch die Hände in den Schoß und sorgen nicht für das benötigte Öl. Ebenso erscheint für mich klar, dass die Kirche sich heute eben nicht *nur* auf eine Wunden lindernde Seelsorge beschränken darf, sondern Verantwortung übernehmen muss.

Die Christenpflicht zur Einmischung in die Gesellschaft

Ist es aber Pflicht jedes Christen, sich gegen Unrecht zu engagieren, kann es für den Christen, der ein Amt der Kirche innehat, nicht anders sein. Die Unterscheidung zwischen den pastoral-sakramentalen Aufgaben der kirchlichen Amtsträger, den sozial-karitativen Aufgaben der Caritas oder einiger Orden und dem politisch-advokativen Engagement der Laien ist mir fremd. Verständlich ist, dass die spezifische Verfasstheit von Caritas oder Orden diesen bei ihrer sozial-karitativen Tätigkeit *hilft*, ebenso wie die Einbindung des Klerus diesem bei der Seelsorge hilft oder die mangelnde hierarchische Einbindung dem Laien bei der Entfaltung von Kreativität im Engagement helfen mag. Mehr aber auch nicht. Sie beschränkt sie nicht. Die Sendung Christi an seine Nachfolger ergeht an uns alle, und so kann sich ein Kleriker oder Priester, wenn er es unterlässt, seine Stimme in politischer Hinsicht zu erheben, obwohl dies nötig wäre, nicht darauf berufen, dass dies nicht seine Aufgabe sei. Ebenso kann es auch Aufgabe eines Laien sein, „seelsorgerlich“ tätig zu sein, indem er eine geknickte Seele, die Trost braucht, wieder aufrichtet. Erst mangelnde Fähigkeit entschuldigt ein Fehlen unseres Engagements. In unserer vielgestaltigen, arbeitsteiligen Gesellschaft, in der man sich ja auch nicht in vier Teile zerreißen und an vier Aufgaben gleichzeitig arbeiten kann, ist es für den einzelnen Christen gut, sich auch im Engagement zu spezialisieren. Im Übrigen meine ich, dass auch fehlender Mut letztlich die Nachsicht Gottes finden wird – jedoch erst letztlich. „Letztlich" heißt, dass es unsere Aufgabe ist, Ängste zu überwinden, um dann unsere begrenzten Fähigkeiten in den Dienst unseres Nächsten zu stellen.

Und doch regt sich bei vielen Menschen Unbehagen bei dem Gedanken an Kirchenvertreter, die sich in konkrete politische Fragen einschalten. Mag es noch einsehbar sein, dass die Kirche bzw. Christen gegenüber einer menschenverachtenden Diktatur nicht schweigen dürfen, ist in einem demokratisch regierten Land weniger eindeutig erkennbar, wo sie sich – womöglich noch mit der Autorität kirchlicher Instanz im Rücken – in einzelne Fragen einschalten sollen. Noch nie zuvor konnten sich Menschen in Europa so darauf verlassen, ihre persönlichen Freiheiten ausleben zu können, ohne deswegen durch staatliche Organe verhaftet, gefoltert oder in andere Weise unterdrückt zu werden, etwa weil den Machthabern eine bestimmte Meinung nicht passt. In viele Themen, die unsere Nachrichten heute prägen, könnte man sich vertieft einarbeiten und dann immer noch zu dem Ergebnis kommen, dass nahezu jede der von den verschiedenen Seiten vertretenen Ansichten mit unseren christlichen Moralvorstellungen vereinbar wäre. Wer sich etwa für Umweltschutz in besonderer Weise interessiert, konnte in den Jahren 2010/11 gleichermaßen zu der Ansicht gelangen, dass das umstrittene Bahnhofsprojekt „Stuttgart 21" zu befürworten sei, wie auch, dass es abzulehnen sei. Soll sich die Kirche deshalb also aus politischen Detailfragen heraushalten, in denen mehrere verschiedene Meinungen gut vertretbar sind? So graust es mir etwa, wenn ältere Menschen berichten, dass in den fünfziger Jahren der Pfarrer am Wahlsonntag von der Kanzel herab seine Schäfchen dazu aufrief, ihr Kreuzchen auch ja bei den „christlichen Parteien" zu machen. Dennoch mag ich auf eine Kirche, die sich einmischt, nicht verzichten. Dies betrifft sämtliche Fragen des politischen Tagesgeschäfts: Außen- und Friedenspolitik, innere Sicherheit, Sozial- und Arbeitspolitik, Bildung, Umweltschutz und vieles mehr. All diese können letzten Endes den Schutz der menschlichen Würde oder der göttlichen Schöpfung betreffen, und so wären wir eine „törichte Jungfrau“, wenn wir tatenlos zuschauten, wenn menschenunwürdige oder unverantwortliche Entscheidungen getroffen würden, selbst wenn diese allein aus unserer Demokratie noch keine Diktatur machten.

Auch meine ich, dass die Kirche keine Berührungsängste haben sollte, in einem solchen Engagement Allianzen mit ganz andersartigen Gruppen einzugehen. Sie wird ihre Identität dabei nicht verlieren, solange sie die Ziele verfolgt, die aus ihrer christlichen Sendung hervorgehen. Wo sich zum Beispiel Kirchengemeinden zusammen mit einem breiten Bündnis aus politischen Parteien, Gewerkschaften, Vereinen gegen Aufmärsche von Neonazis engagiert haben, wie etwa in Gräfenberg bei Nürnberg, sind sie als Kirchengemeinden weiterhin erkennbar geblieben. Allerdings muss man wohl die Frage stellen, ob sie als christliche Kirche erkennbar geblieben wären, wenn sie dies nicht getan hätten …

Sorge macht es mir, wenn ich lese, dass Papst Benedikt XVI. in seiner Rede im Konzerthaus in Freiburg am 25. September 2011 erklärt, dass die Kirche, um ihre Sendung zu verwirklichen, immer wieder auf Distanz zu ihrer Umgebung gehen müsse und sich zu „ent-weltlichen“ habe. Möglicherweise hat Papst Benedikt hierbei Zeiten vor Augen, in denen die Kirche der Versuchung, zu weltlicher Macht zu greifen, nicht widerstehen konnte und dann von machtgierigen Polit-Akteuren kaum noch zu unterscheiden war. Ich glaube aber dennoch, dass die Kirche eben dann, wenn sie sich in politische Fragen einschaltet, um dem Schutz der menschlichen Würde oder der Umwelt zu helfen, keine Angst haben muss, ihre Identität zu verlieren. Hierbei darf sie durchaus auch als ein Akteur unter vielen innerhalb eines demokratischen „Systems“ tätig werden. Als Ende der 1940er Jahre das Grundgesetz ausgearbeitet wurde, haben zahlreiche Vertreter der christlichen Soziallehre das Gespräch mit den Mitgliedern des Parlamentarischen Rates gesucht, was nicht ohne Auswirkung auf das Sozialstaatsprinzip geblieben ist, das heute in Artikel 20 des Grundgesetzes verankert ist.

Auch heute würde ich mir daher wünschen, dass sich die Kirche und ihre Mitglieder mit Lust in das Getümmel des Weltlichen werfen, und ich bin überzeugt, dass wir unsere christliche Identität dadurch letztlich eher gestärkt als geschwächt finden werden.

Die Einmischung der pluralistischen Gesellschaft im Bereich der Kirche

Dabei müssen wir uns aber auch bewusst machen, dass dies eine Interaktion ist, die in beide Richtungen stattfindet: Staat und Gesellschaft, angetrieben durch eine sich wandelnde öffentliche Meinung, bemühen sich mehr und mehr, Fragen zu regeln, die noch früher der Eigenverantwortung der Religionsgemeinschaften überlassen wurden. Hierzu ein Beispiel:

Das Landgericht Köln hatte sich im Mai 2012 mit einer Anklage gegen einen Allgemeinarzt wegen Körperverletzung zu befassen, der fachlich einwandfrei, aber ohne medizinische Indikation, die Beschneidung eines vierjährigen Jungen durchgeführt hatte, nachdem ihn die muslimischen Eltern des Jungen hierum gebeten hatten, weil ihre Religion eine Beschneidung vorschreibt.[2] Jahrzehntelang war es allgemeine Rechtsauffassung im deutschen Strafrecht, dass eine solche Beschneidung nicht strafbar ist, weil mit der Einwilligung der Eltern ein rechtfertigender Grund vorliegt. In den letzten Jahren ist, nachdem unsere Gesellschaft sich zunehmend kritisch mit Beschneidungen befasst und dies von nicht genau definierten Ängsten gegenüber religiösem Fanatismus nicht immer sauber getrennt wird, die Kritik an dieser Rechtsauffassung gewachsen. Daraufhin warf nun das Landgericht die bisherige Rechtsauffassung über den Haufen und stellte fest, der Eingriff sei nicht durch die Einwilligung der Eltern gerechtfertigt, weil sie nicht dem Wohl des Kindes entspreche.

In unserem Alltag als Richter begegnet es uns fast täglich, dass zwei Seiten miteinander streiten, die beide jeweils damit argumentieren, dass in ihre Grundrechte eingegriffen würde, wenn sie vor Gericht nicht Recht

2 Siehe hierzu die Pressemitteilung des Kölner Landgerichts http://www.lg-koeln.nrw.de/Presse/Pressemitteilungen/26_06_2012_-_Beschneidung.pdf

bekommen. Hier steht auf der einen Seite das Grundrecht der Eltern, ihr Kind religiös erziehen zu dürfen, inklusive der religiösen Gebräuche, die damit verbunden sind. Auf der anderen Seite steht das Grundrecht des Kindes auf körperliche Unversehrtheit. Nun ist bereits jede medizinische Operation auch ein Eingriff in das Grundrecht auf körperliche Unversehrtheit. Der Eingriff wird aber gerechtfertigt durch die Einwilligung des Behandelten. Diese Einwilligung wird hier durch die sorgeberechtigten Eltern erklärt. Dabei dürfen Eltern jedoch nicht grenzenlos für ihre Kinder Einwilligungen erklären. Die Genital-Beschneidung von Mädchen etwa ist nichts anderes als eine Verstümmelung, die massive, nicht wiedergutzumachende Folgen für die Sexualität hat. Die Einwilligung ist unwirksam, der Eingriff damit strafbar. Die Beschneidung von Jungen dagegen bringt, wie wir aus jahrhundertelanger Tradition der bei uns lebenden Juden, Muslime oder auch christlichen Kopten wissen, in aller Regel keine bleibenden Einschränkungen für das spätere Leben des Kindes mit sich. Trotzdem urteilt das Landgericht Köln, im Rahmen einer vorzunehmenden Abwägung überwiege auch hier das Grundrecht des Kindes auf körperliche Unversehrtheit. Die Religionsfreiheit der Eltern und ihr Erziehungsrecht würden nicht unzumutbar beeinträchtigt, wenn sie abwarten müssten, ob sich das Kind später selbst für eine Beschneidung entscheide. Das Urteil ist bei vielen Menschen, insbesondere unter Richterkollegen, auf Zustimmung gestoßen. Hier wird erkennbar, dass die Bereitschaft der Gesellschaft geringer geworden ist, den Religionen einen geschützten Raum zu belassen, in dem ihnen die Gesellschaft nicht nach dem Willen der Mehrheit hereinredet. Ich würde es aber für gefährlich halten, wenn die Kirche angesichts solcher Tendenzen in eine Abwehrhaltung ginge und sich von der Gesellschaft abschotten würde. Im Gegenteil, unsere Meinung ist mehr gefragt denn je. Politik und Kirche können sich gegenseitig bereichern. Das sollten sie auch.

Peter Wahl

Man kann nicht nicht-politisch sein

Peter Wahl ist Gründungsmitglied von Attac und Vorsitzender der Nichtregierungsorganisation WEED – Weltwirtschaft, Ökologie & Entwicklung[1]

Streng konspirativ musste es ablaufen – das Treffen zwischen dem Kirchenmann und dem Vertreter des Atheistenstaates. Mir selbst war die Rolle zugefallen, das Ganze zu organisieren. Es war 1984 oder 1985. Der Kirchenmann, das war Christiaan Beyers-Naudé, der kurz zuvor Nachfolger von Bischof Tutu als Generalsekretär des südafrikanischen Kirchenrats geworden war. Er wollte persönlich mit der DDR Kontakt aufnehmen, die seinerzeit eine recht umfassende Unterstützung für den südafrikanischen Widerstand gegen das Rassistenregime leistete. Das *Solidaritätskomitee der DDR* und sein Chef, Achim Reichardt, spielten auf DDR-Seite mit. Ich hatte damals als Koordinator des *Antiimperialistischen Solidaritätskomitees* in Frankfurt schon länger gute Kontakte in den südafrikanischen Widerstand als auch zum *Solidaritätskomitee der DDR*. Allerdings konnte Beyers-Naudé es sich politisch nicht leisten, offen mit der DDR in Verbindung zu treten. Daher der konspirative Charakter der Aktion. Bei einer Zwischenlandung auf dem Rhein-Main-Flughafen holte ich den Kirchenmann also ab. Dann Fahrt kreuz und quer durch Frankfurt mit Autowechsel im Hinterhof einer Tankstelle. In einer Privatwohnung in Bockenheim fand dann das Treffen statt. Nach drei Stunden wieder zurück zum Flughafen, wo Beyers-Naudé seinen Flug nach Südafrika fortsetzte.

Wahrscheinlich hat die Geschichte noch niemand erzählt. Insofern ist dieser Text hier auch ein kleines Mosaiksteinchen in der Geschichtsschreibung des südafrikanischen Befreiungskampfes und seiner Solida-

1 Siehe auch http://de.wikipedia.org/wiki/Peter_Wahl sowie www.weed-online.org/_node/personen/wahl.html

ritätsbewegung in Europa. Das Rassistenregime funktionierte damals noch, aber die Befreiungskräfte waren in der Offensive und in vielen Ländern war eine kräftige Anti-Apartheid-Bewegung entstanden. Eine nicht ganz alltägliche Form also der Zusammenarbeit zwischen einem prominenten Kirchenmann, der atheistischen DDR und mir, dem a-religiösen Anti-Apartheid-Aktivisten aus Westdeutschland als Drittem im Bunde.

An Glaubensfragen, Atheismus, Gottesbeweise, Theodizee und Religionskritik dachte freilich keiner der Beteiligten. Die weltanschaulichen, religiösen Motive waren vermutlich unterschiedlich. Der eine mag Apartheid als Sünde begriffen haben – wie es auch die offizielle Position des Weltkirchenrates war – und hat den Kampf gegen die Apartheid vielleicht als Nächstenliebe definiert. Der andere hat womöglich daran gedacht, mit der Unterstützung des Befreiungskampfes den Westen, mit dem das rassistische Südafrika bis kurz vor Toresschluss verbündet war, eins auszuwischen. Und ich – ich habe mir nicht viel dabei gedacht, sondern fand es einfach normal, mit denen solidarisch zu sein, die die rassistische Schweinerei bekämpften. Denn meine Grundeinstellung war (und ist): Alle Menschen sind frei und gleich geboren und haben die gleichen Rechte. Das sind die Menschenrechte, wie sie in der Französischen Revolution kodifiziert, im 19. Jahrhundert besungen – *„Die Internationale erkämpft das Menschenrecht!* – und mit der UN-Menschenrechtserklärung universal wurden, quasi die „Zehn Gebote“ der Moderne. Die kann man natürlich auch philosophisch begründen, und damit sind ja auch ganze Bibliotheken gefüllt worden. Ich finde jedoch, die Menschenrechte haben auch so etwas wie eine selbsterklärende Evidenz. Vielleicht könnte man das als eine Art *weltliche Offenbarung* bezeichnen.

Politische Zusammenarbeit zwischen Christen und Atheisten – na und?

Die Selbstverständlichkeit der Zusammenarbeit zwischen Christen, Atheisten, Agnostikern und anderen Spielarten von Nicht-Religiosität ist eine Erfahrung, die zum einen auf die Anfänge meines politischen

Engagements zurückgeht, zum anderen aber auch durch die berufliche Befassung mit Nord-Süd-Beziehungen befördert wird. Ich hatte 1967 in Mainz zu studieren begonnen und war mitten in die 1968er Bewegung hineingeraten. Einer der Wortführer des Mainzer Sozialistischen Deutschen Studentenbunds (SDS) war ein Theologiestudent im höheren Semester. Als Erstsemester und Politnovize war ich von seinen rhetorischen Fähigkeiten und politischen Analysen fasziniert. Der Priester als Inkarnation der ideologischen Apparate lässt grüßen. Logistische Stützpunkte des SDS waren die *Evangelische Studentengemeinde* und das katholische *Newman Haus*, beide direkt an der Uni gelegen. Ich habe dort im Keller so manches Transparent gemalt und Flugblätter von Wachsmatrizen abgezogen. Insofern sind in meiner politischen Sozialisation von Anfang an Christen und Kirche präsent gewesen. Sie waren selbstverständliche Teile des politischen Inventars, wie Teach-in und Demo. Zwar war ich atheistisch erzogen, hatte aber keine negativen Erfahrungen mit meiner christlichen Umwelt. In der Schule wurde ich nie diskriminiert. Im Gegenteil, meine Mitschüler beneideten mich, weil ich frei hatte, wenn sie in die Religionsstunde mussten. Und da es auch keine Messdienervergangenheit zu bewältigen gab, entstand aus diesen trivialen Quellen so etwas wie wohlwollende Distanz gegenüber den Fragen zum Jenseits. Als ich dann im Studium mein Verhältnis zur Religion durch die Beschäftigung mit Aufklärung und die Lektüre von Marx und Co. theoretisch unterlegte, hat sich diese Einstellung verfestigt. Besonderen Eindruck machte auf mich Ernst Blochs „*Atheismus im Christentum*" und dessen Motto: „*Nur ein Atheist kann ein guter Christ sein, nur ein Christ kann ein guter Atheist sein.*"[2]

All dies ist keineswegs nur individuelle Erfahrung. Christen und christliche Organisationen haben in allen sozialen Bewegungen der Nachkriegszeit, in der Friedensbewegung, in der Umweltbewegung mitgemacht – als ebenso wichtige wie geachtete Partner. Klar, Fragen, die den eigentlichen Kern von Religion ausmachen, werden dabei ausgeklammert. Religion als Privatsache. Missionierungsversuchen bin ich nie begegnet. Und um an

2 Bloch, E. (1968) Atheismus im Christentum – Zur Religion des Exodus und des Reichs. Suhrkamp: Frankfurt

dieser Stelle religiösen Mitleidsgefühlen vorzubeugen: Das menschliche Bedürfnis nach Transzendenz, das mir natürlich nicht fremd ist, lebe ich in Musik und darstellenden Künsten aus. Theater war ja schon für die alten Griechen Ritus. Auch zu vielen ästhetischen Manifestationen des Christentums, vom Wormser Dom über die Gemälde in der Sixtinischen Kapelle bis zu Pendereckis Oper „*Die Teufel von Loudon*", habe ich eine höchst intensive Zuneigung. Meine Distanz zu Fragen des Jenseits erstreckt sich übrigens auch auf das jüngst wieder zunehmende missionarische Eifern atheistischer Autoren, die meinen, die Schlachten Voltaires und Feuerbachs noch einmal schlagen zu müssen.

Man kann nicht nicht-politisch sein

Auf einem anderen Blatt steht das, was Religionsgemeinschaften als gesellschaftliche Institutionen tun. Wenn man Politik nicht verengt als Parteipolitik auffasst, sondern von der Herkunft des Begriffs ausgeht (griechisch *polis:* die *Stadt,* das *Gemeinwesen*) dann ist *Politik*, sich an den Angelegenheiten der Gesellschaft zu beteiligen. Wenn man stattdessen apolitisch bei der schweigenden Mehrheit mitmacht, dann ist das in einer Demokratie zwar auch zulässig, aber es ist eben auch eine politische Haltung. Die 1968er Parole „*Bürger, lasst das Gaffen sein, kommt herunter, reiht euch ein!*" bringt dieses Politikverständnis auf den Begriff. Erst recht gilt natürlich für gesellschaftliche Institutionen wie die Kirchen, dass sie nicht unpolitisch sein können. Das waren sie auch nie. Jahrhundertelang standen sie an der Seite der Herrschenden, der Unterdrücker und Ausbeuter. Große Menschheitsverbrechen, wie die blutrünstige Unterwerfung Lateinamerikas, Sklaverei und Kolonialismus bis hin zur mehr oder minder offenen Kollaboration der Amtskirchen mit den Nazis, sind glücklicherweise Geschichte. Zudem gab es auch immer wieder Minderheiten, die zeigten: Eine andere Kirche ist möglich! Zu manchen Zeiten, und heute noch in manchen Weltgegenden, sind dazu große Opfer gebracht worden. In der Nazizeit gaben Christen im Widerstand ihr Leben, auf evangelischer Seite *Dietrich Bonhoeffer*, auf katholischer Seite *Nikolaus Groß* und *Bernhard Letterhaus.*

Der Süden – Lokomotive für ein emanzipatorisches Christentum

Unter historischem Blickwinkel und im Wissen, dass der große Sprung in den Idealzustand seine Zeit braucht, sehe ich, dass sich die Kirchen aus ihrer staatstragenden Rolle und der Funktion der ideologischen Herrschaftssicherung zu lösen beginnen. Eine wichtige Rolle in diesem Prozess spielen die Christen in Afrika, Asien und Lateinamerika. Das Beispiel des Kampfes gegen die Apartheid wurde bereits erwähnt. Aber auch Stichworte wie Theologie der Befreiung, die Ausstrahlung von Persönlichkeiten wie Dom Helder Camara, Oscar Romero, Allan Boesak stehen dafür.

Diese Tendenz reflektiert sich auch in jenen zivilgesellschaftlichen Kampagnen bei uns, die sich für Emanzipation und Gerechtigkeit einsetzen und in denen Christen an maßgeblicher Stelle mitwirken. In den 1990er Jahren war dies z. B. die *Erlassjahrkampagne*, die sich für einen Schuldenerlass für die ärmsten Länder einsetzte. Sie fand Unterstützung bis hin zu Papst Johannes Paul II. und führte katholische, evangelische und weltliche Sektoren der Zivilgesellschaft in produktiver Kooperation zusammen. Gegenwärtig ist die Kampagne *Steuer gegen Armut* ein interessantes Beispiel. Sie setzt sich für eine Finanztransaktionssteuer ein, womit sie nicht nur Geld zur Armutsbekämpfung auftreiben will, sondern via regulatorischer Wirkung der Steuer auch die Kreise des Finanzkapitals durchaus stört. Auch hier sind kirchliche Organisationen mit DGB und NGOs gemeinsam unterwegs. Aus den Kirchenleitungen gibt es ebenfalls Rückenwind. Angesichts der immer noch relevanten Sonderbeziehungen zwischen den Kirchen und Unionsparteien trägt vor allem die kirchliche Kampagnenkomponente zudem dazu bei, die Bundesregierung in ihrem Willen, sich für diese Steuer einzusetzen, bei der Stange zu halten.

Summa summarum: Das politische Engagement von Christen Seite an Seite mit weltlichen Akteuren der Zivilgesellschaft wird zum Normalfall. Und das ist gut so.

Und falls es DEN da oben doch geben sollte, dürfte ER nach allem, was so über IHN verbreitet wird, diese Schlussfolgerung mit schmunzelndem Wohlgefallen lesen.

Norbert Cyrus

Auf der Seite irregulärer Migranten

Dr. Norbert Cyrus ist Migrationssoziologe und arbeitet am Hamburger Institut für Sozialforschung[1]

Als Sozialwissenschaftler bin ich beruflich mit der empirischen Untersuchung und Analyse irregulärer Migration in Deutschland befasst – ein Problembereich unserer Gesellschaft, der jahrelang tabuisiert oder in polarisierter Form diskutiert wurde. Obwohl die Menschen mitten unter uns leben und es viele, ja allzu viele wissen, war es lange Zeit nicht möglich, hier gesellschaftspolitische Gestaltung anzumahnen. Warum dies dann doch gelang, davon handelt dieser Beitrag.

Irreguläre Migration ist für mich mehr als nur ein interessantes wissenschaftliches Forschungsfeld. Das Schicksal dieser Menschen ließ und lässt mich nicht kalt. Mir geht es da nicht anders wie den Christen, die nicht wegsehen können, wenn zum Beispiel Menschen beim Versuch, ohne erforderliche Genehmigung in ein anderes Land einzureisen, ihr Leben riskieren und oft verlieren. Nach gut dokumentierten Erkenntnissen der Nichtregierungsorganisation UNITED haben seit 1993 über 16 000 Menschen beim Versuch einer ungenehmigten Einreise ihr Leben entlang der europäischen Grenzen verloren.[2] Sechzehntausend.

Aufgrund meiner Forschungstätigkeiten und des privaten Engagements bei ZAPO, einer Berliner Beratungsstelle für Menschen ohne Aufenthaltsstatus, wurde ich auch von Kirchenleuten als Experte für irreguläre Migration angesprochen. Aus den ersten Kontakten hat sich eine kontinuierliche und intensive Zusammenarbeit ergeben. Obwohl ich heute der Kirche fernstehe und ihre offiziellen Positionen in vielen anderen

1 Weiteres siehe http://www.his-online.de/ueber-uns/mitarbeiter/aktuell/person/cyrus-norbert/details/

2 Siehe http://www.unitedagainstracism.org/pages/underframeFatalRealitiesFortressEurope.htm

Fragen nicht teilen mag, bin ich im Bereich der Advocacy, der Unterstützung für die Belange irregulärer Migrantinnen, sozusagen zu ihr zurückgekehrt. Denn die Zeit, in der ich als Kind und Jugendlicher in der katholischen Pfarrgemeinde St. Michael in Bottrop aktiv war, hat mich für Probleme im Bereich des Miteinanders von Deutschen und Migranten geprägt. Dort brachte seit Anfang der 1970er Jahre ein neuer Pfarrer, Ulrich Timpte, das Gemeindeleben zu neuer Blüte. Der Ton der Predigten änderte sich. Einmal im Monat gab es nun eine Jugendmesse unter Beteiligung einer Rockband. Elektrische Gitarren, Bass und Schlagzeug lieferten den Beat für lautere und flottere Lieder mit irgendwie sozialkritischen Untertönen: „Wenn das Rote Meer grüne Welle hat, dann ziehen wir frei heim aus dem Land der Sklaverei." Die Begeisterung der Mehrheit der Mitglieder der Kirchengemeinde im Kohlenpott für diese Art der Erneuerung hielt sich in Grenzen. Eine andere Form der Grenzüberschreitung, die ich in dieser Gemeinde erlebte, war die Gründung eines „Arbeitskreises ausländische Mitbürger" durch einige wenige engagierte Gemeindemitglieder mit Unterstützung des Pfarrers. Der Arbeitskreis ausländische Mitbürger organisierte bereits in den frühen 1970er Jahren Begegnungsfeste mit den türkischen Familien und Männern, die in einem Arbeiterwohnheim auf dem Pfarrgebiet untergebracht waren. So kamen neben weiteren fremden Tönen durch Saz und türkische Trommeln auch neue Gerüche in die Gemeinde: Döner vom Drehspieß. Für die Kinder, die inzwischen meine alte Grundschule besuchten, organisierte der Arbeitskreis kostenlose Schulaufgabenhilfe auf ehrenamtlicher Basis, was überwiegend von einigen Schülern höherer Klassen geleistet wurde. Es war für uns selbstverständlich, dass diese Kinder bei ihrer Schulausbildung unsere Unterstützung erhalten sollten. Die Erwartung, dass die Familien mit ihren Kindern nur kurze Zeit in Deutschland bleiben sollten, durfte doch nicht zu Lasten der Kinder gehen. Aber zu dieser Zeit war die Erkenntnis, dass eine wirkliche Integrationspolitik erforderlich ist, noch nicht vorhanden. Diese Schilderung zeigt, dass Mitglieder der Gemeinde sensibel gegenüber Veränderungen sind und trotz Widerständen und Vorbehalten pragmatisch darauf zu reagieren suchen – lange, bevor die Amts- und Funktionsträger bereit sind, diese Dinge aufzugreifen und anzusprechen.

Die lange Vorbereitung im Verborgenen

Auch für die Kirchen und die kirchlichen Wohlfahrtsverbände war es noch ein langer Weg bis zu der Einsicht, dass Deutschland ein Einwanderungsland ist. Und noch länger und beschwerlicher war der Weg zur Einsicht, dass die Kirchen die Frage des Umgangs mit irregulärer Migration nicht einer weltlichen Politik überlassen dürfen, die sich ohne Beachtung ethischer Spannungsverhältnisse in einer polizeilichen Bearbeitung irregulärer Migration eingerichtet hatte. Dabei gab es bereits 1997 innerkirchliche Rückendeckung für eine differenzierte Befassung mit diesem Thema von allerhöchster Stelle: „Das Schicksal der Migranten und die leidvollen Missgeschicke der Flüchtlinge, oftmals von der öffentlichen Meinung nicht genügend beachtet, müssen in den Gläubigen unweigerlich tiefe Anteilnahme und Interesse wecken" – so Papst Johannes Paul II. in seiner Botschaft zum Welttag der Migranten 1997. Der Papst wies darauf hin, dass die Migranten kommen, um Arbeit und bessere Lebensbedingungen zu suchen – und das nicht selten als illegale Einwanderer und Flüchtlinge. „Das bringt" – erklärte der Papst – „große und nicht leicht zu lösende Probleme mit sich. Die Kirche ihrerseits fühlt sich verpflichtet, sich gleich dem barmherzigen Samariter auf die Seite des illegalen Einwanderers und Flüchtlings zu stellen, der das zeitgenössische Abbild der Reisenden ist, der auf der Straße von Jericho überfallen, geplündert und liegen gelassen worden war." Die Stellungnahme verdeutlicht, dass die katholische Kirche sich der humanitären und pastoralen Herausforderung irregulärer Migration schon lange bewusst war. Deutlich wird auch, dass sich aus dem eigenen Selbstverständnis die Verpflichtung ergibt, für die Belange irregulärer Migrantinnen und Migranten einzutreten. Wie diese Verpflichtung praktisch umgesetzt werden kann, ist damit aber noch nicht gesagt.

Dass sich die Kirche in Deutschland so schwer mit dem Thema tat, lag an den besonderen rechtlichen Rahmenbedingungen, die beispielsweise Unterstützung irregulärer Migranten unter Strafe stellte. Da sich das Problem, dem die Kirche in Pfarreien, Caritas-Beratungsstellen, Abschiebungsgefängnissen oder Arbeitskreisen begegnete, nicht verdrängen ließ und das heimliche Behelfen mit eigenen Ressourcen zunehmend an

Grenzen stieß, standen die Kirchen vor der Frage, wie der Einsatz für die Belange irregulärer Migrantinnen und Migranten öffentlich konkretisiert werden kann – in einem extrem kontrovers und emotional aufgeladenen Politikfeld: Auf der einen Seite stand und steht die radikale Kritik an einer Politik der Ausgrenzung und Ausweisung, die nur um den Preis massiver Menschenrechtsverletzungen im Inland und an den Grenzen durchzusetzen ist. Vertreter dieser Position forderten offene Grenzen und zumindest die Legalisierung der im Lande lebenden Menschen ohne Papiere. Auf der anderen Seite rechtfertigten Behörden die Migrationspolitik als völkerrechtlich und demokratisch legitimierte Maßnahmen. Irreguläre Migranten würden vorsätzlich gegen gesetzliche Bestimmungen verstoßen und könnten staatliche Unterstützung in Notlagen nur um den Preis erwarten, dass sie sich den Behörden mit der möglichen Konsequenz anschließender Ausweisung offenbaren. Eine Legalisierung wurde vehement abgelehnt, da unrechtmäßiges Verhalten belohnt und Anreize für irreguläre Migration geschaffen würden. Die Situation war gekennzeichnet von einer verhärteten Mischung aus Tabuisierung und Blockade, aus der sich kein Ausweg zu bieten schien.

Die katholische Kirche als „Agenda Setter"

Es dauerte bis zum Jahr 2001, dass die Migrationskommission der Deutschen Bischofskonferenz die Handreichung „Leben in der Illegalität – eine humanitäre und pastorale Herausforderung" veröffentlichte. Diese Handreichung eröffnete eine neue Perspektive im Umgang mit irregulärer Migration. Die Frage der Legalisierung, die die Diskussion beherrschte und extrem polarisierte, wurde dabei bewusst ausgeklammert. Aufgegriffen wurden Anregungen aus der wissenschaftlichen Diskussion, sich für die Wahrung grundlegender humanitärer und sozialer Rechte der bereits im Lande lebenden Menschen ohne Papiere einzusetzen. Die Schwerpunkte lagen auf Sicherstellung des Zugangs statusloser Menschen zur Gesundheitsversorgung, zum Rechtsschutz in der Beschäftigung und zur Schulbildung. Zusätzlich gefordert wurde die Rücknahme der Strafandrohung gegen Personen, die Menschen ohne Papiere humanitäre Hilfe leisten. Mit dieser gemäßigten Konkretisierung langjähriger Forderungen war es möglich, bestehende Rechtsgüterkonflikte und ethische Spannungsverhältnisse aufzuzeigen und eine Zuständigkeit und Verantwortlichkeit von Behörden und Politik zu begründen. Allerdings bedurfte es intensiver advokatorischer Anstrengungen, bis diese Auffassungen von der Politik überhaupt ernsthaft wahrgenommen wurden. Dabei nimmt die katholische Kirche eine Schlüsselstellung ein. Sicher ist die katholische Kirche nicht die erste und auch nicht die einzige Organisation, die sich advokatorisch für irreguläre Migrantinnen und Migranten einsetzt. Sie ist aber mit Sicherheit die einflussreichste. Der Einsatz der moralischen Autorität und des politischen Gewichts, das den Kirchen von der Politik zugeschrieben wird, bildete die notwendige Voraussetzung, um die humanitäre Dimension irregulärer Migration zu einem Thema seriöser politischer Auseinandersetzung zu machen. Wichtig war aber auch, dass die Empfehlungen in Ton und Zielsetzung gemäßigt und vor allem durch die Kommunikation mit der Wissenschaft gut begründet wurden, wodurch sie in der Politik anschlussfähig wurden.

Besonderen Nachdruck und eine erste Breitenwirkung erhielten die advokatorischen Bemühungen durch eine Petition, die von Vertretern aus der katholischen und evangelischen Kirche, aus der Sozialarbeit und aus der Wissenschaft im Jahr 2000 an den deutschen Bundestag gerichtet wurde. Zur Begleitung der Petition wurde ein informeller (und lange Zeit sehr diskret operierender) Arbeitskreis eingerichtet, in dem sich die für Migrationspolitik zuständigen Vertreter aller im Bundestag vertretenen Fraktionen gemeinsam mit Wohlfahrtsverbänden, Wissenschaft und den Kirchen bis heute austauschen.

Die Ernsthaftigkeit des Anliegens für die katholische Kirche wird sodann 2004 in der Gründung des Katholischen Forums „Leben in der Illegalität“ symbolisch und praktisch sichtbar. Das Forum ist einem Trägerkreis katholischer Institutionen und Organisationen unterstellt und mit einem Geschäftsführer besetzt. Der Vorsitzende des Forums ist zugleich der Vorsitzende der Migrationskommission der Deutschen Bischofskonferenz, aktuell Bischof Norbert Trelle von Hildesheim. Das Forum beobachtet politische Entwicklungen, erarbeitet Positionen und vernetzt advokatorisches Engagement. Die Gründung des Forums fiel zusammen mit zwei seiner nachhaltigsten Initiativen: zunächst der Veröffentlichung des „Manifests illegale Zuwanderung“, mit dem mehr als 400 Persönlichkeiten aus Politik, Zivilgesellschaft und Wissenschaft für einen offeneren gesellschaftlichen Dialog hinsichtlich des Umgangs mit irregulärer Einwanderung in Deutschland eintraten.[3] Ebenso wurde in Zusammenarbeit mit der Katholischen Akademie Berlin erstmals die „Jahrestagung Illegalität“ durchgeführt. Diese Veranstaltungen sind der entscheidende Ort, um die seit den 1990er Jahren bestehende Tabuisierung bzw. Polarisierung der Diskussion über die humanitären Dimensionen irregulärer Migration zu überwinden. Bis dahin waren derartige Versuche oft mit dem Ratschlag abgewehrt worden, lieber still zu bleiben. Denn statt erhoffter humanitärer Verbesserung würde man nur repressive Verschärfungen verursachen. Entgegen diesen manchmal gut gemeinten, manchmal scheinheilig vorgetragenen Warnungen schufen die „Jahrestagungen Illegalität“ erstmals einen Rahmen, um das Thema öffentlich und sachlich zu erörtern und Perspektiven für einen humanitären Umgang mit in Deutschland lebenden Menschen ohne Aufenthaltsstatus zu entwickeln.

An vielen der hier dargestellten Initiativen war und bin ich persönlich beteiligt (gewesen). Nach meiner Auffassung macht der Einsatz der katholischen Kirche in diesem schwierigen Politikfeld tatsächlich einen Unterschied. Dabei sollte allerdings nicht unterschlagen werden, dass die Kirche nicht gesellschaftlich freischwebend agiert. Die Aktivitäten von Initiativen wie „Kein Mensch ist illegal“ oder der „Bundesarbeitsgemeinschaft Kirchenasyl“ haben sicher mit dazu beigetragen, das Thema als politische Handlungsaufforderung anzunehmen. Die Enttabuisierung und Entpolarisierung konnten auch nur deshalb gelingen, weil für die vertretenen Positionen von anderen gesellschaftlichen Kräften Unterstützung gesucht und erhalten wurde. Dass es aber letztlich die Kirchen waren, die diesem Thema zum gesellschaftspolitischen Durchbruch verhalfen, lag meiner Ansicht nach vor allem an der Verbindlichkeit, mit der das Thema angenommen wird, dem klugen Bemühen um politische

3 Siehe http://www.forum-illegalitaet.de/mediapool/99/993476/data/ManifestUnterzeichnerPublikation.pdf

Anschlussfähigkeit der Vorschläge und der Kontinuität und Nachdrücklichkeit, mit der in die Politik hineingewirkt wurde.

Irreguläre Migrantinnen und Migranten finden auf der offiziellen politischen Bühne Deutschlands keinen vergleichbar starken und von der Politik respektierten Fürsprecher für ihre humanitären Belange. Dies ist umso wichtiger, als es in Deutschland bisher kaum gelungen ist, in diesem Feld mit selbstorganisierten Gruppen (irregulärer) Migrantinnen und Migranten zu kooperieren. Damit hat die katholische Kirche eine große Verantwortung übernommen, die nicht einfach beendet werden kann, ohne Glaubwürdigkeits- und Vertrauensverluste zu verursachen. Der Einsatz der Kirche ist wohl auf unabsehbare Zeit dringender denn je. Denn während wir uns um das vergleichsweise kleine Problem der Sicherung von Menschenrechten der im Lande lebenden Menschen ohne Papiere mühen, werden die Grenzschutzanlagen an den Außengrenzen Europas mit Milliardenaufwand ausgebaut. Eine glaubwürdige Advocacy wird nach der ethischen Rechtfertigung dieser Maßnahmen fragen und auf Entwicklung politischer Alternativen dringen müssen, die sich an dem Ideal der Freizügigkeit orientieren.

Für den Gründungsvorsitzenden des Katholischen Forums „Leben in der Illegalität", Weihbischof Josef Voß, sind die nationalstaatliche Parzellierung der Welt und die Lizenzierung des Aufenthaltes keineswegs sakrosankt: „Gott gab den Menschen die Erde zur Wohnung und zur Nahrung – dass der Mensch die Welt in Nationalstaaten parzellierte und den Aufenthalt in diesen lizenzierte, ist dessen eigene Erfindung. Menschen in der aufenthaltsrechtlichen Illegalität sind für die Kirchen nicht ‚draußen', in ihnen als den vergessenen und ausgegrenzten Menschen begegnen wir Christus selbst: ‚Was ihr für einen meiner geringsten Brüder getan habt, das habt ihr mir getan' (Mt 25,40)."[4]

4 Siehe http://www.migration-boell.de/web/migration/46_1386.asp

Werner Schäfer

Seelsorge ist Menschensorge

Werner Schäfer ist Rentner, Mitglied von Erwerbsloseninitiativen sowie der Gewerkschaft ver.di

Bevor ich pensioniert wurde, war ich als Lagerist tätig, zuletzt 25 Jahre bei dem Kaufhausunternehmen Karstadt. Da der damalige Vorstandsvorsitzende im Jahre 2002 eine Kapitalrendite von 20% ankündigte, wurden mehrere Tausend Mitarbeiter entlassen, darunter auch ich. Seit 2004 war ich arbeitslos. Seither engagiere ich mich in der Erwerbslosenarbeit innerhalb und außerhalb meiner Gewerkschaft. Groß geworden bin ich mit und in der katholischen Jugendarbeit im Ruhrgebiet. Schon früh habe ich mich politisch engagiert. Während andere demonstrierten oder an der Uni „Rabatz" machten, habe ich mich der Jungen Union und der Christlich Demokratischen Arbeitnehmerschaft angeschlossen. Ich war schon immer Gewerkschafter.

Seit 1974 wohne ich in Bayern und habe mich seither nicht mehr in meiner Partei betätigt, weil mir die CSU und deren Vorsitzender Strauß suspekt waren. Die SPD war mir nicht attraktiv genug. Seit einigen Jahren bin ich Mitglied der Partei „Die Linke", weil ich der Meinung bin, dass sich meine Ziele dort eher verwirklichen lassen, zumal mich seit meiner Jugend die Verteilungsfrage und Verteilungsgerechtigkeit beschäftigen. Andere mögen ihr rebellisches Verhalten und ihre Ideale als „Jugendsünde" ansehen, an die sie sich in bier- oder weinseliger Runde wehmütig erinnern. Ich habe meine Einstellung zu einer gerechten Verteilung nicht verändert.

Um mich und meinen Glauben zu verstehen, sind zwei Dinge wichtig: zunächst dass ich Alkoholiker bin. Es war der schmerzlichste Prozess in meinem Leben, mir das einzugestehen. Gleichzeitig war es aber auch der Beginn meiner Freiheit. Seit diesem Zeitpunkt vor 23 Jahren habe ich eine andere Einstellung zu mir und zu meinem Glauben gefunden. Wo früher der Verstand alles begreifen wollte, ist heute das Gefühl das prägende Element: Wenn ich mal mit mir im Unreinen bin und mit meinem lieben Gott hadere, meine ich, er lächelt mir einfach nur zu, ohne mir besondere Fingerzeige zu geben, wie ich auf meinem Weg zu gehen habe. Ich habe die Gewissheit, dass er mich trägt. Dazu fällt mir immer wieder die Geschichte mit den Spuren im Sand ein: Wir glauben oft, Gott habe uns allein gelassen, und stellen rückblickend fest, dass er uns immer auf den Armen trägt. Zweitens war für mich glaubensmäßig Papst Johannes XXIII. ein prägender Mensch. Die Kirche wurde offener, sie hat sich mehr dem Menschen zugewandt. Deshalb ist es für mich selbstverständlich, mich gesellschaftlich zu engagieren. Seelsorge ist Menschenarbeit, sie umfasst den ganzen Menschen mit Körper, Geist und Seele. Sie beschränkt sich nicht auf den einzelnen Menschen, sondern umfasst auch die Gemeinschaft, in der wir leben, seien es die kirchlichen Gemeinschaften – von der Gemeinde über das Bistum und darüber hinaus – oder die politischen Gemeinschaften von der Kommune bis zu den Staaten. Deshalb beschränkt sich Seelsorge auch nicht nur auf den seelischen Trost und Beistand. Die Menschen, die Seelsorge in Anspruch nehmen, leiden nicht nur seelische Not, sondern oftmals materielle Not. Wenn eine seelische Notlage vorliegt, kommen oft materielle Probleme dazu.

Ich bin überzeugt, dass mein Engagement meine Umwelt verändern kann. Ich bin der Meinung, dass gerade gläubige Christen mehr zu einer Veränderung beitragen können, als sie es glauben. Vieles, was ich heute mache, geschieht gerade aus Glaubensüberzeugung. Das passiert mehr unbewusst als bewusst. Viele Menschen in meinem Umfeld stehen dem Glauben, besonders aber der Institution Kirche, mehr als kritisch gegenüber. Sie haben akzeptiert, dass mein Engagement gerade auch aus meinem Glauben kommt. Dabei habe ich die verblüffende Erfahrung gemacht, dass mein Glaube in den linken Kreisen mehr respektiert wird als meine Zugehörigkeit zur Partei „Die Linke“ in etlichen christlichen Kreisen. Ich halte es für eine Pflicht, dass jeder Christ – ob als Laie oder als Mitglied des Klerus – sich politisch einmischt! Dem Klerus nur das Pastoral-Sakramentale zu übertragen ist zu dürftig. Das wird dem Menschen „Pastor“ nicht gerecht. Zumal gerade bei der Seelsorgearbeit der

Seelsorger mit den Problemen der Menschen konfrontiert wird. Das sind Themen, die die gesellschaftliche Realität widerspiegeln. Seelsorgearbeit ist eben deshalb Menschenarbeit, weil sie dem Menschen dient und ihm helfen soll.

Zur Armutsbekämpfung braucht es mehr als Caritas

Für mich steht die Armutsbekämpfung an erster Stelle. Nun kann Armut nicht bekämpft werden, indem sich insbesondere die Kirche an der Verteilung des Übriggebliebenen aus dem Reichtumsüberschuss beteiligt. Sie hat den unermesslichen Reichtum einiger Weniger nicht nur im sakralen Raum – in der Kirche während der Predigt – „mal" anzuprangern. Die Kirche darf sich nicht an der weiteren „Vertafelung" der Gesellschaft beteiligen: hier 'ne Tafel für Lebensmittel, da eine für Schulmaterial, da eine für Hunde- und Katzenfutter ... da eine Kleiderkammer usw. Das Fatale ist, dass sich die Initiatoren solcher Tafeln hohes gesellschaftliches Ansehen erwerben, aber die alltägliche Ungerechtigkeitsverteilung als selbstverständlich hinnehmen. Als Beispiel mag das Kindergeld dienen: Bei Kindern aus Hartz-IV-Familien werden die Leistungen aus dem Kindergeld angerechnet, Gutverdienende werden über die Steuer mit einem größeren Betrag bedacht, als es das Kindergeld ausmacht!

Zur Armutsbekämpfung gehört für mich die Umverteilung des unermesslichen Reichtums unbedingt dazu. Dazu zählen eine höhere Besteuerung Vermögender – einschließlich einer Abgabe auf Vermögen und Erbschaften –, eine gerechte Entlohnung, auch ein Mindestlohn. Insbesondere aber müssen *alle* Börsengeschäfte mit einer Abgabe belegt werden. Bestimmte Börsengeschäfte müssen ganz verboten werden. Dazu zählt für mich der Börsenhandel mit Lebensmittelpapieren. Wichtig ist für mich in diesem Kontext auch das Eintreten für Immigranten. Gerade hier muss die Kirche als mächtige moralische Institution ihre Stimme auch für jene erheben, die rechtlos in unserem Lande leben, die ‚Illegalen'.

Ich bestreite damit nicht die Notwendigkeit karitativer Tätigkeit. Die ist unbedingt erforderlich. Sie federt die vielschichtige Armut ab. Diese zeigt sich nicht nur im Hartz-IV-Bereich und bei Rentnern mit Grundsicherung, bei Alleinerziehenden, kinderreichen Familien, Geringverdienern und Rentnern mit geringer Rente. In zunehmendem Maße sind Normalverdiener betroffen. Hier gilt es praktisch zu lindern, was aber kein Grund dafür ist, nicht den Ursachen entgegenzusteuern. Ich stelle mir vor, dass *soziale Politik* statt *Sozialpolitik* betrieben wird. Sozialpolitik alimentiert, wo das Einkommen nicht ausreicht. Soziale Politik stellt gesetzliche Maßnahmen auf den Prüfstand, ob sie die unteren Einkommen im Besonderen belastet. Sie gestaltet Politik so, dass untere Einkommen nicht belastet werden, sondern höhere Einkommen. Ich halte das für ein geeignetes Mittel der Umverteilung. Es kann sofort angewendet werden. Dafür muss sich die Kirche einsetzen und dabei auch ihre eigenen Maßnahmen und Rahmenvorgaben als Arbeitgeber kritisch prüfen.

Für die Kirche gibt es kein Tabu

Es kann für die Kirche kein Tabu geben. Welcher Lebensfrage sollte sich die Kirche nicht annehmen? Im pastoralen Bereich werden Seelsorger mit *allen* Themen konfrontiert, die es nun mal in der Gesellschaft gibt. Alle Themen werden von Gruppen „beackert". Mit denen gilt es sich zu verbünden. Die einzige Voraussetzung ist die Toleranz. Wer anderen mit Hass, Verachtung, mit Unterdrückung begegnet, kann kein Partner sein.

Aus meiner Lebenserfahrung weiß ich, dass es wichtig ist, innerhalb des „Systems" (leider fällt mir kein besseres Wort ein) Veränderungen herbeizuführen. Hier werden sich auch die meisten Verbündeten finden lassen. Ich bin aber auch der Meinung – und habe es auch so erfahren –, dass sich Kirche gegen das „herrschende System" als solches wenden muss. Tiefgreifende Veränderungen jenseits der Symptomkurierung sind anders nicht möglich, insbesondere wenn es um die Verteilungsfrage geht. Zudem kann keine Änderung herbeigeführt werden, wenn das System massiv Einfluss nimmt auf die Bildungseinrichtungen durch Stiftungsgelder und Sponsoring und dadurch Kinder schon in den frühesten Jahren der Entwicklung beeinflusst werden. Das gilt es zu beenden durch die Bereitstellung öffentlicher Gelder, durch eine höhere Besteuerung derjenigen, die Stiftungsgelder oder Sponsorengelder zur Verfügung stellen und dadurch sogar noch Steuern sparen.

Die Begriffe „Entweltlichung“ und „Verweltlichung“ sind aus meiner Sicht schlicht dumm! Wir Menschen sind Ganzheitswesen. Mein Glaube prägt mich als Mensch. Ich möchte mitten im Leben stehen und damit mitten in der Welt. Dazu bin ich als Christ auch berufen. Ich habe meinen Glauben nie als privaten Glauben im meditativen Bereich, den ich auf Gebet und Meditation in meinem Kämmerlein oder im sakralen Raum beschränke, begriffen. Mein Glaube hat mir zu einer aktiven Lebensgestaltung verholfen. Dabei hat mir die Kirche – insbesondere ein paar Kleriker – geholfen. Mein glaubensfernes Umfeld hat mich akzeptiert als ganzen Menschen – gerade *mit* meinem Glauben! Eine Hinwendung zu einer Form des Glaubens, die die Welt als etwas Außenstehendes und Störendes definiert, ist fatal für die Kirche und die Welt.

Kirche als sakraler Raum und Kirche als Gemeinschaft ist für mich Ort der Geborgenheit, Kraftquell. Kirche ist für mich zugleich eine mächtige moralische Institution. Sie hat ihre Stimme zu erheben und zu handeln. Das Tolle ist, dass in ihr Menschen aus allen gesellschaftlichen Schichten wirken – ob Klerus oder Laien, Menschen mit allen möglichen Fähigkeiten und Ideen!

Wer hat das sonst noch? Welch eine Chance!

Florian Leuthner

Glaubwürdiges Engagement ist Werbung für den Glauben

Florian Leuthner ist Referent für Umwelt, Energie und Klima bei der Vertretung der Freien und Hansestadt Hamburg beim Bund in Berlin

Ich bin gebeten worden, als „Kirchendistanzierter“ einen Beitrag zu diesem Buch beizusteuern. Dabei werde ich mich ganz überwiegend mit den „Führungskräften“ in der Kirche beschäftigen: Bischöfen und Priestern, Theologen, Vertretern von Hilfswerken. Als „Kirchendistanzierter“ und „Ausgetretener“ begegnet mir Kirche heute zumeist nur noch dort, wo sie öffentlich sichtbar ist, also in den Medien oder in ihren Funktionsträgern, weshalb sich vieles in meinem Beitrag vor allem auf diese bezieht.

Woher meine Distanz der Amtskirche gegenüber rührt, vermag ich nicht mit letzter Gewissheit zu sagen. Es ist das Ergebnis eines längeren Prozesses. Im Jahr 1975 machten sich meine Eltern als eine Art frühe „Wirtschaftsflüchtlinge“ aus der Metropole München auf den Weg in die baden-württembergische Provinz. Ziel war die beschauliche Schwarzwaldstadt Villingen-Schwenningen. Obwohl meine Eltern beide katholisch erzogen worden waren, spielten Kirche und Religion bei uns in der Familie keine große Rolle. Während meine Mutter nie endgültig mit der Kirche gebrochen hat, ist mein Vater schon Ende der 1960er Jahre ausgetreten. Gleichwohl und sicherlich nicht zuletzt wegen der Erwartungen und Konventionen der Verwandtschaft und einer katholisch-konservativ geprägten Kleinstadt folgten für meine Geschwister und mich Taufe, Erstkommunion und Firmung. Rückblickend erinnere ich mich auch im Abstand von mehr als 25 Jahren einerseits sehr gerne an den Kommunionunterricht, tolle Gruppenstunden bei der KjG und einen sehr engagierten Religionslehrer am Gymnasium. Anderseits haben mich das oftmals bigotte Verhalten von kleinstädtischem Umfeld und Verwandtschaft sowie mein Faible für Geschichte und Politik geprägt. Als Stichworte mögen hier die verlogene Rolle der Amtskirche in Sachen Aids, Sexualität und Zölibat, der abstoßende mittelalterliche Ablasshandel oder ihr (Nicht-)Verhalten während der NS-Diktatur genügen. Auch das im Laufe der Jahrhunderte weltweit im Namen der Kirche(n) begangene mannigfache Unrecht, das keinerlei christliche Nächstenliebe erkennen lässt, hat meine Distanz zur Kirche verstärkt. Wenig verwunderlich, habe ich meine Firmung auch nicht mehr ernsthaft betrieben. Kirche und Religion reduzierten sich bei mir auf ein unstressiges Schulfach, mit dem man, wenn man sich nicht vollkommen dämlich anstellte, den Notenschnitt heben konnte. Mit dem Abitur habe ich schließlich formal mit der Kirche gebrochen und bin ausgetreten. Glaubwürdiges kirchliches Engagement habe ich in dieser Zeit leider nicht kennenlernen dürfen.

Mein Interesse an Politik und Geschichte habe ich inzwischen zum Beruf gemacht. Seit nunmehr zehn Jahren gestalte ich in verschiedenen Funktionen als Mitarbeiter auf Landes- und Bundesebene Politik. Schwerpunkte waren dabei bisher die Außen- und Finanzpolitik, Menschenrechtsfragen sowie der Kampf gegen den Rechtsextremismus. Aktuell kümmere ich mich um umweltpolitische Themen.

Inzwischen habe ich allerdings im privaten wie im beruflichen Umfeld immer wieder in „weltlichen Belangen" sehr engagierte Pfarrer, Pastoren und Ordensleute kennenlernen dürfen. Der Einsatz von Ordensleuten in Alten- und Pflegeheimen oder bei der Betreuung von Obdachlosen, der Kampf von Pfarrern und Pastoren gegen Rechtsextremismus, das Engagement in der Beratung und Betreuung von Flüchtlingen und ‚Illegalen', das Engagement im Umweltschutz, die Kampagnen zum weltweiten Verbot von Landminen sowie zur Einführung der Finanztransaktionssteuer haben mich nachhaltig beeindruckt. Und auch die friedliche Revolution in der DDR wäre ohne mutige Kirchenleute nicht möglich gewesen.

Glaubwürdiges Engagement als Chance

Solche Kirchenleute wirken im Verborgenen oder öffentlich, sie wirken im Kleinen oder Großen. Sie leben ihren Glauben und haben ihn für Außenstehende und kirchenferne Menschen wie mich erlebbar gemacht. Sie überzeugen bei ihrem gottgefälligen Werk in erster Linie nicht durch große Worte, sondern durch ihre Taten. Mich haben diese Menschen durch ihre Glaubwürdigkeit und ihre moralische Integrität beeindruckt. Und genau diese Glaubwürdigkeit und Integrität fehlen den meisten Amts- und Würdenträgern der Kirche. Eine Beschränkung der Tätigkeiten des Klerus auf das Spenden von Sakramenten, die Wortverkündung und die Seelsorge ist meines Erachtens vollkommen unzureichend. Es würde jedenfalls dem Anspruch der oben genannten Beispiele für engagierte Kirchenleute an ihren Glauben auch nicht gerecht werden.

Ich bin vielmehr der festen Überzeugung, dass die Kirche genau dieses gesamtgesellschaftliche Engagement aller – insbesondere der Kirchenoberen – bitter nötig hat. Andernfalls werden die Menschen weiterhin mit den Füßen abstimmen und die Kirche in die gesellschaftliche und politische Bedeutungslosigkeit verbannen. Kirchen, Parteien und Gewerkschaften leiden bekanntermaßen unter dem gleichen Problem: Ihnen laufen die Mitglieder davon. Immer weniger junge Menschen engagieren sich in festen Strukturen. Gleichzeitig steigt seit Jahren die Bereitschaft ebendieser Menschen, sich in losen, häufig anlassbezogenen Gruppen oder Aktionen zu engagieren. Diese Bereitschaft böte aber gerade einer gesellschaftlich engagierten Kirche eine große Chance. Ich bin mir sicher, dass die Attraktivität der Kirche in dem Maße steigt, in dem sie die Lebenswirklichkeit der Menschen berücksichtigt und sich der konkreten Probleme im Hier und Jetzt annimmt. Die Zukunft der Kirche liegt in einer solchen Art der „Verweltlichung“ und keinesfalls in einer „Entweltlichung“.

Es gibt mit Sicherheit berufenere Menschen als mich, um zu dechiffrieren, welche konkreten Anliegen sich hinter den Begriffen der „Entweltlichung“ und „Verweltlichung“ des Papstes verbergen. Entscheidend erscheint mir jedoch, dass er in Freiburg seine Zuhörer völlig im Unklaren gelassen hat, ob er theologisch oder politisch argumentiert. Ging es dem Papst bei der „Entweltlichung" vorrangig um fiskalische Aspekte oder um einen Rückzug der Kirche aus weltlichen Belangen, um zukünftig allein im eigenen Saft zu schmoren?

Zunächst zum fiskalischen Aspekt, der Kirchensteuer also: Diese ist ein Auslaufmodell. Wer möchte, kann sich bereits heute der Zwangssteuer durch Austritt entziehen. In jedem Fall braucht es eine neue Ehrlichkeit, denn die Kirchensteuer wird nur in äußerst bescheidenem Umfang für die Finanzierung von z. B. Kindertagesstätten, Krankenhäusern oder Alten- und Pflegeheimen herangezogen. Viel schwieriger ist der Umgang mit (angeblichen) bis in die Gegenwart geltenden Zahlungsverpflichtungen des Staates an die Kirchen und ihre Privilegien als Folge der Säkularisation. Wir brauchen an dieser Stelle einen Neustart – auch wenn dies den Verlust von Privilegien für die Kirchen nach sich zieht. Dazu gehört auch das kirchliche Sonderarbeitsrecht des so genannten „Dritten Weges": Es kann nicht angehen, dass kirchliche Arbeitgeber im Namen der „christlichen Dienstgemeinschaft" ihren Mitarbeitern Tarifverträge und das Streikrecht vorenthalten bzw. die Rechte von Mitarbeitervertretungen beschneiden.[1]

Ging es dem Papst in seiner Rede jedoch um den Rückzug der Kirche aus weltlichen Belangen und eine Rückbesinnung auf sich selbst, so wäre dies ein Irrweg. Denn der Kirche bieten sich alle allgemeinpolitischen und sozialen Themen im parlamentarischen und außerparlamentarischen Raum für ein ernsthaftes und glaubwürdig vorgetragenes gesellschaftliches Engagement an. Selbstverständlich kann und soll die Kirche auch in spezifischen kirchenbezogenen Fragestellungen Position beziehen und im positiven Sinne Lobbyarbeit für ihre Anliegen betreiben. Mehrheiten für ihre Positionen dürfte die Kirche so vermutlich aber nur in den seltensten Fällen erhalten. Denn Mehrheitsfähigkeit und damit Erfolg werden sich für die Kirchen angesichts ihres Bedeutungsschwunds nur unter zwei Bedingungen einstellen:

1 Dahme, H. J./Kühnlein, G. u. a. (2012) Leiharbeit und Ausgliederung in diakonischen Sozialunternehmen: Der „Dritte Weg" zwischen normativem Anspruch und sozialwirtschaftlicher Realität. Endbericht eines Projekts für die Hans-Böckler-Stiftung, Juli 2012, siehe http://www.boeckler.de/38555_40601.htm

Die Kirchen müssen sich bei ihrem gesamtgesellschaftlichen Engagement mit anderen Nicht-Regierungsorganisationen (NGOs), Initiativen, sozialen Bewegungen und Vereinen in pluralistischen Kampagnen und Lobbyverbänden zusammenschließen. Dort können sie mit ihren Partnern Ideen und Positionen gemeinsam voranbringen und Agenda-Setting betreiben. Je nach Anliegen können aber auch Gewerkschaften oder Parteien geeignete Partner sein. Denn diese verfügen in der Regel (noch) über die entsprechende Kampagnenfähigkeit. Noch wichtiger ist die zweite Bedingung: Das A und O eines jeden erfolgreichen Engagements ist die eigene Glaubwürdigkeit der handelnden Protagonisten in Worten *und* Taten. Denn wer Wasser predigt und im gleichen Atemzug Wein trinkt, macht sich lächerlich. Er manövriert sich ins Abseits und verspielt auch den letzten verbliebenen Rest an moralischer Integrität und Glaubwürdigkeit. Das prunkvolle Hofhalten zahlreicher Kardinäle und Bischöfe stößt nicht nur mich ab. Schließlich ist Jesus nicht auf einem edlen Araberhengst, sondern bestenfalls auf einem Esel und häufig genug zu Fuß unterwegs gewesen.

Eine Besonderheit zeichnet Kirchenvertreter im politischen Geschäft aus: Sie verfügen qua Amt in der Regel über einen „anderen", oftmals inoffiziellen Zugang zu Gesprächspartnern und Stakeholdern. Auch hier gilt: Je höher der „Rang", desto besser der Zugang zu den Entscheidern in Politik und Wirtschaft. Diesen Vorteil machen sich auch die engagierten Kirchenleute zu Nutze. Innerhalb von Kampagnenzusammenschlüssen können sie hinter den Kulissen das Lobbying und Agenda-Setting in Bereichen übernehmen, die sonst für öffentlich agierende NGOs, Initiativen, soziale Bewegungen und Vereine, aber auch Parteien und Gewerkschaften unerreichbar bleiben. Während andere Kampagnenmitglieder häufig bereits bei der Terminanfrage auf Granit beißen, wird einem Kirchenvertreter erfahrungsgemäß sein Gesprächswunsch selten abgeschlagen. Denn erstaunlicherweise werden Kirchenvertreter im politischen Bereich bisher noch geachtet und respektiert. Dieser Vorteil darf im politischen Geschäft nicht ungenutzt bleiben. Schließlich stand auch Jesus mit beiden Beinen im Leben und hat die Augen nicht vor der Lebenswirklichkeit der Menschen verschlossen.

Vor diesem Hintergrund kann und soll sich die Kirche meiner Meinung nach mit ihrem gesamtgesellschaftlichen Engagement besonders in drei Bereichen profilieren: als Türöffner, bei diskreten Interventionen hinter den Kulissen und als Vermittler bei der Kompromisssuche. Auf die Frage, wie viel Kirche die Politik braucht und verträgt, kann ich aus meiner persönlichen Warte nur sagen: Ihr gesellschaftspolitisches Engagement ist bisher gänzlich unzureichend und unterentwickelt. Dabei bin ich mir völlig darüber im Klaren, dass eine im politischen Prozess vielfach engagierte Kirche auch Positionen vertreten wird, die mit meinen nicht übereinstimmen. Ja, sie wird mit Sicherheit Ansichten vertreten, die meinen Ansichten diametral widersprechen und die ich kategorisch ablehne. Nichtsdestotrotz würde ich mir die Positionen einer glaubwürdigen, moralischen Instanz Kirche stets anhören. Auch wenn ich sie am Ende meines Meinungsbildungsprozesses nicht teile.

Hoffnung auf kirchliche Veränderung zu Besserem

Glücklicherweise ist die Kirche in Bewegung. Laien, Priester, Theologen rebellieren zwar noch zaghaft, aber deutlich wahrnehmbar gegen die Amtskirche. Im letzten Jahr wurde das Memorandum „Kirche 2011: Ein notwendiger Aufbruch“ auf den Weg gebracht. Getragen wurde es von 240 Professorinnen und Professoren der katholischen Theologie aus dem deutschsprachigen Raum. Zuletzt haben mehr als 200 Pfarrer und Diakone aus der Erzdiözese Freiburg den Aufruf zur Neuregelung im Umgang mit „Wiederverheirateten Geschiedenen“ unterzeichnet und verstoßen damit offen gegen kirchenrechtliche Vorschriften der katholischen Kirche. Einer der Initiatoren hat es auf den Punkt gebracht: „Sogar für Mord gibt es Absolution. Eine zweite Ehe kann dagegen nicht bereut und nicht vergeben werden, das ist unlösbar. Wiederverheiratete Katholiken leben so bis an ihr Lebensende in Sünde, und wir Pfarrer sollen ihnen alle Sakramente verwehren.“[2] Diese lebensfremde Positionierung der katholischen Kirche muss man sich einmal vergegenwärtigen. Es scheint,

2 Katholische Kirche: „Mord wird verziehen, eine zweite Ehe nicht.“ Interview, Spiegel online vom 14. Juni 2012, siehe http://www.spiegel.de/panorama/gesellschaft/katholische-kirche-interview-mit-pfarrer-konrad-irslinger-a-838908.html

als wäre die Aufklärung am Vatikan spurlos vorbeigegangen und als würden wir noch im finstersten Mittelalter leben. Wie auch immer diese Diskussionen ausgehen – der Graben zwischen der Amtskirche und mir ist vermutlich zu tief, als dass ich in Zukunft wieder den Weg zurückfinden könnte. Jeder, der sich für seine Mitmenschen einsetzt, tut Gutes und damit ein gottgefälliges Werk. Dabei ist es für mich völlig unerheblich, ob und, wenn ja, welcher Religion jemand angehört.

Warum wünsche ich mir dennoch, dass die Kirche angesichts ihrer unzähligen Probleme nicht weiter in Agonie verharrt? Ein Verschwinden der Kirche wäre meines Erachtens ein echter Verlust für unsere Gesellschaft. Hochmotivierte und schnell mobilisierbare Menschen aus den Laien-Bewegungen sowie glaubwürdige Kirchenleute würden ihren institutionellen Rahmen sowie Einfluss- und Aktionsmöglichkeiten verlieren. Damit dies nicht passiert, braucht die Kirche dringend Reformen, muss sich öffnen und innerkirchliche Kritik aushalten. Dabei ist klar, dass Respekt und Glaubwürdigkeit nicht diejenigen Kirchenleute erfahren werden, die theologische Haarspalterei betreiben, sondern vielmehr diejenigen, die mit beiden Beinen im Leben stehen und sich aktiv für ihre Mitmenschen einsetzen. Sie machen Glauben erlebbar.

Ich wünsche mir eine Kirche, die in der heutigen Zeit angekommen ist, anstatt krampfhaft an überholten, wirklichkeitsfremden Positionen, Traditionen und Ritualen festzuhalten. Ich wünsche mir eine lebensbejahende, ökumenische Kirche, in der Männer und Frauen gleichberechtigt sind und die sexuelle Orientierung keine Rolle spielt. Ich wünsche mir eine „verweltlichte" Kirche, die für ihre historischen Verfehlungen Verantwortung übernimmt, die sich in ihrer Gesamtheit gesellschaftspolitisch engagiert und die durch ihr konkretes Handeln Glaubwürdigkeit vorlebt. Dann kann die Kirche den Menschen auch wieder Orientierung und Halt geben und wird verstärkt mehr Zuspruch erleben. Davon bin ich überzeugt. Auch wenn die letzten Personalentscheidungen des Vatikan mich keinesfalls optimistisch stimmen, stirbt die Hoffnung auf und der Glaube an Besserung bekanntlich zuletzt.

Günter Metzges

Die Fragen offenhalten: Kirche und die Herausforderung des digitalen Wandels

Dr. Günter Metzges ist Geschäftsführender Vorstand des Online-Bürgernetzwerks „campact"[1]

Obwohl selbst evangelisch, hatte ich mich als Jugendlicher für den katholischen Religionsunterricht an unserer Schule angemeldet. Der Grund war Hubi, ein katholischer Pfarrer in evangelischer Diaspora. Bei Hubi sollten wir anstelle eines Teils der Religionsstunden Exkursionen in unser Städtchen unternehmen, Menschen, soziale Einrichtungen, Vereine und Bürgerinitiativen besuchen und darüber in den verbleibenden Religionsstunden berichten. Wir sollten überlegen, wo sich das Erlebte in der Bibel, in der christlichen Lehre wiederfindet und wie beides zusammenpasst. Wenige andere Lehrer haben mich und meine Perspektive auf unsere Welt so geprägt.

Ausgerechnet im katholischen Religionsunterricht habe ich gelernt, kritisch zu reflektieren: Wie können wir christliche Lehre und Überlieferung vor dem Hintergrund der Wirklichkeit heute verstehen, was leuchtet ein, was eher nicht? Aber auch: Wo hilft uns das Beispiel Jesu, in der gesellschaftlichen Wirklichkeit nicht das einzig Mögliche und Denkbare zu sehen? Wo sehen wir Ungerechtigkeit und Änderungsbedarf?

Nun ruft Papst Benedikt die katholische Kirche und ihre Werke zur Entweltlichung auf. Die katholische Kirche solle sich von ihrer materiellen und politischen Last befreien. Dadurch könne sie sich besser „auf wahrhaft christliche Weise der ganzen Welt zuwenden". Wie ist das zu verstehen? Wie wird dies von Menschen außerhalb der katholischen Kir-

1 Weiteres siehe https://www.campact.de/campact/ueber-campact/das-team

che verstanden, die, selbst gesellschaftspolitisch engagiert, die katholische Kirche und ihre Werke als gesellschaftlichen Akteur schätzen und fürchten?

Vor einigen Jahren habe ich gemeinsam mit Freunden das Online-Bürgernetzwerk Campact gegründet. Campact vernetzt heute mehr als 650 000 politisch engagierte Menschen, die aktiv werden und sich einbringen, wenn Politik eher dem Druck von Lobbyinteressen als denen der Bürgerinnen und Bürger zu folgen scheint. Bei Themen wie Gentechnik, Atomkraft, Frieden oder soziale Gerechtigkeit sind beide Kirchen mit ihren Werken für uns Kooperations- und Ansprechpartner. Wie liest sich die Freiburger Rede von Papst Benedikt aus dieser Perspektive?

Mich irritiert die Rede. Während mein früherer Religionsunterricht zu einem offenen, gleichberechtigt befruchtenden Austausch und Dialog zwischen gesellschaftlicher Realität und christlicher Überlieferung einlädt und damit im Ergebnis offen bleibt, lese ich in der Freiburger Rede Papst Benedikts nahezu das Gegenteil: Mit der Entweltlichung scheint sich der Referenzpunkt kirchlichen Engagements weg vom komplizierten Dialog zwischen gesellschaftlicher Realität und Glauben zu einem angeblich feststehenden, eindeutig bestimmbaren, letztlich nicht diskutierbaren religiösen Referenzpunkt zu verschieben. Ausgehend von dieser Verschiebung und dann unbeeinflusst von materiellen und politischen Erwägungen, könne sich Kirche dann wieder missionarisch der Welt nähern. In meinen Ohren klingt dies nach Radikalisierung und Sektenbildung, nach Besserwissen und nach Aufgabe des Anspruches, Volkskirche sein zu wollen.

Nun sagen viele: Ist ja nur halb so schlimm. Wer braucht heute noch die katholische Kirche, viel zu oft homophob, frauenfeindlich und in Struktur und Wesen unerträglich anachronistisch? Ich teile diese Auffassung nicht. Wir brauchen die Kirchen und wir brauchen auch die katholische Kirche.

Die gesellschaftliche Rolle der Kirchen

Sicher, als politischer Akteur ist die katholische Kirche an vielen Stellen inhaltlich schon jetzt eher Problem als Segen. Ob sich dies durch die innere Einkehr und Entweltlichung zum Positiven wandelt, wage ich zu bezweifeln. Die politische Vertretung christlicher Werte wird durch die kirchlichen Werke Caritas, Misereor etc. sehr viel lebensnäher und kompetenter geleistet als durch die Amtskirche.

Dennoch brauchen wir eine politische Kirche. Kirche soll, so der viel zitierte Satz, nicht Politik machen, sondern Politik möglich machen.[2] Kirche wird nicht als politischer Agent mit den richtigen Antworten, sondern als kompetenter politischer Fragesteller gebraucht.

Denn die beiden großen Kirchen haben im Nachkriegsdeutschland etwas in dieser Form Einzigartiges geschaffen. Gerade weil in beiden Kirchen der eigentliche Bezugspunkt nicht in der Politik, sondern im Glauben, in der Gemeinschaft und in der Spiritualität liegt, entsteht ein glaubwürdiger, nicht konsumbegründeter, milieuübergreifender, stabiler Raum, in dem Diskussion und Austausch über gesellschaftliche Zukünfte parteiübergreifend denkbar ist. Keine andere Institution leistet dies in Deutschland. Keine verbindet jenseits des Marktes so viele Menschen mit so unterschiedlichen politischen Grundüberzeugungen wie die beiden großen Konfessionen. Diese Heterogenität schafft Raum für gesellschaftliche, lagerübergreifende Diskurse. Insbesondere im ökumenischen Verbund der beiden großen Konfessionen liegen hier Chancen.

Die beiden Kirchen haben sich in der Vergangenheit auf vielfältige Art und Weise der Aufgabe gestellt, Plattform für gesellschaftliche Verständigung zu sein und Raum für gesellschaftliche Veränderung zu schaffen. Entstanden sind Akademien, Kirchentage, Dienste für den Jugendaustausch, Pressedienste und Räume zum politischen Wirken im Rahmen der kirchlichen Werke oder in Initiativen am Rande der Institution. Sicher waren diese Prozesse und Räume nie unumstritten, nie dem politischen Streit enthoben. Das gilt wohl besonders in der katholischen

2 Ursprünglich Richard von Weizsäcker in seinem Grußwort zur siebten Tagung der achten Synode in Borkum 1996

Kirche. Deutlich zeigt sich diese Räume eröffnende und demokratiebefruchtende Rolle der Kirchen im gemeinsamen Sozialwort der evangelischen und katholischen Kirche von 1997. Das Bemerkenswerte an diesem Sozialwort ist nicht der am Ende gemeinsam formulierte Text. Der war als Signal für die Politik gut und richtig. Wichtiger war, dass dieser Text das Ergebnis eines umfangreichen Konsultationsprozesses, der Diskussion und Verständigung über Milieus und politische Lager hinweg war, in dem intensiv und offen über Probleme diskutiert und über mögliche Lösungen gerungen worden war.

Es geht in den Akademien, auf Kirchentagen oder in einem Prozess wie dem zum Sozialwort nicht um kampagnenförmige, punktgenaue Einflussnahme auf politische Entscheidungen. Vielmehr geht es darum, zur richtigen Zeit die wirklich wichtigen Fragen des Heute und des Morgen zu identifizieren, den zuerst immer zwangsläufig noch leisen Fragestellern Raum zu geben und das Bewusstsein für die notwendige Beantwortung dieser Fragen zu schaffen. Es geht bei diesen Formen um das Verändern langfristiger Diskurse und damit um das Ändern von Möglichkeitsbedingungen, unter denen Politik überhaupt erst passieren kann. Dies ist m. E. überlebensnotwendig für funktionierende Demokratien.

Wenn die katholische Kirche sich aber, wie in Freiburg vorgeschlagen, entweltlicht, wenn politische Überzeugungen nicht aus gesellschaftlichem Dialog, sondern aus vermeintlichen religiösen Wahrheiten entstehen, würde die katholische Kirche entweder vollkommen unpolitisch oder verstärkt selbst zum politischen Akteur. Bei beidem wird sie umso weniger in der Lage sein, als glaubwürdiger politischer und gesellschaftlicher Integrator, Moderator und Vermittler aufzutreten. Es wäre schade, wenn die katholische Kirche ihre Fähigkeiten als gesellschaftlicher Integrator und Vermittler ausgerechnet zu einer Zeit aufgäbe, in der diese Fähigkeiten besonders gebraucht werden und in der das Internet und der damit zusammenhängende digitale Wandel die Grundbedingungen des Politischen grundlegend durcheinanderbringen.

Die Möglichkeiten des digitalen Wandels

Der digitale Wandel stellt enorme Herausforderungen an das Funktionieren großer institutioneller Akteure. Politik baut zumindest bisher auf großen Institutionen, auf Parteien, Verbänden, Gewerkschaften und, wie oben formuliert, auf der Arbeit der Kirchen auf. Große Institutionen kommen mit ihren schwerfälligen Hierarchien beim digitalen Wandel schnell unter die Räder.

Jeder ist auf einmal mit seinem Fotohandy, mit einem Blog oder einem Wiki potentiell in der Lage, Minister/-innen zu stürzen. Nachrichten sind nicht kontrollierbar, aber weltweit verfügbar. Selbst ein strohdummer Hassfilm weniger Irrer führt dazu, dass andernorts Botschaften brennen und Kriegsschiffe in Bewegung gesetzt werden. Es wird viel kommuniziert, horizontal in Netzwerken, jeder mit jedem über Organisationsgrenzen hinweg. Kommunikationswege verlaufen nicht mehr unidirektional, aber auch nicht bidirektional, sondern multidirektional, d. h., der Sender von Informationen muss nicht nur ‚responsefähig' sein, er muss auch noch damit umgehen können, dass er selbst und seine Position und seine Glaubwürdigkeit zum Gegenstand der Diskussion werden. Nicht erst durch Wiki- und Vatileaks wissen wir, welche enorme Herausforderung dies für große Hierarchien darstellt.

Mit dem Internet entstehen gleichzeitig wirkungsvolle Formen gesellschaftlicher Partizipation. Revolutionen und Soziale Bewegungen entstehen wie aus dem Nichts, werden einflussreich und verschwinden wieder. Menschen koordinieren und schaffen gemeinsam Dinge wie Wikipedia oder FlickR, die niemals durch Staat oder Markt hätten hergestellt werden können.[3] Sie werden als Blogger selbst zu Journalisten, koordinieren politische Aktionen gegen Bahnhöfe oder recherchieren über Doktorarbeiten von Politikern. Mit dem Internet geht eine bisher nicht da gewesene Selbstermächtigung von Bürgerinnen und Bürgern einher.

Parallel dazu beobachten wir bei den etablierten großen politischen Parteien, Gewerkschaften und Verbänden einen Verlust an Bindungs-

3 Vgl. Shirky, Cl. (2008) Here Comes Everybody: The Power of Organizing Without Organizations. London: Penguin Press

kraft. Politische Partizipation findet immer weniger in den ursprünglich dafür vorgesehenen Räumen statt. Menschen organisieren sich politisch punktuell, ad hoc und verleihen Organisationen, Ideen und Positionen nur vorübergehend Einfluss. Für Entscheidungsträger ist nicht mehr eindeutig erkennbar, welche Prozesse, welche Positionen und Bewegungen relevant und einflussreich werden könnten. Entscheidungsfindung wird notwendig dezentraler, allgegenwärtig, schneller. Die Konsequenzen für die Organisation des Politischen sind im Positiven wie im Negativen unabsehbar.

Dabei bleibt unklar, ob die neuen Möglichkeiten zu gesellschaftlicher Partizipation eher zur Integration oder zur Desintegration der Gesellschaft beitragen. Diese neuen Räume scheinen bisher die Menschen noch nicht wirklich milieuübergreifend zu verbinden. Durch die Algorithmen von Facebook und Google werden mir vor allem die Nachrichten angezeigt, die ohnehin meiner politischen Überzeugung entsprechen. Bei Facebook erreichen mich besonders wahrscheinlich Nachrichten, die auch von meinen besten Freunden geteilt werden. Weil Google die Freunde, die Suchbegriffe und die länger besuchten Seiten eines Klimaskeptikers kennt, werden diesem nach Eingabe weiterer Suchbegriffe eher solche Links angeboten, die ihn in seiner Auffassung bestärken, als solche, die seiner Auffassung widersprechen.[4] Es ist keineswegs garantiert, dass die umfangreicheren Partizipationsinstrumente auch zu einem Verständigungsprozess in der Gesellschaft führen.

Die Kirchen werden den digitalen Wandel nicht aufhalten oder sich ihm nicht entziehen können. Wie die Kirchen damit umgehen, wird über ihre zukünftige gesellschaftliche Rolle mitentscheiden. Besteht die Offenheit, sich als gleichwertigen und gleichberechtigten Teil der gesellschaftlichen Debatte einzubringen? Die zunehmend eigenverantwortliche Selbstverständigung und Selbstermächtigung der Gesellschaft aktiv zum Positiven mitzugestalten? Oder erfolgt ein Rückzug auf den eigentlich eigenen Kern in Kontrast und Opposition zur Gesellschaft, wie es sich in der Papstrede andeutet? Sicher – gerade für die katholische Kir-

4 Vgl. Pariser, E. (2011) The Filter Bubble: What the Internet Is Hiding from You. London: Penguin Press

che beinhaltet der digitale Wandel erhebliche Zumutungen. Hierarchien werden in Frage gestellt, Veränderung triumphiert über Tradition, wenn jede mit jedem kommuniziert, geht dies zwangsläufig mit Kontrollverlusten und Infragestellungen einher. Die katholische Kirche müsste lernen, Kommunikation nicht top down zu denken und ihren Anhänger/-innen wie auch der Gesellschaft auf Augenhöhe zu begegnen.

Es wäre aber traurig und paradox, wenn die katholische Kirche gerade in dem Moment die Rolle des ethisch gebundenen Vermittlers in der Gesellschaft für die Gesellschaft aufgeben würde, in dem die Gesellschaft mehr denn je auf Selbstverständigung im Umgang mit diesem Wandel angewiesen ist. Will sich die Kirche wirklich ausgerechnet dann entweltlichen, wenn technisch neue Möglichkeiten gesellschaftlichen Austausches und der Verständigung aller auftreten und sich bisher unabsehbare neue, bisher nicht oder nur unzureichend beantwortete ethische Fragen ergeben (z. B. Verbindung Technik und Menschsein, Kontrollierbarkeit von Algorithmen, Selbstbestimmung und Überwachung)?

Mit dem fortschreitenden digitalen Wandel eröffnen sich riesige Chancen, in den kirchenleitenden Gremien, aber auch in den dezentralen Foren, sehr viel intensiver nach den großen Fragen (nicht den Antworten) unserer Zeit zu suchen und hier schwerpunktmäßig Diskurse setzen zu können. Aufgrund der Heterogenität ihrer Mitglieder, die der Glaube vereint, können die Kirchen den gesellschaftlichen Selbstverständigungsprozess arenenübergreifend (Pfarreien / Gemeinden, Landeskirchen / Bistümer, Weltkirche / World Council of Churches) spiegeln und unterstützen.

Das war mit Sozialworten, Kirchentagen, Akademien in der Vergangenheit immer nur unter großen Anstrengungen in Form von Kosten und Aufwand möglich. Nun kommen beinahe transaktionskostenfreie Möglichkeiten zur Kommunikation untereinander und mit der Gesellschaft hinzu. Technologien und Verfahren effektiver Online-Diskurse und Beteiligungsverfahren gibt es in Ansätzen (Liquid Democracy …). Aufgabe der Kirche könnte sein, diese weiterzuentwickeln, virtuelle Räume mit den Möglichkeiten realer Begegnung in Gemeinden, Kirchentagen etc. zu verknüpfen. Damit könnte es der Kirche gelingen, weiter als wichtiger Bestandteil der gesellschaftlichen Selbstverständigung zu wirken, die Tradition der Akademien und Kirchentage unter veränderten Bedingungen fortzusetzen und weiter die richtigen Fragen für unsere sich wandelnde Zeit zu formulieren. Das wäre wichtig für die Gesellschaft und für die Kirchen. Mit Entweltlichung hätte diese Perspektive aber wenig gemein.

Matthias Matussek

„Wir sind doch Katholiken!"

Matthias Matussek ist Autor und Publizist[1]

Ein Bild, das von der Welt-Kirche und dem deutschen Papst erzählt: Drei Tage lang hatten weit über eine Million Jugendliche bei sengender Hitze den Weltjugendtag in Madrid gefeiert. Überall im Retiro-Park saßen Gruppen unter den ausladenden merkwürdigen Brokkoli-Bäumen und sprachen über die Evangelien, über Glaubensfragen. Überall nahmen Priester die Beichte ab. Hunderttausende, aus Neuseeland und Kanada und Palästina, aus Frankreich, den USA oder Zambia, besuchten die Katechesen in den Kirchen der Stadt. Auch viele Deutsche waren darunter. Zum Abschluss versammelten sich alle zur Vigil in der Nähe des Flughafens auf dem „Feld der vier Winde". Der Heilige Vater unter dem Baldachin am Altar oben, rund zwei Millionen Jugendliche zu seinen Füßen, und sie sangen und beteten. Plötzlich zog ein wahrhaft biblischer Sturm auf, die Hitze der Vortage entlud sich in einem fürchterlichen Gewitter. Ich hatte Angst, dass der alte Mann dort oben in seiner weißen Soutane von der Bühne gefegt werden würde. Kardinäle spannten ihre Schirme auf. Zelte fielen um. Ein Mast krachte zusammen. Die Jugendlichen sangen und trotzten dem Sturm. Und dann sah ich, auf einem Fernsehbildschirm im Pressezelt, wie der deutsche Papst in diesem Inferno lächelte und sitzen blieb und zu sagen schien: Wenn ihr nass werdet, werde ich es eben auch. Wir stehen das zusammen durch. Und die Jugendlichen verstanden das – und sie jubelten ihm zu.

1 Weiteres siehe http://de.wikipedia.org/wiki/Matthias_Matussek sowie http://www.matthias-matussek.de

In diesem Moment wurden mir mehrere Dinge klar. Erstens, dass dieser Papst keiner ist, der Angst hat. Zweitens, dass seine Botschaft nicht antiquiert ist, sondern ganz besonders von der Jugend verstanden wird, die diesen deutschen Papst, der so sanft lächelt, aber gleichzeitig so unbestechlich, ja unbequem ins Gewissen reden kann, liebt. Drittens, dass die Weltkirche stark und jung ist.

Dass die Weltkirche ganz andere Prioritäten setzt, als es die deutschen Katholikentage oder die diversen Stuhlkreise tun, hatte ich in den Tagen vorher erfahren. Ich hatte mit Frauen aus São Paulo, Studenten aus Neuseeland, Kollegen aus Spanien über die Themen zu sprechen versucht, die uns zaghaften deutschen Katholiken offenbar so auf der Seele brennen. Etwa über das Zölibat oder das Priestertum für Frauen. Viele geben ja vor, wegen der Reformunwilligkeit in diesen Fragen der Kirche den Rücken kehren zu müssen. Meine internationalen Gesprächspartner verstanden mich nicht. Sie wussten nicht, worüber ich rede. Sie sagten: „Wir sind doch Katholiken!“ Und sie meinten damit: Das große Mutterschiff Kirche ist mit ihren Traditionen und Riten 2000 Jahre durch die Geschichte geschwommen, sie hat Wellentäler und Stürme erlebt, aber sie hält Kurs. Was sie nicht zuletzt formidablen und umsichtigen Kapitänen wie dem jetzigen Papst und seinem Vorgänger verdankt.

Ohne Zweifel ist die Kirche in Deutschland im Umbruch. Sie ist es, weil Gott eine immer geringere Rolle spielt. Das ist schade, aber es ist eine Tatsache. Selbst wenn die Kirche Freibier ausschenken oder die Vielweiberei einführen würde wie bei den Mormonen, könnte sie diesen Trend nicht umkehren.

Die Kirchenräume leeren sich. Na und? „Dann fangen wir in den Katakomben neu an“, sagte mir Bischof Dyba einst, völlig unbeeindruckt. Besser mit einer Gruppe von Überzeugten in den Kampf ziehen als mit einer Heerschar von Unentschlossenen.

Kirche muss wieder als Geschenk, als Stiftung, als Gnade empfunden werden – nicht als Zwangsgemeinschaft von Abonnenten, die vergessen haben, wofür ihr Steuergeld abgebucht wird. Also weg mit der Kirchensteuer. Weg mit den aufwendigen Apparaten. Weg mit bürokratischer

Verschwendung. Kirche ist für mich Gottesdienst und Seelsorge, darüber hinaus der Ort, an dem ich die Sakramente empfange. In ihrer Liturgie, in ihren Riten erkenne ich eine mächtige Glaubensgestalt, geronnene Glaubensgeschichte. Es ist schade, dass immer weniger Katholiken bei uns das wahrnehmen können – zurzeit rund zwölf Prozent. Und dass die meisten nur noch damit beschäftigt sind, mit Reformen den Schulterschluss mit dem gerade gängigen Zeitgeist zu suchen.

Lernen von den „Zeichen der Zeit"

Wenn in Pakistan oder im Sudan Katholiken erschlagen werden, dann, weil sie ihren Glauben zeigen und weil sie ihn in ihren Riten zeigen. Sie werden erschlagen, weil sie die Messe zelebrieren. Die Messe ist ihnen so wichtig, dass sie diese Gefahr tatsächlich in Kauf nehmen. Für sie ist dabei die Frage, ob Frauen am Altar stehen statt zölibatärer Männer, von geradezu obszöner Nichtigkeit. Sie geben Zeugnis ab. Ja, da riskieren mutige Männer und Frauen für ihren Glauben Kerker oder Tod, und wir in Deutschland schämen uns, öffentlich für unseren Glauben einzutreten? Wie dekadent sind wir eigentlich? Aber dann tröste ich mich mit dem Gedanken, dass die deutschen Katholiken nur zwei Prozent der Weltkirche ausmachen, und die blüht und gedeiht und wächst. Wobei ihr zunehmend Konkurrenz erwächst in den evangelikalen Bewegungen, die noch viel offensiver für ihren Glauben werben.

Das ist die Lage: Wenn es stimmt, was die US-Politikwissenschaftlerin Monica Toft prophezeit,[2] nämlich dass wir in diesem neuen Jahrhundert „God's Century" betreten, das „Jahrhundert Gottes", so ist das zutreffend für die anschwellende Glaubensbegeisterung in Lateinamerika oder Asien oder Afrika – aber nicht bei uns. Was uns angeht und unsere Prioritäten, lässt sich Folgendes ausführen: Sicher muss die Kirche sich sozial engagieren. Aber sie ist mehr als nur Sozialstation. Gute Werke tun auch andere. Nein, die Kirche hat vor allem den Auftrag, in

2 Toft, M. (2012) Gottgefällig – Monica Toft und die Rückkehr der Religion. In: „Theo" – Katholisches Magazin, Nr. 4/2012, S. 28 ff

unserer relativistischen und säkularisierten Trostlosigkeit die ganz andere Wahrheit zu verkünden. Dort liegt ihr Engagement, in der Verkündigung der Frohen Botschaft.

Soll sie sich politisch „engagieren"? Sicher ist eines der drängendsten politischen Probleme die ungleiche Verteilung des Reichtums. „Eigentum verpflichtet" hatten noch die Gründerväter der Bundesrepublik in die Verfassung eingeschrieben.[3] Sie waren beseelt von der Vision einer neuen Ordnung, eines neuen Gesellschaftsvertrages. Nicht zuletzt waren sie sich tatsächlich ihrer Verantwortung „vor Gott und den Menschen" bewusst. Von diesem Glutkern ist wenig übrig geblieben. Ihn gilt es neu anzufachen. Die katholische Soziallehre ist immer noch aktuell, mehr denn je. Auch der Papst nimmt ja die soziale Frage ernst in seinen Enzykliken (z. B. in „Spe salvi"). An Bord der Maschine nach Madrid sprach er auf seine unnachahmliche Weise davon. Er führte die Vernunft ins Feld. Er verwies darauf, dass eine ungerechte Ordnung nicht nur moralisch falsch, sondern einfach nicht funktionstüchtig sei. Es ist unvernünftig, einen Zustand zu dulden, in dem die Hälfte der Jugendlichen arbeitslos ist wie in Spanien, wohin wir unterwegs waren. Jede Gesellschaft zerreißt darunter. Er appellierte also gleichermaßen an das moralische Gefühl wie an den Verstand. Natürlich sollte die Kirche sich engagieren. Sie soll sich einmischen in Fragen der Gerechtigkeit, der Humangenetik, des Schutzes des Lebens, und zwar vernehmbar und randscharf katholisch. Sie sollte sich nicht den trägen Mehrheitsströmungen anpassen, sondern eigene Strudel bilden. Aber der wohl subversivste Einwurf, der sich in unserer Gesellschaft denken lässt, ist die Rede von Gott. Zu reden und zu handeln „in der Verantwortung vor Gott und den Menschen" – wie es in der Präambel des Grundgesetzes heißt.

Unsere Politiker scheuen davor zurück. In unserer aufgereizten antireligiösen Stimmung gehört Mumm dazu, von der Notwendigkeit und der Schönheit des Glaubens zu reden. In den USA gehört Gott ins politische Alltagsgeschäft. Um Monica Toft aus einem Interview in „Theo" zu zitieren: „In den USA hieß es früher, dass ein Katholik niemals Prä-

3 Artikel 14, Absatz 2 Grundgesetz

sident werden könne. Heute kann ein Atheist niemals Präsident werden."[4] Doch auch in den OECD-Ländern glauben immer noch 60 % der Menschen an Gott.[5] Und es werden offenbar wieder mehr, je beengter und düsterer die Zukunft erscheint. Wie es Max Horkheimer, der Kopf der Kritischen Theorie, einmal gesagt haben soll: Wir glauben nicht an Gott, aber wir spüren, dass er uns fehlt. In den islamischen Ländern wird der Allmächtige über die Muezzins täglich öffentlich angerufen. Der Westen ist stumm. Sicher ist die Trennung von Staat und Kirche ein begrüßenswerter Fortschritt, den die Aufklärung besorgt hat. Doch auch bei uns, so Toft, interessiert sich der Mensch zunehmend „für das, was größer ist als er selbst". Das wäre die Stunde der Kirche. Das ist es, was Papst Benedikt XVI. in seiner eindringlichen Freiburger Rede mit dem Begriff „Entweltlichung" beschwor. Dass die Kirche als Ort der Gegenweltlichkeit, der Hoffnung, der Subversion im allgemeinen Tand sichtbar wird. Dass sie innehält, statt all das über Bord zu schmeißen, was sie von der Gesellschaft der Geschäftemacher und der Entertainer und der faden Zerstreuungen unterscheidet. Tatsächlich ist das Modell der „Urchristen" doch ein leuchtendes Beispiel, wie sehr die Gottes-Hingabe und die Nächstenliebe zusammengehören und wie sie durch die Zeiten strahlen.

Natürlich hatten die Urchristen mit Spott und Verachtung – wenn nicht Schlimmerem – zu tun. Aber sie haben sich nicht angepasst. Nicht angepasst an das, was Sitte war im Römischen Reich, nicht angepasst an die Entwertung des Einzelnen, die Mitleidslosigkeit der antiken Sklavenhaltergesellschaft, die Gleichgültigkeit für das Leid des Nächsten. Sie haben ihre eigenen Lebensformen dagegengehalten und in ihren eigenen Riten Halt und Gedächtnis und Erinnerung gefunden. Im Zeichen des Kreuzes, im Zeichen des Fisches.

4 Siehe Anmerkung 2
5 Ebd.

Lernen mit der Liturgie

Vieles von dem, was ich geschrieben habe, ist dem nicht fremd, der am liturgischen Leben und Beten der Kirche teilnimmt. Etwa an der Liturgie des 21. Sonntags im Jahreskreis. Dort wurde mir beim Verlesen des Evangeliums (Joh 6,60–69) deutlich, dass bereits zu Zeiten Jesu Bekenntnis und Standhaftigkeit keine Selbstverständlichkeit waren. Die Nachfolge ist eine prinzipielle und immer wieder angefochtene Entscheidung im Leben eines jeden Christen. Es gibt Nachfolger, es gibt die Mitläufer und es wird weitere Kirchenaustritte geben. Im genannten Evangelium prüft Jesus die, die mit ihm ziehen, denn er weiß, dass es unter ihnen welche gibt, „denen es nicht gegeben ist, zu glauben", und andere, die ihn verraten. „Daraufhin zogen sich viele Jünger zurück und wanderten nicht mehr mit ihm umher?" Dann fragt der Herr seine Zwölf: „Wollt auch ihr weggehen?" Und es ist Petrus, der ihm in entwaffnender Offenheit diese wohl frühste Form von Alternativlosigkeit bekennt: „Herr, zu wem sollen wir gehen? Du hast Worte des ewigen Lebens." Ähnliches begegnet einem im traditionellen katholischen Liedgut. So heißt es beispielsweise in Nummer 616 des Kirchengesangbuchs „Gotteslob", in einem Liedtext von Angelus Silesius aus dem Jahre 1668: „Verleugnet euch, verlasst die Welt / folgt meinem Ruf und Schalle". In einer Anmerkung erläutert das Gesangbuch, dass unter „Welt" hier die „Gottwidrigkeit" gemeint ist, und fährt fort: „Fern davon, Weltflucht zu predigen, ruft sein Lied gerade zur Bewährung der Nachfolge Jesu in der Welt auf." So verstehe ich den Aufruf zur „Entweltlichung" durch den Papst während seines Deutschland-Besuches. Warum sollte die Kirche nicht, im Rahmen einer Neu-Evangelisierung, wieder das Kreuz und die Liturgie selbstbewusst in die Öffentlichkeit bringen. Warum sollten wir nicht in einer großen Anstrengung, einer größeren als der, die es bedarf, um Resolutionen gegen das Unrecht in der Welt zu verabschieden, die Grundelemente des christlichen Glaubens in eine religiös ermattete Gesellschaft zurückzubringen versuchen?

Die Kirche bei uns, so scheint mir, knickt allzu bereitwillig vor dem Zeitgeist ein. Um ihre Zukunft in der Welt muss uns nicht bange werden. Doch ihre Zukunft in Deutschland kann nur darin beruhen, ihren

Kontrastreiz zur Geltung zu bringen: ihre Heiligkeit. Ja, es wird weitere Austritte geben. Aber auch wir sind in dieser besten Form alternativlos, wenn wir die Nachfolge ernst meinen. „Herr, wohin sollen wir gehen, du hast Worte des ewigen Lebens." Wir können uns unsere Kirche nicht basteln, ja, wir sollen es nicht, wir brauchen es nicht. Die Kirche, noch einmal, ist der Schatz, den uns Jesus vermacht hat. In seinem Brief an die Epheser, der ebenfalls am 21. Sonntag im Jahreskreis verlesen wird, rückt der Apostel Paulus diesen Schatz in die Aufmerksamkeit der frühen Gemeinde. „Ihr Männer, liebt eure Frauen, wie Christus die Kirche geliebt und sich für sie hingegeben hat, um sie im Wasser und durch das Wort rein und heilig zu machen. So will er die Kirche herrlich vor sich erscheinen lassen, ohne Flecken, Falten oder andere Fehler; heilig soll sie sein und makellos" (Eph 5,25–27).

Sicher hat der Papst recht, dass auch die Kirche immer wieder besudelt und verdüstert wurde, dass – besonders in den Missbrauchsfällen – ein Vulkanausbruch an Schmutz zu erleben war. Doch die Kirche hat es immer wieder geschafft, sich zu reinigen und gerade dann zu glänzen, wenn die Welt in Not und Terror versank. Daher glaube ich, dass die Alternative von sozial-karitativem Engagement oder pastoral-sakramentaler Arbeit keine ist. Beides muss ganz selbstverständlich zusammengehen. Aber genauso wenig, wie der Kirchgänger automatisch ein guter Christ ist, ist der sozial engagierte Helfer einer. Christen sind nicht unbedingt gute Menschen. Sie sind Sünder wie alle. Es gibt aber einen Unterschied zwischen Gut-Sein und Christ-Sein. Der Glaube ist das Entscheidende. Und hier sollten alle Anstrengungen gebündelt sein.

Deshalb gibt es nichts Besseres für die Kirche, gerade bei uns, als dieses „Jahr des Glaubens", das der deutsche Papst ausgerufen hat. Der Glauben muss die Hauptsache sein, das ist revolutionär genug. Wir müssen uns im Lärm der Tage erinnern an die Verheißung, die vor 2000 Jahren gegeben wurde, als Gott durch seinen Sohn in die Geschichte trat. Das Opfer und das Wunder der Auferstehung, das Versprechen des ewigen Lebens – der Ort für dieses Gedenken ist die Liturgie und die Kirche.

Mehr brauche ich nicht. Aber das ist schon mehr, als ein Mensch fassen kann.

Matthias Drobinski

Entweltlichung als ein Weg aus der Identitätskrise

Matthias Drobinski ist Mitarbeiter der Redaktion Innenpolitik der Süddeutschen Zeitung[1]

Ein Bild der Entweltlichung hat mich meinen Kindheitsglauben hindurch begleitet. In unserer Heimatvertriebenenkirche war an die Wand des Altarraums ein Christus Pantokrator gemalt: Ziemlich abgehoben schwebte da der Weltenherrscher über der Erdkugel im All, der Blick sollte hoheitsvoll sein, war dem Künstler aber eher neutral geraten. Als das Gesicht des Herrn fleckig wurde, weil die Wand, die ihn trug, so schlecht isoliert war, renovierte man dann gleich die ganze Kirche und übertünchte den Christus. Es gab alle guten Gründe der Welt dafür, ich aber war traurig. Ich hatte immer aufgeblickt zum Herrn, der da cool im All schwebte, für den die Welt zu einer handgroßen Kugel unter seinen Füßen geschrumpft war. Mich traf, berührte, verunsicherte, erschütterte alles, was passierte. Und er schwebte über den Dingen!

Ein paar Jahre später hätte ich sicher persönlich die Farbrolle angesetzt, um dem gleichgültigen Gott den Garaus zu machen, wenn ich nicht anderes zu tun gehabt hätte. Ich musste zum Beispiel demonstrieren, in Wackersdorf am Bauzaun; es war doch Christenpflicht, die Wiederaufarbeitungsanlage zu verhindern, sich in die Welt zu stürzen, sie zu verbessern, menschlicher, gerechter und atomstromfrei zu machen. Die Frömmigkeit – ja: wir waren ganz schön fromm! – musste Wirkung haben in der Welt, sonst war sie selbstbezogen, selbstverliebt, falsch. So gesehen, lebt beides in mir: die Entweltlichung und die Hinwendung zur Welt, und, um die Sache kompliziert zu machen: Vielleicht ist diese Mischung wiederum eine Sonderform der Entweltlichung, weil sie nie so

1 Weiteres siehe http://de.wikipedia.org/wiki/Matthias_Drobinski

ganz zum Rest der Welt passt. Vielleicht ist es auch nur ganz banal, dass im Menschen und eventuell gesteigert im Christen beides wohnt: die Sehnsucht nach der Entweltlichung, dem Transzendieren in die andere Wirklichkeit, und der Wunsch, sich ganz auf die Welt und ihre Menschen einzulassen, als Salz und Sauerteig. Und gerne auch mal, zur Erholung gewissermaßen, als Mainstream.

Papst Benedikts fehlverstandener Orientierungsversuch

Die Freiburger Rede von Papst Benedikt, in der er den Begriff der Entweltlichung verwendete, ist dortselbst im Andeutenden gehalten; streng genommen sagt er nur: Die Säkularisierung, das Ende der weltlichen Landesherrschaft der geistlichen Fürsten, also samt ihren in dieser Funktion angehäuften Besitztümern, war ein Segen für die Kirche (was stimmt, seine Amtsvorgänger jedoch ziemlich lange ziemlich anders sahen). Für die Kirche dürfen Geld, politische und institutionelle Macht immer nur zweitletzte Dinge sein, und manchmal ist es sehr nützlich, sich von ihnen zu verabschieden. Und er meinte, dass eine „von ihrer materiellen und politischen Last befreite Kirche“ sich „besser und auf wahrhaft christliche Weise der ganzen Welt zuwenden, wirklich weltoffen sein“ könne.

Hätte, sagen wir, der Befreiungstheologe Leonardo Boff diese Passagen vorgelesen: die Journalisten hätten geschrieben, dass der Redner die katholische Kirche als eine Kirche der Armen wünsche, die selber lieber arm und machtlos sein solle, als ihren Glauben und ihre Grundsätze zu verraten. Weil die meisten Zuhörer und Journalisten das Gesprochene aber (zu Recht) in den Kontext stellten, dass Papst Benedikt die Kirche in Deutschland für zu angepasst hält an Staat und Politik, hatte die Rede die entsprechende Wirkung: Viele der im Freiburger Konzerthaus versammelten und in Staat und Kirche engagierten Katholiken waren sauer und sahen sich in ihrem Engagement nicht ernst genommen.

Meiner Meinung nach geht es wahrscheinlich den meisten, die nun seit gut einem Jahr über Papst Benedikts Rede diskutieren, gar nicht um die Frage, ob die katholische Kirche oder der Christ überhaupt sich der

Welt an den Hals werfen oder sie ganz und gar fliehen soll. Wer für die möglichst weite Öffnung zur Welt und die Anpassung an ihre Gegebenheiten plädiert, wird trotzdem kaum eine Kirche des Opportunismus fordern; und auch, wer sich die Kirche als leuchtenden Kontrast zur bösen Welt wünscht, wird weder abstreiten, dass diese Kirche irgendwie sozial tätig sein soll, noch, dass sie, um missionarisch zu wirken, kommunikationsfähig mit der Umgebung sein muss. Die totale Öffnung endet in der Auflösung, die totale Abschottung im sektiererischen Fundamentalismus; beiden Gefahren und Versuchungen sind die Kirchen, aber auch überhaupt alle Religionen, ausgesetzt. Wer den Wahrheits- und Unterscheidungsanspruch ganz aufgibt, geht genauso in die Irre wie der, der ihn absolut setzt. Es kommt also auf das Verhältnis von Öffnung und Abgrenzung an, von Nähe und Distanz zur Welt. Und dieses Verhältnis bestimmt dann auch, wo und wie die katholische Kirche politisch auftritt, wo sie sich engagiert und wo nicht.

Dieses richtige Verhältnis zu finden – damit hat die katholische Kirche in Deutschland (und auf die beschränke ich mich der Einfachheit halber) so ihre Schwierigkeiten. Sie hat diese Schwierigkeiten einmal, weil es ja tatsächlich in der Natur dieser Balance liegt, dass sie kippelig bleibt und immer neu gefunden werden muss, aber auch, weil sie ja selbst als eine weltliche wie geistige Gemeinschaft existiert. Es wird scheitern, wer das Nähe-Distanz-Verhältnis zur Welt klar und ein für allemal definieren will. Schon die Jünger Jesu haben sich mit dem Thema herumgeschlagen, Mönche wie Päpste.

Missbrauchsskandal als Brennpunkt der Identitätskrise

Die katholische Kirche in Deutschland hat diese Schwierigkeiten aber auch, weil sie seit längerem in der Krise, der Identitätskrise, steckt, die zur Glaubwürdigkeitskrise geworden ist. Der Skandal um die sexuelle Gewalt, die Priester und Kirchenmitarbeiter Kindern und Jugendlichen angetan haben, hätte im Jahr 2010 nicht solche Dimensionen angenommen, wenn es diese Identitäts- und Glaubwürdigkeitskrise nicht schon länger gegeben hätte. Die Zeit war reif für den Skandal. Die katholische

Kirche hatte an Ansehen verloren, nach innen wie nach außen. Viele der treuen, in den Gemeinden engagierten Christen stießen sich daran, dass ihre Kirche künstliche Verhütung, eine Heirat nach der Scheidung, gelebte Homosexualität unterschiedslos als Sünde betrachtet, dass sie die Weihe von Frauen verbietet, dass sie sich derart und zunehmend auf den Priester als Sakramentenspender und Gemeindeleiter konzentriert – auf Priester, von denen es immer weniger gibt, die im Schnitt immer älter sind, deren Nachwuchs sich oft als heiliger und entschieden katholischer Außenseiter sieht, der mit dem Gemeindechristentum so seine Schwierigkeiten hat. Die Zahl der Priesterweihen hatte sich in den vergangenen Jahren genauso halbiert wie die Zahl der katholischen Trauungen; die Tatsache, dass viele katholische Pfarrer trotz des Zölibatsversprechens in hetero- und homosexuellen Beziehungen leben, hatte den Eindruck verstärkt, dass hier eine Kirche anders lebt, als sie es lehrt. Die Ernennung überwiegend konservativer Bischöfe hatte weder den Riss zwischen Leitung und Kirchenvolk verringert noch genügend charismatische Persönlichkeiten an die Spitze gebracht, die über ihre Kirche hinaus beispielhaft und begeisternd Zeugen ihrer christlichen Botschaft sind. Dies alles war in einer Gesellschaft geschehen, die sich, verkürzt gesagt, säkularisierte: durch den demografischen Wandel, den Abbruch von Traditionen, die Individualisierung. Die Rolle der Kirche in der Gesellschaft stand schon längst in Frage, als mit den Missbrauchsfällen das furchtbarste Auseinanderklaffen von Anspruch und Wirklichkeit offenbar wurde.

Was diese innere Zerrissenheit mit der Frage nach der Entweltlichung, Weltflucht oder Weltzuwendung zu tun hat? Auf den ersten Blick wenig. Dass die Caritas, die tätige, konkrete Nächstenliebe, ihren zentralen Platz im Christentum hat, ist innerhalb der Kirche so unbestritten wie die Erkenntnis, dass dies nicht nur bedeutet, die zu verbinden, die unter die Räder gekommen sind, sondern auch, dem Rad in die Speichen zu fallen, wie Dietrich Bonhoeffer es gesagt hat. Dass es Kirchenangehörige gibt, die anderen sexuelle Gewalt antun, ist eine Sünde wie eine Straftat, entwertet aber nicht, was katholische Krankenschwestern und Altenpfleger, Sozialarbeiter, Jugendgruppenleiter, Seelsorger aller Art für die Menschen tun, mit denen sie zu tun haben; es stellt auch nicht infrage, was die katholische Kirche zur Bio- und Medizinethik sagt, zum Wert des geborenen wie ungeborenen Lebens, zur Frage der Altersarmut.

Auf den zweiten Blick aber ist die Konsequenz dieses Vertrauensverlustes, der im Missbrauchsskandal seinen Höhepunkt fand, eine radikale, von Papst Benedikt sicher so nicht gewollte Entweltlichung: Was die katholische Kirche an Gutem tut und sagt in der Welt, steht unter dem Verdacht der Doppelmoral, des Etikettenschwindels, der Verbrämung der eigenen Interessen und auch Machenschaften. Es ist das, was die Leute auch von der Politik vermuten und aus der Fernsehwerbung kennen. Aber der Kirche, von der sie doch so viel erhoffen, verzeihen sie es nicht. So lassen sie diese Kirche aus ihrer Welt verschwinden, entfernen sie oder die Reste, die von ihr geblieben sind. Wenn jetzt so aggressiv wie nie die Weltbedeutung der Religion bestritten wird, ob es ums kirchliche Arbeitsrecht geht, den Religionsunterricht, die Kirchensteuer, aber auch die Beschneidung, dann hat das auch mit dieser Entfernung von Kirche und Welt zu tun.

Krise als Chance

Es wäre eine einfache Lösung, auf diese Entkirchlichung bzw. Säkularisierung der Welt mit Rückzug zu antworten: Können wir diese Welt nicht mehr nach unseren Maßstäben mitgestalten, dann ziehen wir uns zurück auf den von uns gestaltbaren Raum, als societas perfecta, als in sich stimmige Kontrastgesellschaft. Im besten Fall wird dann die Kirche dem Rest der Welt ein leuchtendes, wenn auch fernes Beispiel; und zugegeben: Manchmal muss sie das auch sein. Im schlechteren Fall ist es ein Rückzug der Resignation und des Beleidigtseins, des latenten Vorwurfs gegen die böse Welt da draußen. Das wäre die beste Voraussetzung, um die Spirale von Misstrauen, Entkirchlichung und Entweltlichung fortzusetzen.

Für die katholische Kirche bietet der bittere Absturz aber immerhin die Möglichkeit, die Identitätskrise wahrzunehmen und sich auf den Weg zu machen, das Verhältnis von Kirche und Welt, Nähe und Distanz neu zu finden. Sie wird sich ja, egal, ob es den Verantwortlichen gefällt oder nicht, entweltlichen müssen in den kommenden Jahren, weil sie mit weniger Gläubigen, Priestern und Hauptamtlichen nicht mehr die institutionelle Macht und Kraft haben wird, in dieser Form politisch oder im Sozialbetrieb präsent zu sein. Sie wird manches aufgeben müssen, was ihr wert und teuer ist, manches Krankenhaus und manchen Kindergarten, und das wird schmerzen, die Kirche wie die Gesellschaft. Sie kann aber dadurch tatsächlich eine neue Freiheit gewinnen. Sie muss nicht mehr Agentin einer Sozialpolitik sein, die sie vielleicht gar nicht mittragen kann. Sie kann, was sie tut, profilieren, kann beispielhaft sein statt Trägerin des Mainstreams.

In dieser Hinsicht kann also eine gewisse Entweltlichung tatsächlich zu neuer Freiheit führen, wenn die Christen sich unabhängig machen von institutioneller Gebundenheit, zu Propheten des Alltags werden, der kommenden Gerechtigkeit und Menschlichkeit. Sie wären nicht mehr einfach Staatsträger und Wahrer der sozialen wie politischen Ruhe. Sie könnten Unruhe stiften, die produktiv wird, verunsichern, statt zur inneren Sicherheit beizutragen. Es wäre eine neue Rolle, die Rolle der Minderheit, der das Gemeinwohl nicht egal geworden ist.

Um diese Freiheit zu finden und dann auch leben zu können, braucht die katholische Kirche aber gleichzeitig eine neue Hinwendung zur Welt, eine neue Weltannäherung. Sie muss wieder sprachfähig werden, lernen, bei null anzufangen, sich der Fremdheit derer auszusetzen, die von Religion keine Ahnung mehr haben, aber doch diese Sehnsucht spüren nach dem, was im Leben und über das Leben hinaus hält und trägt. Sie muss Rede und Antwort stehen lernen, statt Floskeln abzusondern. Sie muss die innere Balance wiederfinden von Lehre und Leben, sich entäußern können, dem Nächsten nahe sein, ohne dabei an die Rettung der Institution zu denken, von Gott zu reden, ohne die Tauf- und Wiedereintrittsquote im Blick zu haben. Ganz schön weltlich. Und ganz schön fromm.

Der Blick von außen

Kolja Koljanow

Den Menschen ins Gesicht schauen

Kolja Koljanow kommt aus der ehemaligen Sowjetunion und lebt seit vielen Jahren unter einer fiktiven Identität illegal in Deutschland.[1]

Als ich aus der Strafhaft in die Abschiebehaft verlegt wurde, war ich auf einem Tiefpunkt in meinem Leben. Seit Jahren wurde ich von den Behörden als Nummer geführt und wie eine Sache hin- und hergeschoben. Es gab einige Russen in der Haft, kaum einer sprach Deutsch. Dann kam eines Tages der Seelsorger in der Abschiebehaft zu mir und fragte mich, ob ich bereit sei, seine Predigt ins Russische zu übersetzen und vorzulesen. Ich sagte „ja", ohne zu überlegen. Ich weiß bis heute noch nicht, warum ich „ja" gesagt habe, denn mit Kirche hatte ich keine Erfahrung. Aber dieses „Ja" riss mich aus meinem Loch heraus: Hier war jemand, der etwas von mir erbat, das ich geben konnte. Ich fühlte mich wieder als Mensch, ich fühlte mich wieder respektiert. Von da an ging es aufwärts mit mir.

Ich weiß nicht wirklich, warum mir diese Geschichte als Erstes einfällt. Vielleicht deshalb, weil daran deutlich wird, was typisch ist für die Art und Weise, wie ich seither Kirche in Deutschland erlebe. Kirche und kirchliche Stellen sind unaufdringlich, aber gegenwärtig und immer da, wenn man Hilfe braucht.

Da ich nicht abgeschoben werden konnte, stand ich irgendwann auf der Straße, hatte nichts in der Hand und wusste nicht, was ich nun machen sollte. Sicherlich: Caritas, Malteser, Pax Christi, Jesuiten – sie alle halfen mir auf sehr verschiedene Weise. Am wichtigsten für mich und viele andere in einer vergleichbaren Situation war aber, dass kirchliche Stellen Räume für uns eröffneten, in denen wir Mensch sein konnten, in

1 Grundlage dieses Beitrags war ein Interview, welches vom Herausgeber verschriftlicht wurde

denen wir in uns hineinhören und herausfinden konnten, was wir nun, in unserer schwierigen Lage, mit dem Leben anfangen können. Am meisten hat mir selbst geholfen, dass mir ohne große Fragen ein Computer zugänglich gemacht wurde, an dem ich mir all das beibringen konnte, womit ich heute Geld verdiene. Anderen ging es ähnlich: Ihnen wurde nicht dadurch am meisten geholfen, dass man etwas für sie tat oder ihnen etwas organisierte oder schenkte (das natürlich auch!), sondern dass man ihnen die Möglichkeiten gab, sich selbst zu helfen. So aber wurde ich heute ‚Geschäftsmann', ein anderer wurde Künstler, andere wanderten aus und gründeten ihre Existenz und so weiter. Auch wenn wir bis heute unerlaubt unter euch leben, können wir für uns selbst sorgen und fallen niemandem zur Last.

Die Bedürfnisse der Menschen sind nun einmal verschieden. Einem reicht ein Platz zum Ausruhen, andere brauchen ein gutes Wort, andere brauchen jemanden, der ihnen Papiere übersetzt, andere brauchen einen kleinen Kredit, andere jemanden, von dem man eine Zigarette schnorren und diese gemeinsam mit ihm rauchen kann. Das Gute bei den kirchlichen Hilfsorganisationen und kirchlich motivierten Helfern war, dass sie stets versuchten, den Menschen ins Gesicht zu sehen, um herauszufinden, was sie individuell brauchen. Es geht ihnen um den Menschen, nicht um ihre eigene Sache. Ich fühlte mich oft unbedeutend, wie ein Sandkorn. Aber ich wurde als Mensch ernst genommen und respektiert. Das ist wichtig für das Selbstwertgefühl und das Wecken der Kräfte, mit denen man Selbstvertrauen fasst und sein Leben in die eigene Hand nimmt.

Das unterscheidet die kirchlichen Helfer von vielen linken Gruppen, die in Berlin auch viel für die Flüchtlinge machen. Denen geht es aber in erster Linie um ihren eigenen Selbstwert und ihre eigene Ideologie: ‚Ah, wir helfen den Opfern des Kapitalismus! Ah, wir sind gut, weil wir was für die Ärmsten und Unterdrückten tun!' Hier hat man das Gefühl, dass die uns brauchen, um sich selbst zu helfen. Da kommt man sich doch manchmal komisch vor. Die kirchlichen Stellen hatten ein ganz anderes Profil, eine andere Motivation, sich mit uns zu befassen. Wir spürten eine tiefere Überzeugung hinter ihrem Tun, welches mit ihrer religiösen Überzeugung zusammenhing. Das war für uns erkennbar, auch wenn sie uns nicht missionierten und zu bekehren versuchten. Aber diese Werte im Hintergrund, die ich in ihrem Tun erkennen konnte, führten dazu, dass ich mich heute in der katholischen Kirche mehr zu Hause fühle als in meiner russisch-orthodoxen Kirche, in der ich aufgewachsen bin.

Ich weiß nicht, was Papst Benedikt in Freiburg genau gesagt hat. Aber wenn es die vielen kirchlichen Hilfswerke und Stellen nicht gäbe, würde es in Deutschland ganz anders aussehen. Denn wenn es diese Anlaufstellen für uns nicht gäbe, könnten wir uns nur noch an die Linken oder die kriminellen Banden aus unseren Herkunftsländern wenden, die uns natürlich auch stets aufnehmen würden. Hätte es diesen Raum der Kirche nicht gegeben, der mir half, mich nach der Haftentlassung zu stabilisieren, wäre ich bestimmt abgerutscht. Ich glaube, wenn es die Kirche nicht gäbe, gäbe es mehr asoziale Elemente, wäre das Leben für die deutschen Bürger deutlich gefährlicher – denn es gibt viele von meiner Sorte, die dann nicht wüssten, wohin sie sich wenden sollen.

Ich sehe die Welt von unten, ich verstehe die deutsche Gesellschaft nicht. Aber ich weiß, dass die Welt schlechter wäre, wenn es das Engagement der Kirchen nicht gäbe – und zwar das Engagement für den konkreten Mensch, aber auch für die Rahmenbedingungen, die darüber bestimmen, wie die Menschen zusammenleben. Ich glaube schon, dass zum Beispiel konkret im Abschiebegefängnis vieles den Seelsorgern zu verdanken ist, dass schrittweise kleine Verbesserungen ermöglicht wurden, wie Besuchs- und Gesprächsmöglichkeiten. Dasselbe gilt für kleine Schritte in der Welt außerhalb des Gefängnisses, etwa dass es medizinische Hilfe für Menschen wie mich gibt oder dass eine Härtefallkommission eingerichtet wurde und dass diese immer häufiger zu Gunsten der Menschen entscheidet.

Die Bedeutung kirchlichen Engagements in der Gesellschaft und der Unterschied dieser Arbeit zu anderen Gruppen liegt darin, dass man bei jedem Thema zuvor den Kontakt mit den Menschen gesucht hat. Kirchlich Engagierte verstehen deren Situation und deren Ansichten, deshalb schlagen sie auch Dinge vor, die dann funktionieren und die allen Menschen wirklich helfen.

Politiker, habe ich den Eindruck, produzieren Paragraphen aus Paragraphen. Die Realität kümmert sie viel zu selten. Das habe ich gemerkt, als ich einmal mit einem Politiker über Legalisierungen gesprochen habe, denn natürlich würde ich das, was ich tue, lieber mit einem ordentlichen Papier und Status machen und Steuern zahlen, als dauernd das Gefühl der Unsicherheit zu haben. Aber der Politiker hat sich gar nicht auf mich eingelassen. Er meinte nur, dass ginge alles nicht wegen der Einheitlichkeit der Rechtsordnung.

Dabei kann ich nur lachen, wenn ich Deutschland mit anderen Ländern vergleiche. Ich habe Kontakt zu ehemaligen Kumpels aus dem Gefängnis, die ähnlich wie ich versucht haben, in Deutschland Fuß zu fassen und eine Existenz aufzubauen. Der einzig legale Weg, den wir hier haben, ist zu heiraten. Das will aber nicht jeder. Ein Kumpel von mir ging nach Spanien, lernte die Sprache, baute auch ein Business auf, er konnte den Nachweis erbringen, dass er sich selbst ernähren und helfen kann und bekam einen ordentlichen Ausweis – befristet zunächst, aber der wird schon verlängert werden. Jetzt nützt sein Business dem Dorf, in dem er wohnt, dem Staat, in dem er Steuern zahlt, und alle sind zufrieden. Deutschland wird verlieren, wenn es so starr bleibt. Die Welt ist kompliziert. Eine Gesellschaft muss flexibel darauf reagieren können.

Als Russe habe ich großen Respekt vor Papst Johannes Paul II. Er hat die Welt zum Besseren verändert, er war ein Friedensstifter. Nicht nur, weil er den Kommunismus zum Einsturz brachte; auch weil er Menschen aller Staaten und Nationen und Religionen zusammenbrachte und versuchte, Wege des friedlichen Miteinanders zu finden. Dieser Papst war aufrichtig und glaubwürdig in dem, was er sagte und tat.

Das lag bei ihm, glaube ich, daran, dass auch er den Menschen ins Gesicht geschaut hat. Er war Pfarrer unter Nazis und Kommunisten. Die Begegnungen dort prägten ihn. Und als Papst machte er weiter so. Er blieb nicht in seinem Palast – er verließ ihn immer wieder, um Menschen zu begegnen. Er reiste zu den Krisenherden der Welt, er wich keinem Problem aus. In den Ländern, die er besuchte, begegnete er den Menschen, er hörte zu. Er ließ ihre Nöte und Anliegen an sich herankommen. Er ließ sich betroffen machen. Und dann sprach er, und was er sagte, klang richtig und glaubwürdig. Es wurde gehört und beachtet, weil er zum richtigen Zeitpunkt die richtigen Sachen mit den richtigen Worten und Vorschlägen ansprach. Ich muss es wieder sagen: Papst Johannes Paul II. stand mit offenem Gesicht zu den Menschen. Er sprach von ihnen her und für sie.

Der jetzige Papst reist auch und redet viel. Er bemüht sich vielleicht auch, die richtigen Worte zu finden. Aber hat es dieselbe Wirkung? Hört man ihm zu? Ja, auch er war in Kuba und sprach mit Castro. Hat es was gebracht? Ich habe bei Papst Benedikt den Eindruck, es geht ihm nicht in erster Linie um das Wohl der Menschen, sondern um das Wohl der Kirche, das Wohl der Institution. Das ist zu eng. Wenn Johannes Paul II. käme, würde ich zu ihm hingehen und zuhören. Wenn Papst Benedikt käme, wäre es mir egal.

Eine Welt ohne Kirche möchte ich mir nicht vorstellen. Der Kommunismus ist schlecht, der Kapitalismus ist schlecht. Wir brauchen eine Gesellschaft mit mehr Menschlichkeit und Verständnis füreinander. Die Kirche in Deutschland hat momentan viele Probleme, auch mit der Glaubwürdigkeit wegen der Skandale der letzten Zeit. Dennoch sehe ich bei ihr immer noch mehr Potenzial und Glaubwürdigkeit als bei anderen Gruppen. Ich hoffe, dass die Kirche dieses Potenzial nützt.

In Deutschland hat die Kirche Möglichkeiten dazu. Das Land ist besser als Russland. Dort durchdringt Korruption das ganze Land und die Kirche ist davon nicht ausgenommen. Natürlich bekommt man dort von der Kirche auch Dinge, die man braucht. Aber man spürt die Erwartungshaltung bei den Priestern wie bei anderen Stellen auch, dass dafür ein ‚Entgelt' oder ein ‚Entgegenkommen', eine ‚Anerkennung' erwartet wird. Den Priestern der orthodoxen Kirche geht es zu gut, verglichen mit den einfachen Menschen. Und: Als ich in Russland im Gefängnis war, kam mich nie ein Priester besuchen.

Claudia Bandion-Ortner

Verantwortung und Vorbildspflicht von Religionsführern und Klerus

Mag. Claudia Bandion-Ortner ist österreichische Justizministerin a.D. und stellvertretende Generalsekretärin des King Abdullah Bin Abdulaziz International Centre of Interreligious and Intercultural Dialogue[1]

Seinerzeit in der Schule, wenn unser Religionsprofessor gut aufgelegt war oder nichts mit uns anzufangen wusste, begab sich die ganze Klasse in den Fernsehraum und durfte sich „Don Camillo und Peppone" ansehen. Was haben wir gelacht! Giovanni Guareschi verstand es hervorragend, in seinen Erzählungen die Spannungen zwischen Religion und Politik humorvoll und doch so treffend darzustellen. Die Hauptfiguren Don Camillo Tarocci und der Bürgermeister Giuseppe Bottazzi, genannt Peppone, standen in ständigem Konflikt miteinander. Don Camillo appellierte immer wieder an die politischen Lager, den Wiederaufbau nach der Mussolini-Diktatur gemeinsam zu gestalten, und mischte sich daher des Öfteren in die lokalpolitischen Geschehnisse ein. Die Auseinandersetzungen nahmen so manches Mal handgreifliche Formen an. Natürlich ist dies kein Modell, das wir heute unkritisch übernehmen könnten.

Nach verbreiteter Auffassung ist der Klerus primär für die Verkündigung des Wortes Gottes und der daraus folgenden Lehre sowie die Heiligung der Menschen durch die Sakramente zuständig, der Dienst an der Welt, d.h. das politische Engagement im Sinne Jesu Christi (im Sinne der Gebote, der Bergpredigt) sei Zuständigkeit der Laien. Manchmal jedoch ist die Trennung zwischen sozial-karitativem bzw. politisch-advokatorischem Element (Laien) und pastoral-sakramentalem Element (Klerus) schwierig. Die Predigt eines Bischofs zum fünften oder sechsten

1 Weiteres siehe http://de.wikipedia.org/wiki/Claudia_Bandion-Ortner

Gebot („Du sollst nicht töten", „Du sollst nicht ehebrechen") kann hochpolitisch sein. In meinem Beitrag möchte ich darüber hinaus darlegen, warum und wie es meiner Meinung nach gerechtfertigt sein kann, dass sich der Klerus konkret im gesellschaftlichen Bereich engagieren soll.

Interreligiöser Dialog ist Politik

Zunächst ist der interreligiöse Dialog selbst ein Teil von Gesellschaftspolitik, indem die Gesellschaft gefordert ist, Toleranz und Verständnis für Andersgläubige aufzubringen. Jeder kennt die Spannungen zwischen Christen und Muslimen seit den Anschlägen vom 11. September 2001, die es auch in Nigeria, Indonesien, Syrien und vielen anderen Orten der Welt gibt. Es gibt aber auch Spannungen zwischen Buddhisten und Naturreligionen (Myanmar), Muslimen und Muslimen (Irak), Hindus und Muslimen (Indien) und zwischen Christen (Nordirland). Ein Dialog zwischen den Religionen ist deshalb schon an sich gesellschaftlich stabilisierend, friedensfördernd und friedenserhaltend. Es ist der einzige Weg, Fundamentalismus, Diskriminierungen, Stereotypisierungen aufgrund von Religion und Weltanschauung zu bekämpfen und Missbrauch von Religion zur Rechtfertigung von Unterdrückung, Gewalt und Konflikten entgegenzuwirken. In Zeiten der Globalisierung und der modernen Kommunikationsmöglichkeiten ist der interreligiöse Dialog leichter zu führen als in früheren Zeiten. Dennoch braucht es konkrete Orte, an denen dieser Dialog zwischen den Religionen einen Platz hat. Und hier möchte ich das Anliegen des „King Abdullah Bin Abdulaziz International Centre of Interreligious and Intercultural Dialogue" (KAICIID)vorstellen.[2]

Nach den Ereignissen am 11. September 2001 gab es weltweit vermehrt Bestrebungen, die Religionen miteinander zu versöhnen und dem Dialog zuzuführen. Das war einer der ausschlaggebenden Gründe für den saudischen König Abdullah bin Abdulaziz, ein Zentrum für den interreligiösen Dialog zu initiieren. Dieses Zentrum soll als stabile und per-

2 Informationen zum Dialogzentrum unter www.kaiciid.com

manente Plattform für den Dialog zwischen den Weltreligionen fungieren. Es soll dem Dialog von Weltreligionen und Weltanschauungen ein kontinuierliches Fundament mit klaren Strukturen und Regeln geben.

Das Zentrum hat nach dem Wunsch der Gründungsstaaten seinen Sitz in Wien, weil Österreich bereits Amtssitz zahlreicher internationaler Organisationen ist und als Drehscheibe des Internationalen Dialoges und Friedens gilt. Die Außenminister der Gründungsstaaten Saudi-Arabien, Spanien und Österreich unterzeichneten am 13. Oktober 2011 in einem feierlichen Staatsakt den Gründungsvertrag. Das Direktorium des Zentrums besteht aus Vertretern der fünf Weltreligionen – Judentum, Christentum, Islam, Hinduismus, Buddhismus –, jedoch sind auch andere Glaubenseinrichtungen eingeladen, sich zu beteiligen. Aufgrund der Strukturen des Zentrums kann keine der vertretenen Religionen dominieren, Entscheidungen werden gemeinsam getroffen. Die Einhaltung der Menschenrechtsdeklaration der Vereinten Nationen ist in der Präambel des Gründungsvertrages explizit angesprochen. Auch der Heilige Stuhl, der bei der Unterzeichnung durch den Leiter des Päpstlichen Rates für interreligiösen Dialog, Kardinal Jean-Louis Tauran, vertreten war, unterstützt das Zentrum. Bereits im Herbst 2007 war es in diesem Zusammenhang zu einem Treffen zwischen Papst Benedikt XVI. und König Abdullah bin Abdulaziz gekommen. Der Vatikan ist im Board of Directors vertreten, der Heilige Stuhl wird Beobachterstatus haben.

Neben Botschaften des interreligiösen Dialoges können auch andere gesellschaftspolitische Botschaften gut über Religionsführer verbreitet werden. Schließlich erreichen sie weltweit eine enorme Anzahl an Personen, darunter auch und gerade Personen, an die man sonst – etwa aufgrund schlechter Infrastruktur in gewissen Regionen – nur schwer herankommt. Religionsführer sind einflussreich und man vertraut ihnen, sie sind moralische Autorität. Die Religionen verfügen über eine gut funktionierende Infrastruktur, die in diesem Zusammenhang genutzt werden kann, ebenso ist von beachtlichen Synergieeffekten im Verwaltungsbereich auszugehen. Dabei haben die Vertreter der verschiedenen Religionen zusammen naheliegenderweise mehr Einfluss auf die Gesellschaft als eine Religionsgemeinschaft alleine.

Ein wichtiger Bereich, in dem sich meiner Meinung nach Kirchen- und Religionsführer gesellschaftspolitisch engagieren sollen, ist der Bereich, wo es um die Verletzung grundsätzlicher Werte der Kirche geht, was meist mit einer Verletzung allgemeiner Menschenrechte einhergeht. Ein Beispiel ist der Schutz von Kindern. Kinder sind die schwächsten Glieder in unserer Gesellschaft, sie sind deshalb besonders schützenswert. Entsprechend sind sich Vertreter aller Weltreligionen darin einig, dass das Wohlergehen der Kinder von besonderer Bedeutung ist. Ein zukünftiges Projekt des KAICIID wird sich deshalb mit diesem Thema auseinandersetzen. Durch die erfolgversprechende Initiative „Engaging Religious Leaders in Changing Attitudes and Understanding towards the Protection of Children" sollen Führer der Weltreligionen dafür gewonnen werden, sich für den Schutz von Kindern – und in diesem Zusammenhang auch deren Müttern – einzusetzen. Ziele dieses Engagements sollen unter anderem sein, dass Kinder weltweit medikamentös hinreichend versorgt werden oder dass Mädchen weltweit Schulbildung genießen können sowie von Kinderehen oder Genitalverstümmelungen verschont bleiben.

Gesellschaftspolitisches Engagement des Klerus im historischen Kontext

Kirchen- und Religionsführer, Ordensleute und Kleriker sollten sich gerade in den Zeiten der gegenwärtigen Weltwirtschafts- und Klimakrise, in denen viele Werte dem Altar der Wirtschaft geopfert werden, zu Wort melden und für die Rechte von Randgruppen, Schwachen und Unterdrückten eintreten. Dies hat Tradition.

Im biblisch-christlichen Kulturraum denkt man in diesem Zusammenhang etwa an die Propheten im Alten Testament. Ihre Anklagen beziehen sich auf diverse Missstände in der Gesellschaft. Amos beispielsweise prangerte an, dass verarmte Menschen in die Schuldsklaverei verkauft wurden, dass reiche Menschen zwar kultisch richtig agierten, sich jedoch sozial unter jeder Kritik verhielten.

Als Gesellschaftskritiker galten auch die so genannten Kirchenväter. Basilius von Caesarea (330–379), schon zu Lebzeiten als Basilius der

Große bezeichnet, war Bischof und Kirchenlehrer und kümmerte sich tatkräftig um die Beseitigung gesellschaftlicher Missstände. Er exkommunizierte unter anderem Bordellbesitzer und gründete in Caesarea einen neuen Stadtteil aus Spitälern und Altersheimen. Als Sohn eines reichen Kaufmannes verkaufte er alle seine Ländereien, um den Erlös den Notleidenden zu spenden. Johannes von Antiochia (349–407), dem im 6. Jahrhundert der Beiname Chrysostomos gegeben wurde, lehnte sich als Erzbischof von Konstantinopel öffentlich gegen Luxus auf Kosten der Armen, gegen den Missbrauch von Reichtum und persönlichem Besitz auf. Als Mann der Tat kaufte er selbst Kriegsgefangene aus der Sklaverei frei. Augustinus, Bischof von Hippo (354–430), übte massive Sozialkritik: Im vierten seiner 22 Bücher über den Gottesstaat verglich er Staaten mit Räuberbanden, er appellierte an die Gerechtigkeit und wandte sich gegen die Habgier. Einer der bedeutendsten Päpste war Gregor der Große (540–604), ein wichtiger Bestandteil seines Pontifikates war die Armenfürsorge. Er kümmerte sich unter anderem um die Getreideversorgung der Stadt Rom, für die eigentlich der Kaiser zuständig gewesen wäre.

Viele Jahrhunderte später gelang es Jesuiten in der Zeit von 1609 bis 1767 in Südamerika, hunderttausende Indios in festen Siedlungen, so genannten „Reduktionen", zusammenzuführen und sie so vor den Kolonialmächten, insbesondere vor der Großmacht Spanien, zu schützen. Indios waren von den Kolonisten als Arbeitskräfte missbraucht und unmenschlich behandelt worden. Von Jesuiten wurden rund 100 Siedlungen, die von Weißen oder von Vertretern der Regierung nicht betreten werden durften, gegründet. Es gab dort eine geordnete Verwaltung, ärztliche Versorgung und Ausbildungsstätten. Die Jesuiten organisierten und leiteten die Siedlungen, sie waren nicht nur Seelsorger, sondern auch Ratsherren, Richter, Ärzte, Architekten, Handwerker etc.

Auch heute gibt es für mich in diesem Bereich noch wirkliche Helden und Heilige unter dem Klerus, wie zum Beispiel den Österreicher Erwin Kräutler, der sich als Bischof in Brasilien einen großen Namen gemacht hat. Er wurde im Jahr 2010 für seinen Einsatz für die Menschenrechte der Indios und die Erhaltung des tropischen Regenwaldes mit dem alternativen Nobelpreis ausgezeichnet. Sein Einsatz ist mit großen Risiken verbunden. Er kämpfte unter anderem gegen ein Staudammprojekt und zeigte bekannte Persönlichkeiten wegen sexuellen Missbrauchs von Kindern an. Er ist als Vertreter der „Befreiungstheologie" anzusehen, einer in Lateinamerika entwickelten Richtung der christlichen Theologie. Als „Stimme der Armen" kämpft sie für eine basisdemokratische und vielfach als sozialistisch wahrgenommene Gesellschaftsordnung. Diese Art der Einmischung in die Gesellschaftspolitik ist in der Kirche nicht unumstritten.

Ein anderer Held ist der Jesuitenpater Georg Sporschill, der sich seit vielen Jahren erfolgreich um Straßenkinder und verwahrloste Jugendliche, aber auch um alte Menschen in Rumänien und Moldawien kümmert. Schon zuvor hat er sich für soziale Randgruppen eingesetzt: So gründete er etwa das bekannte Wiener Innenstadtlokal „Inigo", das Langzeitarbeitslosen Arbeit und Selbstbewusstsein gibt. Ich lernte Pater Sporschill im Jahr 2010 kennen, als ich als damalige Österreichische Justizministerin nach Moldawien reiste. Ich besichtigte nicht nur die „Stadt der Kinder", ein beeindruckendes Heim für Straßen- und Waisenkinder, sondern auch ein Gefängnis, in dem er für humanere Unterbringungsverhältnisse kämpfte. Pater Sporschill ist einer der Kirchenvertreter, die für mich Kirche zum Leben erwecken.

Warum bringe ich diese Beispiele? Auch wenn die Hauptrolle des Klerus, wie ich eingangs sagte, die Verkündigung und Heiligung sein mag, darf man Jesu Auftrag an die Jünger nach der Fußwaschung nicht vergessen: „Ich habe euch ein Beispiel gegeben, damit auch ihr so handelt" (Joh 13,15). Daraus könnte man schließen, dass der Klerus eine Vorbildpflicht im Bereich der praktischen Umsetzung christlicher Werte hat. Indem Kleriker und Religionsführer glaubwürdig Christus nachfolgen und sein Handeln an den Menschen nachahmen, sind sie für die christlichen Laien Inspiration, Motivation und Ermutigung und spornen diese zum Nachahmen und Mitmachen an. Es ist ja sprichwörtlich bekannt, dass nichts so überzeugend ist wie ein glaubwürdig vorgelebtes Beispiel – das gilt auch und gerade für das Christentum.

Freilich haben christliche Kleriker und Ordensleute aufgrund ihres Lebensstands gewisse Vorteile gegenüber den Laien. Sie können diese Vorbildrolle unter anderem deshalb einnehmen, weil sie im Normalfall nicht abgelenkt werden durch „weltliche Sorgen" wie Beruf und Karriere. Sie können mutiger auftreten, weil sie keine Familie haben, die möglicherweise Rachegedanken zum Opfer fallen könnte. Auch haben sie in aller Regel mehr Zeit für das Gebet, das Studium und die Auseinandersetzung mit den Geboten Gottes und gesellschaftspolitischen Zusammenhängen. Sie verfügen über die notwendige Autorität und Glaubwürdigkeit und können in aller Regel auf ein dichtes Netzwerk von Mitarbeiterinnen und Mitarbeitern zurückgreifen.

Solche Vorbilder, die religiöse Werte in ihrem Alltag zu konkretisieren und vorzuleben suchen, gibt es auch in anderen Religionen. Nur zwei Beispiele dafür:

Zunächst der buddhistische Mönch Tendzin Gyatsho, der 14. Dalai Lama. Bis zum März 2011 war der Friedensnobelpreisträger Staatsoberhaupt der Tibetischen Exilregierung, danach wurde er auf eigenen Wunsch von seinen politischen Aufgaben entbunden. Gesellschaftspolitisch ist er nach wie vor hochaktiv. Der Dalai Lama genießt aufgrund seines Einsatzes für Demokratie und die Eliminierung von Kernwaffen weltweit höchste Popularität.

Sodann das bemerkenswerte interreligiöse Engagement des 2010 verstorbenen Emirs Abdullahi und des Erzbischofs Ignatius Kaigama aus Jos, Nigeria. Dort kommt es seit Jahren immer wieder zu blutigen Konflikten zwischen Christen und Muslimen. Gemeinsam bemühten sich die beiden befreundeten Religionsführer, Brücken zwischen den Religionen aufzubauen. Sie scheuten sich nicht, bei Zusammenstößen persönlich zu erscheinen, um deeskalierend zu wirken. Auch setzten sie sich für die verbesserte Ausbildung von Jugendlichen ein. Dieses ungleiche und doch so vorbildliche Paar genoss stets hohe Anerkennung und Popularität.

All dies zeigt, dass die Kirche lebendig sein muss, der Klerus den Menschen in vielen Lebenslagen behilflich sein und dadurch Hoffnung geben soll.

Daraus, dass Benedikt XVI. das King-Abdullah-Zentrum befürwortet, könnte man schließen, dass er auch ein gesellschaftspolitisches Engagement des Klerus begrüßt, sofern Kontext und Thema stimmen. Er selbst tätigte anlässlich seiner Kuba-Reise im März 2012 vorsichtig politische Aussagen, indem er sich für eine behutsame Demokratisierung

Kubas und für die Bekämpfung von Gewalt und Drogenhandel in Kuba aussprach. Seine Worte haben großes Gewicht und bringen vielleicht eher die Steine ins Rollen als die Rede eines Politikers.

Manu Alphonse

Gesellschaftspolitisches Engagement zwischen Notwendigkeit und Aktivismus

Manu Alphonse ist Jesuit in Chennai, Mitarbeiter bei Tamil Nadu Social Watch und Mitglied des „Advisory Committee on Inclusive Development" der „Government of India National Planning Commission"[1]

Während der letzten Monate protestierten Fischer in den Dörfern entlang der südöstlichen Küste Indiens gegen ein Atomkraftwerk, das die indische Regierung dort in Zusammenarbeit mit Russland errichten will. Ein Großteil der Fischer sind Christen und eine ganze Reihe ihrer Priester, sogar einige Bischöfe, haben sich öffentlich auf die Seite der Fischer gestellt. Während einige die Bischöfe und Priester beschuldigen, die Religion für politische Zwecke zu missbrauchen, rechtfertigen die so Gescholtenen ihr Tun damit, dass der Kampf um eine gerechte Sache vom Evangelium her gefordert sei. „Die Diözese wurde von den einfachen Gläubigen dazu angestiftet – und nicht andersrum. Wenn die Menschen sagen, dass es um ihren Lebensunterhalt und ihre Sicherheit geht, dann hat der Bischof keine andere Wahl: Er muss ihr Anliegen teilen."

Religion: ein zweischneidiges Schwert?

Ich bin Jesuit und Priester aus Südindien, ich war lange befasst mit dem politisch-öffentlichen und wissenschaftlichen Einsatz für die Belange der Armen. Für den größten Teil meines Lebens war ich zudem national und weltweit Mitglied fortschrittlich-katholischer Laienbewegungen. Aus diesem Grund steht mir das Thema „Kirche und Politik" sehr nahe.

1 Weiteres siehe http://www.swtn.org/. Der Beitrag wurde in Englisch erstellt und vom Herausgeber übersetzt

Was ich öffentlich sagen soll und was nicht, was ich tun soll und was nicht, mit wem ich mich zusammenschließen soll und mit wem nicht – all dies sind Fragen, mit denen ich mich täglich auseinandersetzen muss.

Ich komme aus einem Land, wo Christen eine kleine Minderheit sind und wo Religion ein integraler Bestandteil des Lebens ist. Indien hat, wie ein Großteil Asiens, während seiner Geschichte sowohl die fruchtbaren als auch die zerstörerischen Auswirkungen religiöser Bewegungen erfahren. Aber anders als Europa, welches in seiner Entwicklung das „Religiöse“ und das „Säkulare“ als Gegensätze begriff, bemühte sich Indien stets darum, die Freiheit legitimer religiöser Erfahrung ebenso zu bewahren wie sektiererische Instrumentalisierung von Religion in öffentlichen Angelegenheiten zu verbieten.

Religiöse Führer wie die alten Kaiser Ashoka oder Akbar und moderne Führer wie Gandhi oder Ambedkar[2] waren in der Weise um Zugänge zur Religion bemüht, dass diese sowohl ethische Basis und Referenzrahmen für gute Regierungsführung und gesellschaftspolitischen Diskurs bietet als auch Unterstützung bei der Verteidigung der Rechte von Machtlosen. Die indische Verfassung beispielsweise definiert unzweideutig den indischen Staat als säkulare Republik, womit gemeint ist, dass der Staat zu allen Religionen gleichen Abstand halten soll. Dies wiederum widerspricht in keiner Weise dem Bemühen, Religionsfreiheit zu garantieren und die besonderen Rechte religiöser Minderheiten zu schützen.

„Einfühlsame säkulare Lesart“ als Perspektive

Betrachten wir die heutige Welt, so erkenne ich zwei gleich große Gefahren in Bezug auf Religion und Politik. Auf der einen Seite wird Religion zu einem politischen Instrument für Fundamentalismus, Terrorismus und Unterdrückung. Auf der anderen Seite findet sich ein seichter Säkularismus, der einer religiösen Erfahrung weder einen öffentlichen noch

2 Bhimrao Ramji Ambedkar, bekannter unter seinem Ehrennamen Babasaheb, war Anwalt, Politiker und Sozialreformer. Er war selbst ein ‚Unberührbarer‘ und engagierte sich gegen die Kategorisierung der indischen Gesellschaft, v. a. durch das Kastenwesen, siehe http://de.wikipedia.org/wiki/Bhimrao_Ramji_Ambedkar (d. Hg.)

einen privaten Platz im Leben der Menschen zugestehen will. In beiden Fällen sind die religiöse und die öffentliche Sphäre absolut unvereinbar. Wir können von den jüngsten Erfahrungen Indiens lernen, wo man nach etwas sucht, was „einfühlsame säkulare Lesart" genannt wird, das heißt ein Weg, der sowohl die Entdeckung der befreienden religiösen Erfahrung ermöglicht, sich aber gleichzeitig einer politischen Manipulierung von Religion widersetzt.

Von einem solch übergeordneten Standpunkt zu religiösen und öffentlichen Angelegenheiten aus finde ich die Debatten westlicher Kreise über „Kirche und Politik" sehr erstaunlich. Man vergebe mir meine Kritik, aber ich denke, dass diese Auseinandersetzungen eine gehörige Portion an historischem Ballast mit sich schleifen: „Säkularismus gegen Religion", „Trennung von Kirche und Staat", „Kirchensteuer" usw. Man sollte erkennen, dass viel von diesem Ballast sehr schnell seine Relevanz bei der Suche nach einer sinnvollen Zukunft verliert – sowohl in Europa, aber auch weltweit. Ich finde diese Debatten zu sehr nach innen gerichtet und zu wenig zuhörend oder lernfähig angesichts der unzähligen Erfahrungen, die weltweit im Versuch gemacht wurden, Religion und Politik zueinander in ein Verhältnis zu setzen.

Die aktuelle Debatte westlicher Kreise hinsichtlich der Enzyklika „Caritas in Veritate" von Papst Benedikt bestätigt meine Sorge. Ich fürchte, dass die fundamentalsten Herausforderungen, die der Papst anspricht, vergessen und beiseitegedrängt werden zu Gunsten von relativ unwichtigen Fragen wie „Spricht der Papst zur Kirche als Ganzer oder zu einzelnen Christen?" „Spricht er zum Klerus oder zu den Laien?" Um die Enzyklika in ihrer historischen Relevanz zu verstehen und die bestmöglichen Richtlinien für ein öffentliches Engagement zu erhalten, müssen wir sie unter einer dreifachen Rücksicht lesen:

1. der Geschichte der Katholischen Soziallehre mit ihren Stärken und Schwächen,
2. den weltweit gemachten Erfahrungen mit dem Verhältnis von Religion und Politik,
3. dem immerwährenden Appell an die Kirche, für eine neue und gerechte Weltordnung zu kämpfen und in diesem Prozess eine Kirche der Armen zu werden.

Katholische Soziallehre: ein vergessener Schatz

Vor langer Zeit, als ich Theologie studierte, bezeichnete einer meiner Kirchengeschichtsprofessoren die Katholische Soziallehre eloquent als einen „vergessenen Schatz". Er pries die Soziallehre in höchsten Tönen als hoffnungsstiftenden Leuchtturm für eine faire, gerechtere Welt. Aber am Ende seiner Vorlesungen sagte er stets: „Und denkt dran: Die Erkenntnisse der Katholischen Soziallehre kommen immer 50 Jahre zu spät!" Dies prägte meinen Zugang zur Katholischen Soziallehre – auch zur Enzyklika „Caritas in Veritate".

Es ist wichtig zu wissen, wie man eine Enzyklika lesen soll und wie nicht. Da Enzykliken stets an die Weltkirche gerichtet sind, sollte man sie bestenfalls als wertvolle Wegweiser und Rahmenrichtlinie verstehen, nicht aber als konkrete Handlungsanweisung für eine spezielle Problemsituation vor Ort. Was eine Enzyklika für Letztere bedeutet, soll die örtliche Kirche überlegen und entscheiden. Das gilt auch für „Caritas in Veritate".

Dabei ist bedeutsam, dass Papst Benedikt seine Enzyklika als eine Aktualisierung der Enzyklika „Populorum Progressio" von Papst Paul VI. angesichts des veränderten Kontexts einer sich zunehmend globalisierenden Welt versteht, die von Krisen geprägt ist: wirtschaftlich, politisch und ökologisch. „Ich möchte dem Gedenken des großen Papstes Paul VI. Anerkennung zollen …, indem ich seine Lehren über die ganzheitliche Entwicklung des Menschen aufnehme und mich auf den von ihnen vorgezeichneten Weg begebe, um sie in der gegenwärtigen Zeit zu aktualisieren" (Nr. 8). Papst Benedikt reiht seine Enzyklika ein in die lange Reihe vorhergegangener Enzykliken, die die Katholische Soziallehre durch die Jahrhunderte geformt haben. Neben „Populorum Progressio" sind dies „Rerum Novarum" von Leo XIII., „Sollicitudo Rei Socialis" von Johannes Paul II. und die Dokumente des Zweiten Vatikanischen Konzils – zusammen bilden sie die Magna Charta für Christen und Kirche, die nach Prinzipien für Entwicklung, soziale Gerechtigkeit sowie politisch-öffentliches Engagement suchen.

Gerechtigkeit (die untrennbar verbunden ist mit Liebe) und das Gemeinwohl (welches die Gemeinschaft aller Völker und Nationen umfasst, d.h. weltweite Solidarität) sind die zwei Ziele, die die Kirche als Ganzes und jeder einzelne Christ anstreben sollen. Womit sich Papst Benedikt XVI. in Übereinstimmung mit der Katholischen Soziallehre befasst, ist die Qualität, die das christliche Engagement im öffentlichen Bereich charakterisiert: Der Christ soll „das Licht des Evangeliums auf die sozialen Fragen seiner Zeit" werfen (Nr. 16).

Was das konkret und praktisch heißt – etwa das Verhältnis von Laien und Priester betreffend, bestimmte Themen oder Gebiete für das Engagement, welche Methoden gewählt werden müssen –, all das soll man den örtlichen Kirchen und deren Leitungen überlassen.

Aus dieser Perspektive finde ich, dass die Enzyklika eine zeitgemäße Erinnerung an die Orts- und Weltkirche hinsichtlich ihrer grundlegenden Sendung zu Gerechtigkeit und Wahrheit in der Liebe ist. Wenn es überhaupt etwas in der Enzyklika gibt, das einem Menschen wie mir nicht gefällt, dann dies: Es identifiziert nicht spezifisch genug die konkreten Kräfte des Bösen in der modernen Globalisierung und ihre vernichtenden Auswirkungen auf die Armen. Ich hoffe sehr, dass sich die nächste Enzyklika damit beschäftigt!

„Kirche und Politik": Auf das „Wie" kommt es an

Angesichts des heutigen Anwachsens von Fundamentalismus und Sektierertum besteht die reale Gefahr, dass jede echte religiöse Erfahrung einen sektiererischen Anstrich bekommt und zum Element für die Manipulierung durch machtvolle Interessengruppen verkommt. Gerade in Ländern wie Indien, wo die Christen nur eine kleine Minderheit sind und sich die fundamentalistische Atmosphäre bei den dominierenden Religionen zunehmend aufheizt, ist die Gefahr, dass gut gemeinte, konstruktive Interventionen kirchlicher Autoritäten als ‚sektiererisch' verunglimpft werden, besonders groß. Auf diesem Hintergrund ist es stets nützlich und dem Gemeinwohl zuträglich, wenn sich die Kirche und Kirchen, anstatt unter der eigenen Flagge aufzutreten, mit anderen gleichgesinnten, demokratischen Kräften auf neutralen säkularen Plattformen zusammenschließen.

Dabei ist die Ermahnung des Papstes, dass Kirche und Kirchen ihre Ausübung materieller und politischer Privilegien überdenken sollen, in der Tat ein wichtiger Hinweis: Folgt man dem Aufruf des Zweiten Vatikanischen Konzils, nach dem „Freude und Hoffnung, Trauer und Angst der Menschen von heute ... auch Freude und Hoffnung, Trauer und Angst der Jünger Christi“ sind und die Kirche primär dazu aufgerufen ist, sich in den Dienst der Menschheit und des Gemeinwohls zu stellen, dann ist die Kirche auch dazu gerufen, immer mehr zu einer Kirche für die Armen zu werden. Aus dieser Perspektive besteht natürlich die Notwendigkeit, die apostolische Nützlichkeit von materiellen und politischen Privilegien, die die Kirche im Laufe der Geschichte erworben hat, einer Überprüfung zu unterziehen. Ein Privileg für die Kirche ist stets ein Mittel für größeren Dienst, nicht aber für die Ausübung von Macht!

Die Gefahr von Aktivismus und Verdrängung

Nun bin ich auch gefragt worden, was ich speziell den Kirchen in Europa empfehlen würde. Das ist heikel: Ich bin Inder – welche Berechtigung habe ich, den Kirchen in Europa Ratschläge zu erteilen? Als ich aber das letzte Interview las, das mein Mitbruder Carlo Kardinal Martini vor seinem Tod gab,[3] fand ich dort vieles wieder von dem, was auch ich spüre, wenn ich durch Europa reise. Aus diesem Grund paraphrasiere und zitiere ich aus diesem Interview.

Kardinal Martini klagt, dass die Kirche in Europa 200 Jahre im Rückstand sei. „Die Kirche ist müde in Europa ... Unsere Kultur ist gealtert, unsere Kirchen sind groß und leer, die Kirchenbürokratie wuchert und unsere Rituale und Kleider sind pompös. Drücken diese Dinge das aus, was wir heute sind? Wir sind wie der reiche junge Mann, der traurig davonging, als Jesus ihn zu seinem Jünger machen wollte. Ich weiß, dass wir nicht alles mit Leichtigkeit aufgeben können. Aber wir könnten doch

3 Carlo Kardinal Martini, Interview vom 18. August 2012, publiziert im „Corriere della Sera“ am 1. September 2012, einen Tag nach seinem Tod. Übersetzung durch den Herausgeber

wenigstens versuchen, Leute zu sein, die freier und näher am Nachbarn wären. Wie Bischof Romero oder die Jesuitenmärtyrer von El Salvador. Wo sind unsere Helden, die uns inspirieren? Um nichts in der Welt sollten wir sie einengen in den Sachzwängen unserer Institutionen." Gegen diese Krise empfiehlt Martini drei Heilmittel für die Kirche: „Das erste ist Bekehrung. Die Kirche muss ihre Irrtümer erkennen und eine radikale Umkehr beginnen, angefangen beim Papst und bei den Bischöfen. Die Missbrauchsskandale zwingen uns zu dieser Bekehrung … Das zweite ist das Wort Gottes … Nur jene, die dieses Wort in ihrem Herzen aufnehmen, können unter denen sein, die der Kirche bei ihrer Erneuerung helfen und die wissen, wie man auf persönliche Anliegen weise antwortet … Weder Klerus noch Kirchenrecht können die Innerlichkeit einer Person ersetzen. Alle äußeren Regeln, die Gesetze, das Dogma wurden uns gegeben, die innere Stimme klarer zu erkennen und die Geister zu unterscheiden." Das dritte Heilmittel sind die Sakramente. „Sakramente sind keine Disziplinarinstrumente, sondern eine Hilfe für Menschen an Scheidepunkten, wenn das Leben sie auslaugt. Bringen wir die Sakramente zu jenen, die neue Kraft brauchen? Ich denke an all die geschiedenen und wiederverheirateten Menschen mit deren erweitertem Familienkreis: Sie brauchen speziellen Schutz … Die Einstellung, die wir ihnen gegenüber einnehmen, entscheidet darüber, ob deren Kinder sich der Kirche annähern werden."

Das Vermächtnis dieses großen Mannes sollte gehört und beachtet werden. Wenn dies erfolgt ist, kann man mit neuer Kraft und Glaubwürdigkeit zu den Angelegenheiten, „Kirche und Politik" betreffend, zurückkehren.

Aus meiner persönlichen Erfahrung ebenso wie auf dem Hintergrund meines Verständnisses der Kirchengeschichte weiß ich, dass die Bandbreite all dessen, was die Kirche und Christen an kritischen Aufgaben und Diensten hinsichtlich der Erschaffung eines neuen Himmels und einer neuen Erde unternehmen können, in der Tat groß ist. Es können auf dem Weg Kontroversen und Fragen aufbrechen, aber all dies können Kirche und Christen nicht aufhalten, diese prophetische Rolle einzunehmen. Der Aufruf, das Licht des Evangeliums auf all das zu werfen, was zur Mehrung des Gemeinwohls beiträgt, und zwar nicht nur in Worten, sondern auch in Taten, ist unvermindert aktuell. Zwar benötigt die Kirche Klugheit in der Wahl der Formen ihrer Einmischung, aber das Faktum selbst kann nicht beiseitegewischt werden.

Im Sinne der Gedanken von Gandhi und Ambedkar zur Beziehung zwischen Religion und Politik möchte ich feststellen, dass eine Kirche ohne politisches Engagement für Gerechtigkeit und Wahrheit irrelevant ist, dass aber zugleich jedes öffentliche Engagement ohne eine tiefe und echte religiöse Erfahrung sehr schnell Schwung verlieren und austrocknen wird.

Edward Ngonidzashe

Kirche, Jugend und Politik in Simbabwe: Von Passivität zur Aktion

Edward Ngonidzashe ist in der simbabwischen Jesuitenprovinz verantwortlich für die Jugendarbeit[1]

„Mwana asingachemi anofira mumbereko“
(Das Kind, das nicht weint, wird im Tragetuch auf Mutters Rücken sterben)
Shona-Sprichwort

Machtlosigkeit und Schweigen gehören zusammen. Wir sollten unsere Stellung nicht als Schutz vor den Realitäten der Welt nützen, sondern als Plattform, von der aus wir sprechen sollen. Eine Stimme ist eine Gabe. Sie sollte gepflegt und genützt werden
Margaret Atwood[2]

Diese zwei Zitate sind so wahr, wenn man sie auf die Situation in Simbabwe anwendet! Das alte Shona-Sprichwort illustriert die Tragödie, die eintritt, wenn man nicht spricht (oder, in unserem Fall, herausschreit), wenn Veränderungen erforderlich sind. Und Margaret Atwoods Worte fordern mich zur Reflexion darüber heraus, ob ich meine gesellschaftliche Position und die Möglichkeit, meine Stimme zu erheben, genützt habe, um einen Unterschied in der Welt zu bewirken. Beide Zitate erinnern mich an einen kurzen Dokumentarfilm von Tenford Chitanana, den ich kürzlich gesehen habe. Tenford ist eine junge und begabte simbabwische Filmemacherin und Aktivistin. Der Film heißt „Toendepi“,

1 Mehr Informationen auf http://www.jesuitszimbabwe.co.zw. Der Beitrag wurde in Englisch erstellt und vom Herausgeber übersetzt

2 Das englische Original findet sich auf „Activism Quotes & Quotations“, http://www.planetfriendly.net/active.html

übersetzt: „Wohin geht es mit uns?" Er handelt von der Bedeutung des Sprechens und wie dadurch ein Unterschied in der eigenen Gemeinschaft gemacht werden kann. Tenford drückt es so aus: „Der Film handelt vom täglichen Kampf junger Simbabwer, die gefangen sind in einem brutalen sozioökonomischen und politischen Umfeld. Man blickt auf das Leben in Simbabwe durch die Augen des Hauptdarstellers, Moreblessing, eines jungen Mannes, der im Hatcliffe Slum im Norden Harares unter Menschen lebt, die bereits zweimal Opfer von Zwangsvertreibungen waren. Der Film beobachtet Moreblessings Leben als Aktivist, Gemeindearbeiter und Ernährer einer Familie. Er konzentriert sich auf seine ehrgeizigen Pläne und die Herausforderungen, die sich ihm in den Weg stellen. Zentral ist die Botschaft, dass Moreblessing ungeachtet aller täglicher Widerstände am Traum festhält, Politiker zu werden. Moreblessings Gedanken werden ergänzt durch Einblicke in das Leben von zwei weiteren jungen Leuten aus demselben Slum. Egal wie sehr sie sich anstrengen – das gesellschaftspolitische System verweigert ihnen jegliche Chance, es macht sie kraftlos und jeder Versuch endet in noch mehr Hoffnungslosigkeit. Die Geschichten geben uns Einblicke in Leben, Gedanken und Herausforderungen junger Leute in einer Situation, in der jegliches bürgerschaftliches Engagement sinnlos ist. Indem deren tägliche Routine nachgezeichnet wird, veranschaulicht der Film die Gedanken und den Ehrgeiz dieser jungen Menschen, einen harten Status quo in eine bessere Zukunft zu verwandeln. Angesichts überwältigender Herausforderungen fordern die zahllosen Enttäuschungen junger Menschen eine Antwort auf die Frage ‚Wohin geht es mit uns?'"[3]

Es ist keine Neuigkeit, dass Simbabwe sich in einem historischen Transformationsprozess befindet, der zum Erliegen kommen kann, wenn Leute sich nicht daran beteiligen. Momentan stehen zwei wichtige Ereignisse in Simbabwe an: der Entwurf einer neuen Verfassung und Neuwahlen. Beide Ereignisse haben historische Bedeutung und werden die Zukunft des Landes enorm beeinflussen. In diesen Prozessen wurden Stimme und Belange der Armen und Machtlosen nicht einbezogen. Deshalb

3 Der Film sowie weitere Informationen stehen auf http://www.joergalt.de/advocacy/simbabwe/jugendarbeit/mukai-vukani.html

braucht Simbabwe Menschen wie Moreblessing, die sich zum Fürsprecher der Schwachen, Armen und Machtlosen erheben können. Anders gesagt: Jetzt ist die Zeit, wo wir in Simbabwe prophetische Stimmen und Taten brauchen.

Mein Beitrag handelt von Kirche und Politik in Simbabwe. Aufgrund meiner pastoralen Verantwortung in der Jugendarbeit konzentriere ich mich auf die prophetische Sendung der Kirche und junger Menschen in dem aktuellen Transformationsprozess.

Die Situation: die mehr als zehnjährige Krise

Die politische Krise in Simbabwe hat eine lange Geschichte, ihre Wurzeln liegen in der Zeit der Kolonialherrschaft ebenso wie in den frühen Jahren der Unabhängigkeit.[4] Trotz dieser Vergangenheit haben die aktuellen Probleme viel zu tun mit den Ereignissen der letzten 15 Jahre. Seit über einem Jahrzehnt steckt Simbabwe in zahllosen Tumulten und Auseinandersetzungen aufgrund politischer Spannungen. Begonnen hat alles mit der Besetzung von Farmen 1999, es gipfelte in den Wahlen 2008. In diesen Jahren durchlebten Simbabwer alles Schlechte: politische Gewalt, Blutvergießen, Korruption usw.

Die politische Situation hatte negative Auswirkungen auf das ganze Land, eine soziale und ökonomische ‚Kernschmelze' mit massiver Arbeitslosigkeit, Hyperinflation, Rückgang ausländischer Investitionen, Stromsperren, Lebensmittelrationierungen, sozialem Abstieg. Produktions- und Dienstleistungssektor brachen zusammen, das Erziehungssystem ist unterfinanziert, das Gesundheitssystem kämpft ums Überleben. Die Lebensqualität der Bevölkerung kollabierte und litt täglich unter bedrohlichen Krankheiten wie Cholera, Durchfall, Typhus und vielen anderen, die aufgrund mangelnder hygienischer Bedingungen grassieren. Armut in Stadt und Land stieg an, ohne dass Verbesserungen absehbar sind. Dies und die zugrundeliegenden politischen Probleme führten zu Ernüchterung, gerade unter jungen Menschen.

4 Informationen zur Geschichte http://de.wikipedia.org/wiki/Simbabwe

Kirche jenseits von Caritas und Gebet

Seit einiger Zeit wird in Simbabwe über die Rolle der Kirche in Gesellschaft und Politik diskutiert. Vor allem Politiker verwahren sich gegen die Einmischung der Kirche in ihren Bereich. Ginge es nach ihnen, sollte sich die Kirche auf Gebete und Predigt beschränken. Die Kirche möge sich auf die Glaubensverbreitung, das Betreiben von Schulen, Krankenhäusern und humanitären Hilfsprogrammen konzentrieren und sich der Witwen, Waisen und anderer Benachteiligter annehmen. Für mich ist dies eine sehr enge Sicht der kirchlichen Sendung. Wer so denkt, verkennt, dass die Sendung der Kirche sich nicht in Predigt und Mildtätigkeit erschöpft, sondern das Engagement gegen ungerechte Strukturen und Unterdrückung mit umfasst. Das jedenfalls schrieb Papst Benedikt XVI. im Apostolischen Schreiben „Africae Munus", worin er die Kirche auffordert, sich gegen Unrecht, Korruption, Grausamkeit, Ausbeutung und Unfairness zu stellen.[5]

Die Kirche kann kein Zuschauer sein, wenn Menschen wegen skrupelloser Politiker leiden, die ihre Macht missbrauchen und die Schwachen unterdrücken. Die Kirche kann nicht abseits stehen und schweigen, wenn eine Bevölkerung vergewaltigt und verletzt wird. Wenn die Kirche in solchen Situationen nicht spricht und den Schwachen nicht in Schutz nimmt, wird ihr Handeln dem gleichen, was Pastor Martin Niemöller über die Tatenlosigkeit deutscher Intellektueller angesichts der Machtübernahme der Nazis sagte. Von Niemöller wird überliefert: „Als die Nazis die Kommunisten holten, habe ich geschwiegen; ich war ja kein Kommunist. Als sie die Sozialdemokraten einsperrten, habe ich geschwiegen; ich war ja kein Sozialdemokrat. Als sie die Gewerkschafter holten, habe ich geschwiegen; ich war ja kein Gewerkschafter. Als sie mich holten, gab es keinen mehr, der protestieren konnte."[6]

Was ich damit sagen will, ist, dass die Kirche im laufenden sozialen, politischen und ökonomischen Transformationsprozess Simbabwes eine

5 Post Synodal Apostolic Exhortation (2011), http://www.vatican.va/holy_father/benedict_xvi/apost_exhortations/documents/hf_ben-xvi_exh_20111119_africae-munus_en.html
6 http://www.martin-niemoeller-stiftung.de/4/daszitat/a31

zentrale Rolle spielen muss. Die Kirche muss sich für Gerechtigkeit und gegen Unterdrückung und Machtmissbrauch aussprechen. Sicherlich, diese Arbeit wird die Kirche auf Konfrontationskurs mit den politischen Machthabern bringen, aber es muss getan werden.

Kirche und Jugend: junge Menschen zum Handeln inspirieren

In dieser Wendezeit glaube ich, dass die bisherigen Anführer versagt haben und es nun an den jungen Menschen liegt, das „Simbabwe, das wir uns wünschen“[7], herbeizuführen. Damit dies gelingt, muss die Kirche in junge Menschen investieren und sie zum Handeln befähigen. Es ist traurig, dass, obwohl junge Menschen das größte Bevölkerungssegment Simbabwes sind, diese bislang systematisch an den Rand gedrängt wurden. Die kumulative Wirkung von jahrelanger Marginalisierung und Entmutigung hat eine Generation heranwachsen lassen, die einerseits frustriert und verärgert ist, andrerseits aber kein Interesse hat, sich bürgerschaftlich-gemeinschaftlich zu engagieren. Deshalb müssen wir jungen Menschen Hoffnung und Inspiration geben, damit sie zu Trägern gesellschaftlicher Veränderung werden und, getragen von ihrem Glauben, tatsächlich einen Unterschied im Land bewirken können.

Der einzige Weg, auf dem wir dies erreichen können, ist, wenn sich die Kirche der jungen Menschen annimmt. Damit dies geschieht, braucht die Kirche eine Strategie, einen pastoralen und sozialen Plan, der die jungen Christen dahin mobilisiert, ihr Schicksal in die eigene Hand zu nehmen. Dabei ist eine Strategie allein nicht genug: Sich auf etwas einzulassen und langfristig durchzuhalten braucht mehr als eine gute Strategie. Ich glaube, dass wir das ‚Gelobte Land‘ nur erreichen können, wenn wir uns das etwas kosten lassen und in die jungen Menschen investieren.

7 2006 erstellten die drei wichtigsten christlichen Gruppierungen das Diskussionspapier „The Zimbabwe we want“, und zwar die Katholische Bischofskonferenz, der Simbabwische Kirchenrat sowie die Evangelical Fellowship. Damit sollte ein Dialog hin zu einer gemeinsam geteilten Zukunftsvision initiiert werden. Das Dokument ist zum Download eingestellt auf http://www.joergalt.de/advocacy/simbabwe/katholische-kirche.html

Junge Menschen müssen erkennen, dass unser christlicher Glaube und unsere Berufung uns dazu einladen, Gottes Mitarbeiter für Gerechtigkeit, Mitleid und Heilung in einer verwundeten Welt zu werden. Entsprechend brauchen wir Glaubens- und Handlungsprogramme, in denen Jugendliche lernen, verantwortliche Bürger zu werden und den erforderlichen Wandel selbst voranzutreiben.

Damit dies geschehen kann, brauchen wir die Unterstützung der Kirche in Europa und anderswo. Die Kirche von Simbabwe hat momentan großen Bedarf an materieller, technischer und spiritueller Unterstützung. Über solche Unterstützung hinaus benötigen wir Partnerschaften, indem wir Plattformen und Initiativen entwickeln, die eine Zusammenarbeit zwischen Christen in Europa und uns in Afrika fördern. Dies könnte beispielsweise ein Nord-Süd-Jugendnetzwerk sein, eine Art weltweite soziale Dialogplattform, ein Forum, das junge Menschen in Deutschland (oder sonstwo in Europa) und Simbabwe (oder sonstwo in Afrika), zusammenbringt. In solchen Foren könnten junge Menschen zusammenarbeiten, reflektieren, beten und einerseits jene Dinge teilen, die sie betreffen und belasten, andrerseits von Aktivitäten berichten, die sie unternehmen, um jene Situationen zu überwinden. Denn ist es nicht so, dass weltweit junge Menschen vielen gemeinsamen Problemen ausgesetzt sind in den Bereichen governance, Umwelt, Wirtschaft usw.? Wenn das aber so ist: Was hindert dann Gymnasiasten oder Studenten in Deutschland daran, Skype-Konferenzen oder andere internetbasierte Kommunikationsformen mit Gleichaltrigen in Simbabwe abzuhalten bzw. zu pflegen? Was hindert sie daran, zusammenzuarbeiten und zusammen gegen das vorzugehen, was sie belastet? Glücklicherweise bieten sich uns im 21. Jahrhundert über das Internet Möglichkeiten zur Zusammenarbeit jenseits aller nationalen und kontinentalen Grenzen hinweg. Die Arbeit von Organisationen wie amnesty international, die verhindert, dass Menschen ins Gefängnis kommen, oder ermöglicht, dass jene, die verhaftet sind, entlassen werden, ist ein gutes Beispiel für das globale Networking, um das es mir geht: So werden Menschen zusammenarbeiten und gemeinsam einen Unterschied bewirken. Ich bin gewiss, dass globale Kooperationen dieser Art auch kirchliche Initiativen und Sendungen in unserem Teil der Welt stärken könnten.

Schlussfolgerung

Wir leben in der Tat in einem Kairos-Moment, einer passenden Zeit, um aktiv zu werden. Dies ist die Zeit, uns von Furcht zu befreien und die Kultur des Schweigens zu verlassen. Dies ist ein Weckruf für uns, aktiv für die Gestaltung unseres Lebens und unserer Zukunft zu werden, indem wir uns politisch engagieren. Dies ist die Zeit, in der Menschen sagen „Genug ist genug", wo wir jene Passivität abschütteln, die uns daran hindert, Unterdrückungsstrukturen zu überwinden. Dies ist die Zeit, sich in prophetischen Aktionen gegen politische Gewalt auszusprechen, gegen Korruption und Machtmissbrauch, für die unser Land bekannt geworden ist. Dieser Kairos-Moment gilt ganz besonders für die Kirche in Simbabwe: Es ist Zeit, ihre prophetische Sendung zu akzeptieren, die enthalten ist in dem Auftrag „Salz der Erde und Licht für die Welt" zu sein (Mt 5,13 f.). Und ich bitte euch, ihr Mitchristen im Norden: Lasst uns diesen Weg nicht alleine gehen.

Dorla Bowman

„Verteile keine Fische, lehre sie zu fischen!"

Dorla Bowman, MPA (Harvard), war Politikerin und Aktivistin, bevor sie den Socio-Economic Outreach der Pfarrei St. Peter Claver in Punta Gorda, Belize, gründete und bis heute leitet.[1]

Gib einem Mann einen Fisch, und du ernährst ihn für einen Tag. Lehre ihn zu fischen, und er hat genug sein Leben lang." Der Socio-Economic Outreach (SEO), ein Programm der St. Peter Claver-Pfarrei in Belize, hat sich die Umsetzung dieses alten Sprichworts zum Ziel gesetzt. Wir versuchen Humankapital heranzubilden, anstatt Abhängigkeiten zu verstetigen. Abhängigkeiten werden durch milde Gaben mitverursacht; besser ist Hilfe zur Selbsthilfe. Dies ist jedoch eine schwierige Aufgabe, weil Politiker im Toledo-Bezirk von Belize, wo wir tätig sind, eine Kultur der Abhängigkeit und Unselbstständigkeit geschaffen haben. Dennoch: Nach einem Jahrzehnt Tätigkeit mehren sich die Anzeichen, dass wir dies erfolgreich bekämpfen.

Aus persönlicher Erfahrung zum Dienst an der Gemeinschaft

Die Lehren der Kirche und die Liebe zu Gott haben mich mein Leben lang motiviert, mich anderen Menschen und ihren Anliegen in einer konstruktiven Weise zuzuwenden. Zunächst war ich Mitglied eines kirchlichen Jugendclubs, später dessen Leiterin, schließlich Lehrerin in der Sonntagsschule. Meine Arbeit als Grundschullehrerin brachte mich in Kontakt mit Kindern aus armen Familien. Zunächst versuchte ich,

1 Siehe http://socio-economicoutreach.org/, insbesondere http://socio-economicoutreach.org/aboutus/ Der Beitrag wurde in Englisch erstellt und vom Herausgeber übersetzt

deren Situation durch Mitarbeit in Gewerkschaften, Menschen- und Frauenrechtsorganisationen zu verbessern. Dann hatte ich die ‚brillante' Idee, dass eine Position in der öffentlichen Verwaltung besser sei, um den Armen zu helfen. Gesagt, getan: Ich wechselte in die Verwaltung und arbeitete in verschiedenen Regierungsstellen, wobei ich mit riesigen Anstrengungen versuchte, die Rolle von Frauen in Entwicklungsprozessen zu stärken. Daneben wuchs in mir Einsicht in die Bedeutung von Nicht-Regierungsorganisationen, um Frauen vor Gewalt zu schützen und ihre politische Bedeutung in der Gesellschaft, etwa bei Wahlen, zu stärken. Deshalb gründete ich die NGOs „Belize Women Against Violence", „Belize Womens' Political Caucus" sowie „Haven House", ein Frauenhaus für Opfer häuslicher Gewalt. Dann aber hatte ich das Gefühl, dass noch mehr möglich wäre, wenn ich selbst in die Politik gehen würde: Dann könnte ich selbst Konzepte entwickeln und Entscheidungen fällen. Aus diesem Grund ließ ich mich für die Gemeinderatswahlen unserer Hauptstadt Belize City aufstellen, gewann und wurde stellvertretende Bürgermeisterin. So arbeitete ich für die Rechtlosen auf kommunaler, regionaler und nationaler Ebene. Meistens engagierte ich mich in Pionierprojekten – Dingen eine Bahn brechen. Manchmal fühlte ich mich wie in einem Minenfeld – ja, Minen wie jene, die man in einem Krieg verwendet. Allerdings gelang mir die Schaffung von neuem Bewusstsein. Viele sagten später: „Du hast uns die Augen geöffnet."

Nur: War dies genug? Nein. Zunehmend ging mir auf, dass wirtschaftliche Teilhabe das fehlende Verbindungsglied war, der Schlüssel für umfassenden Fortschritt. Während vieler Jahre gab es eine Flut von Entwicklungsbegriffen wie „Empowerment" (= Befähigung, d. Hg.), menschliche Entwicklung, Humankapital, Menschenrechte, soziale Gerechtigkeit, Selbsthilfe ... Aber was bedeutete es konkret? Dazu eine Geschichte: Zwei befreundete Anwälte entschieden, sich für ein und dieselbe öffentliche Position zu bewerben. Die Frau des einen Anwalts war damit nicht einverstanden und teilte ihre Sorgen mit dessen Freund. Dieser sagte ihr: „Ach, kein Grund zur Sorge. Wenn ich gewinne, helfe ich ihm, wenn er gewinnt, hilft er mir." Nun, das ist das „Gemeinwohl" für diese beiden. Aber was ist mit dem Gemeinwohl von allen?

Jeff Harrison SJ, der ehemalige Jesuiten-Superior in Belize, sagt zur Idee des Gemeinwohls: „Zu jeder Zeit reagierte die Kirche auf die Führung des Heiligen Geistes. Heute wird deutlich, dass die Würde der Person sowie der Gemeinwohlgedanke es verlangen, dass Bedürftige Benötigtes nicht als milde Gabe erhalten, sondern dass sie das Recht einfordern, ihre eigenen Fähigkeiten zu entwickeln, um selbst für sich sorgen zu können." Das traf sich mit meinen Überlegungen. Und so ging ich zum Pfarrer der St. Peter Claver-Pfarrei, Pater Perl SJ, und bat ihn, ein Programm einzurichten, welches sich auf die langfristigen Bedürfnisse der Armen bezieht und diese befähigt, wirtschaftlich selbstständig werden zu können. Er sagte „ja", und der Rest ist Geschichte. Nach vielen Jahren Regierungstätigkeit war ich dankbar für die Gelegenheit, Programme entwickeln und umsetzen zu können, die auf Selbsthilfe und Selbstvertrauen setzen und die Schaffung einer nachhaltigen Lebensgrundlage anzielen.

Die Bedürfnisse im Toledo-Bezirk sind enorm. Einige Daten: 79% der Menschen leben unterhalb der nationalen Armutsgrenze, 56% leben in extremer Armut, jeder zweite leidet an Unterernährung.[2] Viele Kinder können die Primary School nicht beenden, weil sie stattdessen in der Landwirtschaft arbeiten oder Geld verdienen müssen, manche heiraten vorzeitig. Nur 10% der Primary-School-Absolventen besuchen die High School, aber auch hier gibt es eine große Anzahl von Schulabbrechern. Erschwerend kommt hinzu, dass wir viele kulturelle Gruppen und Mentalitäten unter einen Hut bringen müssen. Wir haben armselige Infrastruktur, Telekommunikation und Sanitäreinrichtungen. Solche Herausforderungen können einen entmutigen, aber ich schöpfe Kraft aus der Botschaft Jesu sowie den Anstrengungen der Menschen, die so schwer arbeiten, um ein besseres Leben für sich und ihre Kinder zu schaffen.

Die zwei bereits erwähnten Jesuitenpriester setzten ihre Begleitung unseres Projekts fort und halfen, dass sie fest in katholischer Tradition und Gedankenwelt verwurzelt blieben. Pater Harrison drückte es so aus: „Das

2 National Human Development Advisory Committee (ed.) (2004) Government of Belize: 2002 Poverty Assessment Report. June 2004

Ziel des Socio-Economic Outreach der Peter Claver-Pfarrei: Fest verwurzelt in der Katholischen Soziallehre reflektiert diese Einrichtung folgende Forderung des Zweiten Vatikanischen Konzils: Jedem steht ‚das Recht zu, einen für sich selbst und seine Familien ausreichenden Anteil an den Erdengütern zu haben'."[3] Entsprechend fördert SEO die Fähigkeiten jeder Familie, Würde und Unabhängigkeit zu erlangen, aber nicht nur dadurch, dass sie für sich selbst sorgen, sondern vielmehr durch die Entdeckung, dass sie ihre Fähigkeiten und Talente auch konstruktiv nützen und an andere weitergeben können. In dieser wechselseitigen Beziehung liebenden Gebens und Nehmens blitzt in den Nutznießern von SEO etwas Göttliches auf. Sie sind nicht mehr vergessen und ohne Hoffnung, vielmehr wird Gott in ihnen auf diese Weise verherrlicht. Pfarrer Perl erläutert diesen Gedanken näher: „Ich fühle mich sehr dadurch inspiriert, dass Jesus die Leute nicht nur lehrte, sondern sich auch um ihr leibliches Wohlbefinden sorgte: Er hat Brote und Fische vermehrt, als Menschen hungrig waren, er heilte Blinde, Lahme und Aussätzige, er erweckte Tote zum Leben. Er kümmerte sich um die geistliche und leibliche Dimension des Menschen, und das ist ein großes Vorbild für unsere Pfarrei: Wir wollen Messen, Taufen und Hochzeiten feiern, wir wollen aber auch die Lebensbedingungen der Menschen verbessern. Und SEO ist unser Mittel für diesen Zweck."

Ich möchte nun die Grundlinien unserer Arbeit darlegen, unsere „Straße zum Gemeinwohl". Damit wir in unseren 36 Dörfern unsere vorhandenen Ressourcen bestmöglich nützen können, arbeiten wir mit „Brennpunkt-Gemeinden". Dies bedeutet, dass wir alle drei Jahre vier Gemeinden aussuchen und uns voll auf deren Bedürfnisse konzentrieren. In einer Gemeinde kann dies Schweinezucht sein, in einer anderen Geflügelzucht, in der dritten Gemüse und Obst. Innerhalb der Gemeinden gibt es wiederum Kontaktpersonen, die von uns besonders ausgebildet werden und die die Verbindung zwischen SEO und der jeweiligen Gemeinde aufrechterhalten. Sie werden von uns ausgebildet, geben ihre Kenntnisse an die Gemeindemitglieder weiter und überwachen die Umsetzung unserer Programme. Durch das „Lehren der Lehrer" und ihre

3 „Gaudium et spes", Nr. 69

Einbindung in unsere Programme können wir das Wissen unserer Hauptamtlichen multiplizieren. Ich möchte an diese Stelle aber betonen: Niemand wird bei uns abgewiesen. Wir schauen weder auf Religion noch auf ethnische Gruppenzugehörigkeit. Einzig ausschlaggebend für Unterstützung durch uns ist der Grad der Bedürftigkeit.

Was sind nun die konkreten Komponenten unseres Ansatzes?

Komponenten einer komplexen Selbsthilfe-Strategie

Bekämpfung von Armut und Mangelernährung: Ein großes Problem in unserem Bezirk ist Mangelernährung aufgrund zu einseitiger Ernährungsgewohnheiten. Dieses Modul hilft Familien, dies auszugleichen, etwa durch Tierzucht, den Anbau bestimmter Pflanzen, Verbesserung bei Wasser und Abwasser sowie Unterricht in Anbaumethoden. Beispielsweise verteilen wir zur Verbesserung der Eiweißversorgung Schweine- und Hühnerpaare an Familien. Sobald ein Paar Nachwuchs hat, geben die Familien ein Paar an die nächste Familie weiter, während sie die anderen Tiere zum Eigengebrauch behalten können. In zwei Dörfern unseres Bezirks haben wir zudem Musterfarmen, wo Menschen in Anbaumethoden unterrichtet, verschiedene Pflanzen gezüchtet und Setzlinge herangezogen werden, die dann wiederum an andere verteilt werden.

Vermarktungsstrategien: Unser zweites Problem ist, dass unsere Dörfler mangels Marktzugängen ihre Erzeugnisse nicht verkaufen können. Sie benötigen aber Bargeld, um beispielsweise den Schulbesuch ihrer Kinder finanzieren zu können. Hier lehren wir sie, ihre Produkte zu verbessern, damit sie für Käufer attraktiver werden, wir entwickeln Vermarktungsstrategien und übernehmen Transporte ihrer Produkte zu größeren Veranstaltungen, wo sie einen Absatzmarkt haben, z. B. auf Handelsmessen oder in Touristengebieten.

Mikrokredite: Viele unserer Dörfler erhalten keinen Kredit durch kommerzielle Institute, z. B. weil sie weder Identitätspapiere noch „Sicherheiten“ für Kredite (z. B. Hypotheken) bieten können. Hier springt unser Mikrokredit-Programm ein, indem wir einkommenserzeugende Projekte mit Beträgen zwischen 50 und 200 Euro fördern. Durch die Rückzahlungen der Kredite fließt Geld für neue Kredite in die Kasse. Jeder Kreditnehmer wird zudem verpflichtet, an Kursen zu Buchhaltung, Grundlagen von Betriebswirtschaft und Vermarktung teilzunehmen.

Ausbildung von Freiwilligen: Qualifiziertes, gut ausgebildetes Personal ist zugleich größter Bedarf und größte Belastung für Selbsthilfeorganisationen wie die unsere. Man kommt nicht ohne sie aus, sonst kann man gleich einpacken. Aber: Solche Leute wollen gut bezahlt werden, sonst gehen sie dorthin, „wo das Gras grüner ist". Erschwerend kommt im Toledo-Bezirk hinzu, dass aufgrund der hier herrschenden Armut nur wenige eine weiterführende Schule besuchen können und kaum jemand eine Hochschule oder Universität. Das bedeutet, dass wir uns zunächst auf die Ausbildung unbezahlter Freiwilliger konzentrieren müssen. Mittelfristig geben wir begabten Kindern Stipendien für High-School-Besuche; diese Stipendien sind aber an die Bedingung geknüpft, dass diese Kinder in ihren Gemeinden freiwillige Dienste im Rahmen unserer Programme übernehmen. So versuchen wir, in ihnen den Samen des Diensts an der Gemeinschaft zu setzen, und hoffen, dass sie ihre Tätigkeit nach Schulabschluss weiter fortführen.

Informationsdatenbank: Für jemanden, der nicht bei uns lebt, ist der Zustand unserer Kommunikationsinfrastruktur kaum vorstellbar. Wir haben in den meisten Gegenden keinen Strom, kaum funktionierendes Telefon, kein Internet. Einige Dörfer sind sehr isoliert. Aber 90% der Dörfler sind mit ähnlichen Problemen konfrontiert: Entwaldung, sinkende Bodenqualität, Krankheiten. Ähnliche Probleme bedeutet jedoch, dass die Leute auch von den jeweiligen Lösungen anderer lernen könnten. Wegen der schlechten Kommunikationsinfrastruktur erfahren sie aber nie davon. Also haben wir ein Informationsaustauschprogramm entwickelt und sammeln in einer Datenbank Informationen zu Bildung, Gesundheit, Wirtschaft, Landwirtschaft, Landrecht, governance, kommunaler und persönlicher Entwicklung usw. Diese Datenbank können die Dörfler nützen, wenn sie an Markttagen zu uns in die Stadt kommen.

Fundraising: Programme wie das unsere, welche in einer Gegend stattfinden, wo kaum jemand über ein finanzielles Einkommen verfügt, sind zu einem hohen Ausmaß von auswärtigen Geldgebern abhängig. Auch wenn wir lieber mit unseren eigenen Leuten arbeiten würden, verbringen wir deshalb viel Zeit damit, Sponsoren und Spender zu finden und mit ihnen zu kommunizieren. Glücklicherweise habe ich aus der Zeit meines Studiums in den USA noch Kontakte dorthin; dasselbe gilt für die Jesuiten.

Brückenbau zwischen den Welten

Unsererseits zeigen wir uns den Spendern gegenüber durch die Angebote von Exposure-Programmen erkenntlich. Wir laden sie ein, bei uns zu leben und zu arbeiten und auf diese Weise unsere einmalige Kultur kennenzulernen. Dies bereichert unsere Besucher. Einer der Gäste aus den USA, Phil Hesselbein von der St. Joseph-Pfarrei in Wisconsin, meinte beispielsweise: „Das hat mein Leben verändert! Mir wurde meine Verantwortung für die Gaben deutlich, die mir Gott geschenkt hat, damit ich anderen helfe. Mir wurde klar, wie gesegnet ich bin und wie ich zum Segen für andere werden kann.“ Eine Mitreisende von Phil, Joan, ergänzte: „Der Glauben dieser Menschen lässt mich immer wieder zurückkommen. Alle Menschen wollen ein gutes Leben. Für die Menschen in Belize können wir eine Hilfe sein. Wir wiederum werden durch die entgegengebrachte Freundschaft und die kulturellen Erfahrungen bereichert.“ So wird unser Projekt zu einer Brücke zwischen verschiedenen Welten und schafft eine Gemeinschaft zwischen Brüdern und Schwestern in der einen katholischen Kirche.

Ich wurde gebeten, etwas über Kirche und Politik zu schreiben. Ich kann abschließend festhalten: Seit ich für die Kirche auf der Grundlage der Dokumente des Zweiten Vatikanischen Konzils und der Katholischen Soziallehre arbeite, habe ich effizienter zur wirtschaftlichen Befähigung der Menschen sowie zu ihrer Selbstständigkeit beitragen können als in meiner Zeit als Politikerin. Meine Erfahrung lehrt mich, dass die Menschen die Kirche mehr respektieren als die Regierung oder Politiker. Die Kirche kann Barrieren beseitigen, Regierung und Politiker nicht. Die Kirche hat mehr Kapazitäten, Menschen zusammenzuführen, als jede andere Organisation.

In Belize werden die Reichen immer reicher, die Armen ärmer. Die Kirche muss dringend das Problem von Armut in Verbindung mit dem Gemeinwohlgedanken ansprechen. Die Kirche könnte aber mehr als bisher tun, um diese verflixte Situation anzugehen. Leider scheinen allzu viele im Gebetsmodus zu verharren. Dabei ginge es darum, die Ursachen anzusprechen und diesen mit einem entwicklungsbezogenen Ansatz zu begegnen, nicht mit einem Wohlfahrtsansatz.

In unserem Toledo-Bezirk haben die Menschen dank unserer Programme begonnen, selbst aktiv zu werden, um die Situation für sich und ihre Gemeinden zu verbessern. Wir bewegen uns in die richtige Richtung, aber wir benötigen weiter Unterstützung, um diese lohnenswerte Aufgabe fortsetzen zu können.

Ausblick

Jörg Alt

Persönliche Bilanz und Anmerkung

Zu diesem Buch zieht sicherlich jedeR eine andere Bilanz. Dies hängt mit den Vorerwartungen, den unterschiedlichen Weltanschauungen und Lebenskontexten sicherlich ebenso zusammen wie mit der Bandbreite der hier vertretenen Standpunkte und Sichtweisen. Aus diesem Grund sei ausdrücklich betont, dass ich hier eine persönliche Bilanz ziehe, die keinerlei darüber hinausgehenden Anspruch erhebt.

Als ich ursprünglich überlegte, wen ich um einen Beitrag zu diesem Buch bitten sollte, habe ich mich bemüht, ein breites Spektrum an Positionen abzudecken. Entsprechend suchte ich auch nach Personen, von denen ich annahm, dass sie „Entweltlichung", „Aufgabe von Privilegien" und ähnliche Stichwörter, die man mit Papst Benedikts Rede verbindet, im Sinne eines Rückzugs aus der aktiven gesellschaftspolitischen Einmischung interpretieren und auf die Notwendigkeit einer Rückbesinnung auf Spiritualität und Gebet, Zeichenhaftigkeit und gelebten Vorbildcharakter hinweisen. Als die Beiträge dann kamen, befürworteten selbst jene gezielt ausgesuchten AutorInnen Formen „weltlichen" Engagements! Wer sich also gesellschaftspolitisch engagiert, um die Frage des Vorworts aufzugreifen, kann sich nach wie vor als „katholisch" bezeichnen.

Sehr unterschiedlich sind natürlich die Positionen dahingehend, in welchen Bereichen ein solches Engagement geschehen soll, wie ein solches Engagement aussehen kann und wie weit es gehen darf. Hier scheinen mir drei Bereiche vor allem hervorgehoben worden zu sein:

Erster Bereich: Engagement in konkreten tagespolitischen Diskussionen

Für Deutschland befürworten viele ein Mitmischen der Kirche in der tagespolitischen Diskussion, bei der Formulierung von Initiativen und Entscheidungen oder der Suche nach mehrheitsfähigen Kompromissen im Fall von auseinanderliegenden Positionen. Dies beinhaltet selbstverständlich, dass die Kirchen keine Parteipolitik betreiben dürfen, es beinhaltet nicht notwendig, dass die Kirche technische Fachkompetenz in Detailfragen, z. B. Infrastruktur-, Finanz- oder Abwasserfragen, besitzen muss. Vielmehr geht es um die Legitimität, politische Maßnahmen auf ihre Relation zu zentralen Werten und Prinzipien unserer Gesellschaft ebenso abzuklopfen wie auf ihre Auswirkungen auf die Schwachen und Benachteiligten dieser Gesellschaft. Freilich ist Deutschland hier in vielerlei Hinsicht ein Sonderfall, und vielleicht erklärt dies das hohe Maß an Zustimmung für diesen ersten Bereich: Die Legitimität eines solchen Tuns wird auf dem Hintergrund der Inhalte gesehen, die nach dem Krieg an kirchlichem Gedankengut in das Grundgesetz und grundsätzliche gesellschaftspolitische Weichenstellungen für die Bundesrepublik eingeflossen sind: Der Gemeinwohlgedanke, das Subsidiaritätsprinzip, die soziale Marktwirtschaft, die Sozialpflichtigkeit des Eigentums sind nur einige Punkte, die aus der kirchlichen Soziallehre stammen. Deshalb wird den Kirchen von vielen gewissermaßen eine ‚Qualitätsprüfer-Rolle' zugebilligt, d. h. eine Berechtigung, darüber zu wachen, dass diese grundlegenden Werte unserer Gesellschaftsordnung bei der Entwicklung und Diskussion konkreter Politikmaßnahmen angemessen im Blick behalten werden. Das karitativ-wohltätige Engagement wird dabei geschätzt, es wird aber zugleich betont, dass dies keine Lückenbüßerfunktion dort haben darf, wo eigentlich eine gesamtgesellschaftlich-staatliche Verantwortung besteht bzw. wo politisch-rechtliche Regelung blind ist oder blind sein will. Die soziale Marktwirtschaft wird insgesamt als eine Erfolgsgeschichte bewertet, die auch als solche nach der Weltwirtschafts- und -finanzkrise international angepriesen wird – beispielsweise von Kanzlerin Merkel 2009 auf dem Weltwirtschaftsgipfel von Davos.[1] Freilich sollte man, wenn man mit einem guten Beispiel wirbt, sicher sein, dass seine größten Stärken auch exemplarisch verwirklicht sind – und hier gäbe es in Deutschland viel zu

1 Siehe http://www.zeit.de/online/2009/06/merkel-davos sowie http://www.focus.de/politik/ausland/angela-merkel-soziale-marktwirtschaft-als-exportschlager_aid_366372.html

reparieren angesichts des Substanzverlusts, welches Anpassungsmaßnahmen an die neoliberale Variante der Marktwirtschaft etwa beim Arbeits- oder Steuerrecht bewirkt hat. Andere wichtige Elemente der kirchlichen Soziallehre wiederum sind zwar deklaratorisch vorhanden, wurden aber nie wirklich konsequent umgesetzt. Nur ein Beispiel: Würde die Sozialpflichtigkeit des Eigentums (Artikel 20 GG) auf dem Hintergrund des Gemeinwohlgedankens wirklich ernst genommen, liefe in Deutschland die Diskussion um eine Vermögenssteuer oder Vermögensabgabe anders, als dies aktuell der Fall ist. Hier gäbe es also sehr viel zu tun, und hier und da werden durchaus Zweifel geäußert, ob sich die Kirche dieser Verantwortung bewusst ist bzw. ob sie ihre Verantwortung in der gebotenen Deutlichkeit wahrnimmt.

Zweiter Bereich: Engagement hinsichtlich grundsätzlicher Werte, die unser Miteinander prägen und Politikentscheidungen zu Grunde liegen sollen

Selbst Befürworter einer Trennung von Staat und Kirche insofern, dass die Kirche sich nicht in tagespolitische Auseinandersetzungen einmischen soll, sehen eine Berechtigung, vielleicht sogar eine Pflicht der Kirchen, sich in Auseinandersetzungen um Leitwerte und -prinzipien für die Gesellschaft einzumischen. Dies scheint nicht nur für Deutschland, sondern für den europäischen Kontext allgemein von Bedeutung zu sein: Ähnlich wie im Nachkriegsdeutschland ist auch in die europäische Idee und die europäischen Institutionen viel christliches Gedankengut eingeflossen. Auch hier gibt es in diesen krisengeprägten Zeiten eine Fülle potenzieller Spannungen und Bruchstellen, die ein klares Wort verlangen. Auch wenn das Verhältnis Kirche – Politik im Rahmen der EU anders ist als in Deutschland, gibt es Punkte, wo auch die Kirche gefordert ist. Nur ein Beispiel: In den europäischen Bemühungen, das Kapital wieder zum Diener von Gesellschaft, Realwirtschaft und Gemeinwohl zu machen, gewinnt man immer wieder den Eindruck, dass in der praktischen Politik eher Zahlen im Sinn von Kapital- und Finanzmacht als

Zahlen im Sinn von gesellschaftspolitischen Mehrheiten bei Entscheidungen zwischen Politikalternativen ausschlaggebend sind. Viele Versuche scheitern etwa am Einspruch der britischen Regierung. Dort ist zwar auch ein breites gesellschaftliches Bündnis von der anglikanischen Kirche über Occupy und entwicklungspolitische NGOs gegen die Macht der Londoner City engagiert – man wird den Eindruck aber nicht los, dass genau diese City unvermindert die britische Regierung in der Hand hat, die wiederum europäische Anstrengungen blockiert oder verwässert. Dieser Bereich verdeutlicht besonders gut, dass es hier nicht so sehr um konkrete tagespolitische Entscheidungen geht, sondern vielmehr darum, wer generell die Leitlinien für unser Zusammenleben und die politische Gestaltung bestimmt: Sind es die Prinzipien von Gemeinwohl, Solidarität und Subsidiarität? Oder die Prinzipien von Wettbewerb, Konkurrenz und Profit? Damit verbunden ist zu fragen: Funktioniert unsere Demokratie überhaupt noch? Entscheidet die Mehrheit über die Parlamente, oder entscheiden Eliten, die wichtige Schaltstellen besetzen und ansonsten mit dem „Sachzwang" argumentieren? Dabei geht es hier nicht nur um „Formen der Mitbestimmung". Es geht letztlich auch um soziale Gerechtigkeit, sozialen Frieden und die Stabilität unserer Gesellschaft!

Dritter Bereich: Engagement für Menschenrechte, Entwicklung, Friedens- und Versöhnungsarbeit sowie Armutsbekämpfung – in Deutschland und weltweit

Hier genießen die Kirchen offenkundig allergrößten Respekt. Es wird ihnen große Kompetenz und Sachkenntnis zugesprochen, weil man weiß, dass sie mit ihren Arbeitskreisen und Hilfswerken dort ist, wo Hilfe am nötigsten ist. Das gilt im eigenen Land, aber auch weltweit, wo zusätzlich zum „Know how" der bestmöglichen Hilfe für Bedürftige auch interkulturelle und interreligiöse Kompetenz ebenso erworben wird wie Kenntnis der jeweiligen politischen, rechtlichen, sozialen usw. Eigenarten unterschiedlichster Länder. Man sollte dabei natürlich nicht vergessen, dass sich gerade die katholische Kirche den Armen und Benachteiligten gegenüber besonders verpflichtet fühlt. Der am häufigsten in diesem Buch zitierte Text ist der Anfang der Pastoralen Konstitution „Gaudium et spes", der die Kirche mahnt, sich die „Freude und Hoffnung, Trauer und Angst der Menschen von heute, besonders der Armen und Bedrängten aller Art" zu eigen zu machen. In diese Richtung zielen auch viele Elemente der Katholischen Soziallehre, wobei Papst Johannes Paul II. in der Enzyklika „Centesimus Annus" mahnte: „Für die Kirche darf die soziale Botschaft des Evangeliums nicht als eine Theorie, sondern vor allem als eine Grundlage und eine Motivierung zum Handeln angesehen werden. ... Die Kirche ist sich heute mehr denn je dessen bewusst, dass ihre soziale Botschaft mehr im *Zeugnis der Werke* als in ihrer inneren Folgerichtigkeit und Logik Glaubwürdigkeit finden wird" (Nr. 57). Dabei hat die katholische Kirche hinsichtlich des Eintretens für die Armen dieser Welt einen ganz besonderen Vorteil: Ihre weltweite Ausdehnung und Einheit ermöglicht es, die Konzepte von Gemeinwohl, Gerechtigkeit, Solidarität oder Nachhaltigkeit im globalen Maßstab zu denken und zu diskutieren. Es gibt kaum eine Weltregion, in der sie nicht vor Ort präsent ist, ihre Organisationsstruktur fördert Informationsaustausch und Kommunikation sowie die Entwicklung und Verbreitung von praxisnahen Hilfs- und Politikansätzen, ihre Entscheidungsstrukturen ermöglichen es, dass die Kirche weltweit mit einer Stimme spricht und überall für mehr Gerechtigkeit eintreten kann. Dies ist in der Tat auch ein Bereich, der mich mit Stolz und Freude erfüllt: Es ist gut, eine kohärente inhaltliche, über viele Jahrzehnte verfasste Position als Rückendeckung für die eigene Arbeit zu haben, ebenso die Deckung einer weltweiten Institution mit (in diesem Bereich) hohem moralischem Ansehen. Oft haben mir KollegInnen aus anderen Kirchen gesagt: Hier beneiden wir euch um euren Papst! Und ich füge hinzu: Ja, auch den gegenwärtigen.

Eine nachdenkliche Anmerkung

Hier möchte ich meine Aus- und Bewertung der Buchbeiträge beenden und bei dieser Gelegenheit eine persönliche Beobachtung einfügen, die mir in den letzten Jahren vermehrt durch den Kopf geht. Gewissermaßen folgt nun mein eigener Beitrag zu diesem Buch:

Genau dieser Bereich der weltweiten Dimension der Kirche scheint mir in Deutschland viel zu wenig im Blick zu sein, wenn ich die heftige Kritik an „der Kirche" bedenke und die Zahlen derer betrachte, die „die Kirche" verlassen. Sicherlich gibt es bei uns vieles zu kritisieren und zu verbessern, aber die Kirche ist nun mal mehr als nur Deutschland und seine Themen und Probleme – und hier geschieht viel Gutes, auf das man stolz sein kann. Dabei stimmt es sicherlich, dass eigenes glaubwürdiges Vorbild das beste Argument ist, wenn man von anderen Verbesserungen fordert. Allerdings wäre nicht alles, was in Deutschland reformbedürftig ist und geändert würde, ein Dienst an der Weltkirche. Was ich damit meine, möchte nun auch ich mit einer Geschichte erläutern.

Als ich zu meiner Pfarrerszeit unter den Q'eqchi-Maya einst in das Dorf Otoxha kam, merkte ich sofort, dass etwas Unerhörtes vorgefallen sein musste. Da alle zugleich auf mich einredeten, bekam ich den Skandal erst ganz allmählich mit: Ein 16-jähriger Highschool-Schüler hatte es gewagt, einem 15-jährigen Mädchen Liebesbriefe zu schreiben. Ich als Pfarrer wurde aufgefordert, sofort mit den Eltern des Jungen zu reden und diesen Sittenverfall zu stoppen. Natürlich war mir sofort klar, dass ich als deutscher Priester hier keine Entscheidung fällen darf – den Umgang mit derartigen unaufhaltsamen „Neuerungen" müssen die Menschen selbst zu finden lernen. Also berief ich mit dem Bürgermeister feierlich eine Dorfversammlung zur Besprechung des schwerwiegenden Vorfalls ein, die nach Abendessen und Abendmesse stattfinden sollte. Alle kamen sie: Die Männer nahmen im Gemeindehaus Platz, Frauen und Kinder standen außen vor Türen und Fenstern, um mitzuhören, was die Männer diskutierten. Die Maya sind sehr demokratisch. Entsprechend lange dauerte die Versammlung. Aber bevor Entscheidungen fallen, hat jeder Mann das Recht zu sprechen, auf Gesagtes zu erwidern, neue Gesichtspunkte einzubringen usw. Dabei fiel auf: Hin und wieder trat eine vor dem Gemeindehaus stehende Frau an ein Fenster, flüsterte ihrem Mann etwas ins Ohr, woraufhin dieser die Hand hob und das Wort erbat: Ganz klar hatte er in seinem früheren Statement etwas von dem zu sagen vergessen, was die Familie zuvor beim Abendessen zu Hause gemeinsam als mitteilenswert beschlossen hatte. Irgendwann, spät in der Nacht, fanden wir den Kompromiss: Auch wenn das Schreiben von Liebesbriefen eine bislang unbekannte Neuerung war, sei doch entscheidend, dass die betreffenden Jugendlichen sich in der Öffentlichkeit korrekt und gemäß Sitte, Anstand und Gebräuchen verhielten und es am Respekt den Eltern gegenüber nicht fehlen ließen. Entsprechend seien mit dieser relativ kleinen Neuerung die fundamentaleren Sitten- und Anstandswerte der Gemeinschaft nicht verletzt und der Vorfall deshalb nicht weiter verfolgenswert. Damit war man zufrieden.

Diese Geschichte veranschaulicht zwei Dinge: Deutsche werden überhaupt nicht verstehen, was an dem Schreiben von Liebesbriefen problematisch ist. Für sie ist es eben kein Erfahrungswert mehr, wie selbstverständlich die Beziehungen zwischen Heranwachsenden andernorts bis heute von den Eltern überwacht und arrangiert werden, ohne dass daran jemand etwas falsch findet. Umgekehrt würde es den Maya-Frauen überhaupt nicht einleuchten, warum sie sich ‚emanzipieren' und in der Dorfversammlung selbst das Wort ergreifen sollen. Sie können doch einbringen, was ihnen wichtig ist! Ergo: Vieles von dem, was für Mayas wichtig ist, ist für uns „nicht der Rede wert", vieles von dem, was in unserer Kultur wichtig ist, sind für die Mayas bestenfalls Probleme von über-über-übermorgen.

Für die Mayas sind im Rahmen der weltkirchlichen Glaubens- und Solidargemeinschaft andere Dinge wichtig als für Deutsche: Die Mayas wollen ihren Kindern Schulbildung geben, sie wollen ihre Produkte verkaufen können, sie wollen nicht von ihrem Land vertrieben werden. Dafür bitten sie um Unterstützung von den Brüdern und Schwestern der reichen Kirchen. Sie brauchen auch unsere Anwaltschaft in Gebieten, wo sie selbst nicht das Wort ergreifen können. Beispielsweise merken sie, dass Wetterextreme es nicht mehr länger ermöglichen, Aussaat und Ernte zuverlässig zu planen. Das Wort Klimawandel ist ihnen fremd. Erklärt man es ihnen aber, sind sie dankbar für jeden, der sich hier, auch für sie, engagiert. Das bedeutet für sie Solidarität und praktische Nächstenliebe.

Würde man ihnen erklären, dass eine Kirche nach deutscher Auffassung nur dann wahrhaft geschwisterlich ist, wenn Frauen Priester und Bischöfe werden, dass gleichgeschlechtliche Lebensgemeinschaften sanktioniert werden, Priester heiraten dürfen usw., würden sie dies überhaupt nicht verstehen. Vielmehr würde die Ernennung verheirateter Priester oder einer Frau als Priester ohne den erforderlichen vorbereitenden bzw. begleitenden Wandel des kulturellen Kontexts die Kirche vor Ort schwächen: Sie würde, weil sie abrupt mit den jahrhundertealten Traditionen brechen würde, an Autorität verlieren. Dabei würden Maya-Indianer ihrerseits durchaus Reformbedarf für eine deutsche Kirche erkennen, damit diese glaubwürdiger als bisher leben kann: Sie würden nicht verstehen, warum die Kirche als Ganzes sich aus der Beratung schwangerer Mütter zurückzieht und diese wichtige Aufgabe donum vitae überlässt, ebenso wäre ihnen das deutsche Kirchensteuersystem suspekt, weil es für sie unvorstellbar ist, dass ein solches Arrangement zwischen Staat und Kirche keine Gefahren für die Unabhängigkeit der Kirche mit sich bringt. Dies wiederum sind Themen, die in der deutschen Kirche hochumstritten und spaltend sind.

In diesem Buch zu „Kirche und Politik" steht Deutschland natürlich im Zentrum, aber meine Beispiele zeigen, wie viel komplexer die Frage von Reformen ist, wenn man aktuelle Kirchenprobleme nicht nur auf dem deutschen Hintergrund, sondern auf dem Hintergrund der Weltkirche betrachtet. Und es ist nochmals komplexer, wenn man bedenkt, dass diese und ähnliche Fragen die Ortskirchen selbst spalten. Es ist ja nicht so, dass es – um einmal den Kontinent zu wechseln – beispielsweise in der afrikanischen Kirche keine Diskussion über die Stellung der Frau und die Dominanz der Männer gibt[2] oder dass es innerhalb der deutschen Kirche nicht jene gibt, die mit der Rollenaufteilung zwischen Männern und Frauen zufrieden sind.

Wir leben in einer Zeit, da innerhalb der „Weltgemeinschaft Kirche" Entwicklungen mit unterschiedlichen Richtungen und Geschwindigkeiten ablaufen und in einer Zerreißprobe münden können. Wem aber nützt ein Zerbrechen der Einheit, die uns von allen anderen Weltreligionen unterscheidet? Wollten wir wirklich einen Zerfall der katholischen Kirche analog zu der anglikanischen Kirche riskieren? Man darf bei allem, was man diskutiert, nicht vergessen, dass die Weltkirche ein hochkomplexes Miteinander ist und es, wenn man die Kirche mit anderen Insti-

2 Siehe beispielsweise Einführung und Teil III in Orobator, A. (Hg.) Reconciliation, Justice, and Peace. The Second African Synod. New York: Orbis

tutionen gleicher Größe vergleicht, geradezu ein Wunder ist, dass die Einheit bis heute überhaupt gewahrt werden konnte und deshalb in vielen Bereiche, gerade der Armutsbekämpfung, Entwicklung und Advocacy, Großes geleistet werden kann.

Natürlich soll all das Gesagte von niemandem als Plädoyer dafür gewertet werden, Fragen nach Reformen nicht zu stellen und einer Lösung zuzuführen. Sie müssen gestellt und irgendwann, auch um der eigenen Glaubwürdigkeit und des guten Beispiels willen, *für die Weltkirche* einer Lösung zugeführt werden. Mir geht es vor allem um das Wie, Wann und in welchem Kontext. Insofern ist für mich die Frage von Kirche und Politik, Einmischung im Einsatz für eine bessere Welt, Reform und glaubwürdiges Beispiel auch eine Frage von Prioritäten und viel, viel, viel Geduld, viel respektvollem Hören aufeinander, viel Lernen voneinander. Mir ist dabei bewusst, dass meine Gedanken viele schmerzen, die unter dem Reformstau und Reformtempo in der deutschen Kirche leiden. Aber dieses Leiden gibt es auch unter ChristInnen in anderen Kulturen. Ich kann nichts Besseres zum „Trost“ anbieten als eine weitere Geschichte aus Afrika:

„Ein Anthropologe schlug den Kindern ein Spiel vor. Er stellte an einen entfernten Baum einen Korb mit süßen Früchten und sagte den Kindern: ‚Wer von euch als Erster an diesem Baum ist, gewinnt diese Früchte.‘ Die Kinder schauten sich an, fassten einander an den Händen, liefen gemeinsam zu dem Baum und teilten die Früchte untereinander auf. Der Forscher fragte, nachdem er seine Sprachlosigkeit überwunden habe, wieso sie das gemacht hätten – der Erste hätte doch alles haben können! Die Kinder antworteten: ‚Ubuntu! Wie kann einer von uns glücklich sein, wenn alle anderen traurig sind?‘“[3]

Last, not least scheint mir, dass der indische Beitrag zu diesem Buch jener ist, der uns auf die wahre Krise von Kirche und Gesellschaft in Europa hinweist: Es handelt sich um eine spirituelle Krise und wir haben auf diese Krise keine überzeugende Antwort. Von dieser Antwort hängt

3 „Ubuntu“ ist eine weit verbreitete afrikanische „Lebensphilosophie“ mit Wurzeln in der Zulu- und Xhosa-Kultur, der auch Nelson Mandela angehörte. Es kann eher umschrieben als übersetzt werden und bedeutet so viel wie „Mensch wird Mensch durch Menschen“ oder „Ich bin, weil wir sind, und wir sind, weil ich bin“.

aber sehr viel ab. Die *Gesellschaft* kann das sperrige und unmoderne Zeichen der Kirche ablehnen und bekämpfen – und schneidet sich dabei doch in den eigenen Finger. Die *Kirche* kann noch so viel an Institutionen und Abläufen reformieren – es wird sich nicht viel ändern. *Wir* könnten entdecken, welche „Glut unter der Asche" noch vorhanden ist, und selbst Feuer fangen – und vieles würde sich von selbst ergeben.

Siegfried Grillmeyer

Fragen der Zeit: Die Kirche in der Welt von heute

Nachwort des Herausgebers der Reihe

Dr. Siegfried Grillmeyer ist Geschäftsführender Direktor der Akademie Caritas-Pirckheimer-Haus in Nürnberg sowie Herausgeber der Reihe „Fragen der Zeit"

Vor rund fünfzig Jahren wurde das Zweite Vatikanische Konzil eröffnet. Bereits in der Botschaft der Konzilsväter an die Welt vom 20. Oktober 1962 wurde deutlich, dass sich diese Versammlung neben der Auseinandersetzung mit dem Selbstverständnis der Kirche vor allem dem Verhältnis der Christen zur gegenwärtigen Weltsituation zuwenden möchte. Diese Diskussion mündete schließlich in der „Pastoralen Konstitution über die Kirche in der Welt von heute", zumeist benannt nach den lateinischen Anfangsworten „Gaudium et spes", aus der in mehreren Beiträgen zu diesem Buch zitiert wurde.

Dies zeigt: Rund ein halbes Jahrhundert nach Erscheinen dieses kirchlichen Dokumentes kommt es ganz nach der Logik von Jubiläen zu einer Wiederaneignung dieser Texte, die vor allem eines deutlich machen: Das Verhältnis von Kirche und Welt muss immer wieder aufs Neue bestimmt werden und wird von jeder Generation neu vermessen. Die Freiburger Rede des Papstes, welche mit dem schillernden Begriff der „Entweltlichung" das Spannungsfeld zwischen Kontemplation und Aktion, Einmischen oder Entziehen aufgetan hat, gab der Diskussion neuen Aufschwung. Das Ringen um die Verortung der Kirche als Institution sowie auch aller Individuen in dieser Kirche um die rechte Position in diesem Spannungsfeld gehört zweifellos zu den „Fragen der Zeit".

Daher ist es mir eine ganz besondere Freude, dass dieser Band in der Reihe „Fragen der Zeit" Aufnahme gefunden hat. Diese Reihe wurde

2009 von der Katholischen Akademie der Erzdiözese Bamberg und des Jesuitenordens „Caritas-Pirckheimer-Haus“ begründet. Die Akademie wurde nach dem Zweiten Vatikanischen Konzil mit dem Ziel gegründet, den Dialog zwischen Kirche und Welt zu führen.[1] So sind die hier versammelten Beiträge auch eine Quelle der Inspiration, dem Grundauftrag unserer Akademie nachzugehen, nämlich die Fragen der Zeit im Lichte des Evangeliums immer wieder neu zu bestimmen.

Impulsgeber und tatkräftiger Motor dieses Publikationsvorhabens war und ist Pater Jörg Alt SJ. Sein Verdienst ist es nicht nur, eine so unterschiedliche und hochkarätig besetzte Autorenschaft zu der Auseinandersetzung zusammenzubringen, sondern neben der organisatorischen Arbeit auch die inhaltliche Diskussion voranzutreiben und schließlich ganz technisch auch dafür zu sorgen, dass die Dokumentation nach so kurzer Zeit vorliegt. Dafür sei ihm an dieser Stelle persönlich, aber auch in seiner Funktion als stellvertretender Leiter der Jesuitenmission und damit unserer Partnerorganisation im Centrum für globales Lernen herzlich gedankt.

Für die Akademie CPH in Nürnberg ist es erfreulich, dass dieses Buch als Einladung zur weiteren Auseinandersetzung mit diesem Themenbereich genutzt werden kann. Insofern steht es in der Tradition des ersten Bands, den Jörg Alt zusammen mit Samuel Drempetic in dieser Reihe herausbrachte.[2] Möge deshalb auch dieser Band zu einem weiterführenden Dialog einladen – einem Dialog, der natürlich alle Menschen innerhalb und außerhalb der Kirche einschließt, wie es auch die „Pastorale Konstitution über die Kirche in der Welt von heute“ tat.

1 Zu Sinn und Zweck Katholischer Akademien siehe in diesem Band Metzges; ebenso Mittmann, Th. (2011) Kirchliche Akademien in der Bundesrepublik. Gesellschaftliche, politische und religiöse Selbstverortung. Wallstein: Göttingen

2 Alt, J./Drempetic, S. (Hg.) (2012) Wohlstand anders denken. Lehren aus den aktuellen Weltkrisen. Echter: Würzburg